KB024692

덧없는 꽃의 삶

덧없는 꽃의 삶

문학, 신화, 예술로 읽는 꽃 이야기

피오나 스태퍼드 지음

강경이 옮김

엄마 질 스태퍼드와

언니 수 다우니를 위해

차례

일러두기

- 이 책의 주석은 모두 옮긴이 주이다.
- 표기는 국립국어원 외래어 표기법을 따랐으나 일반적으로 통용되는 표기가 있을 경우 이를 참조했다.
- 단행본, 신문 등은《 》로, 단편 문학작품, 그림, 노래 등은〈 〉로 표기했다.
- 학명은 이탤릭체로 표기했다.

봄

나는 이파리와 꽃잎으로 내 삶의 마디마디를 가늠할 수 있다. 내 창문 밖에는 인동덩굴과 장미들이 담 너머로 풍성하게 늘어지고 나무들을 기어오른다. 몇 년 전까지만 해도 이 작은 땅에 부서진 벽돌과 녹슨 농기계 조각이 가득했고 쐐기풀과 엉겅퀴가 무성했다는 사실을 감추기 위해 심은 것들이다. 쐐기풀과 엉겅퀴는 여전히 끈질기게 솟아나지만 예전처럼 무성하지는 않다. 꽃과 관목과 어린 나무들이 작은 땅을 차츰 채워가고 있기 때문이다. 이제 엉겅퀴는 성숙해가는 이 정원과 담 너머 건초지 그리고 코앞에 닥친 여름과 그 이전의 모든 여름들을 이어주는 연결고리가 되었다.

어렸을 때 우리 가족은 아버지를 따라 다양한 공군 기지를 옮겨 다니며 살았다. 그 시절 잠시 머물던 빅토리아풍 벽돌 테라스

하우스 뒤뜰에는 직사각형에 가까운 작은 꽃밭이 있었다. 그곳에 피어난 빨갛고 노란 금어초는 손가락으로 누르면 고분고분하게 입을 벌리곤 했다. 그 꽃밭은 내 마음 한구석에 여전히 남아 있다. 그리고 내 마음속 어딘가에는 십대 시절에 우리 가족이 살던 숲속의 오두막도 있다. 하얗게 회칠한 그 오두막은 장미로 뒤덮여 있었는데 한때는 마부와 하인들의 숙소로 썼던 곳으로, 네모난 마구간 마당의 모퉁이를 차지하고 있었다. 우리가 살던 무렵 그곳은 연보라색 오브리샤aubretia 꽃무더기와 활짝 핀 옥스아이데이지ox-eye daisy, 노란빛이 맴도는 초록 물보라 같은 레이디스맨틀lady's mantle, 환한 수상꽃차례*로 피는 글라디올러스gladiolus, 무성하게 퍼져나가는 클레마티스clematis, 서늘한 아이리스와 수련이 핀 연못이 더해져 한결 부드러워져 있었다. 그 마당과 꽃들은 내게 늘 여름 빛깔로 떠오른다. 우리가 여름마다 밖에서 많은 시간을 보낸 탓이다.

우리는 이사를 자주 다녔고 새 정원은 내게 언제나 탐험의 대상이었다. 어린 시절에 살았던 요크셔의 집 앞에는 네 살짜리 아이의 입이 떡 벌어질 만큼 넓은 잔디밭이 있었다. 잔디밭은 분홍색과 흰색, 보라색으로 수북하게 피어오른 루핀lupin 꽃무리와 향이 강한 라벤더에 둘러싸여 있었다. 라벤더에는 큼직한 벌들이 믿

* 긴 꽃대 둘레에 여러 개의 꽃이 이삭 모양으로 피는 형태.

기 어려울 정도로 균형을 잘 잡고 앉아 있었다. 현관 베란다 옆 따뜻한 타일 계단 위에선 호랑무늬애벌레들이 솜털로 덮인 제라늄 잎사귀 밑에서 꿈틀거리며 나와 정체 모를 납작하고 끈적대는 덩어리 속으로 사라졌다. 정원이 크다보니 우리는 각자 땅을 조금씩 차지하고, 버지니아 꽃무의 검은 씨앗과 옅은 한련화nasturtium 씨앗, 마른 구더기처럼 생긴 금잔화 씨들을 뿌렸다. 그 집과 작별한 뒤 우리는 북해를 건너 네덜란드로 갔다. 원색의 튤립이 가득한 들판은 하늘을 나는 조종사와 제비들을 위해 펼쳐놓은 거대한 깃발 같았다. 그 드넓은 튤립 들판 사이로 차를 타고 몇 시간을 갔다. 네덜란드에서 우리가 살았던 집은 얼룩무늬 젖소처럼 검은색과 흰색으로 칠해져 있었다. 사과꽃에 반쯤 가려진 집 양옆으로 미나리아재비들이 피어 있었다. 동네의 좁은 길가에 줄지어 손짓하는 카우파슬리cow parsley 사이사이에는 생화로 테두리를 장식한 작고 흰 제단들이 있었다.

우리 가족이 어디에 정착하든, 그곳에 정원이 오래전부터 있었든 새로이 조성되었든, 우리에게는 늘 새로웠다. 잡초가 무성한 화단이나 돌무더기는 변신을 시작하라는 공개 도전장이었다. 심지어 아버지가 홍해 연안에 있는 건조한 공기와 화산암과 뜨거운 모래의 고장, 예멘의 항구 도시 아덴에 배치되었을 때도, 어머니는 어렵사리 작은 초록 공간을 만들었다. 시장 가판대에 꽃꽂이용 꽃이나 화초보다는 커피와 견과류, 향료가 즐비한 그곳에 살면서 어머니는 '뻔뻔'하다고 알려진 잡초를 키웠다. 잡초는 믿기 힘든 기세로 자랐다. 할머니는 매끈하게 다듬어진 잔디밭과 계절별로 풍성한 색깔을 선보이는 화분들, 다년초 꽃들이 만발한 비탈진 화단 틈에 여전히 살고 계셨는데 우리에게 밀랍 꽃 한 상자를 급히 보내왔다. 그러나 예멘에서 살아남기 적절하지 않았던 밀랍 꽃들은 도착한 지 몇 분 만에 초현실주의 조각처럼 녹아내리더니 윤기 없이 사각거리는 누런 모래로 흩어져버렸다.

우리 가족이 어디를 가든 꽃은 함께했다. 이삿짐 상자를 풀기도 전에 익숙한 낡은 꽃병이 등장했고 병이나 빈 단지에 임시로 꽃을 꽂아두기도 했다. 뒷마당에 콘크리트 바닥이나 덤불투성이 화단밖에 없다면 근처 가게에서 생필품을 사는 김에 꽃다발을 들여오곤 했다. 어머니는 결혼 전에 콘스턴스 스프라이 스쿨Constance Spry School*에서 플로리스트로 교육받은 분이었다. 그 덕에 우리 집 창턱과 책장, 벽난로 선반은 1년 내내 선풍기 날개 같은 수선화부터 빨간 열매가 달린 삐죽삐죽한 상록수 가지까지 다채로운 식물로 장식되곤 했다.

우리는 집의 테두리를 넘어 차츰 주변 풍경을 이루는 들꽃들을 찾아내기 시작했다. 네덜란드에서는 7월이면 강과 굵고 주름진 몸통의 버드나무들로 내려가는 길에 키 큰 쐐기풀이 무성해진

* 영국의 플로리스트 콘스턴스 스프라이가 1934년 설립한 플로리스트 교육기관.

다. 강물의 흐름이 느린 곳까지 동의나물marsh marigold과 물냉이cress 들이 돋아나는 강가에 접근하기가 불가능할 지경이었다. 링컨셔에서는 숲이 황폐해지면 재빨리 땅에서 솟아나는 꽃들이 있었다. 눈처럼 흰 스노드롭, 노란 애기똥풀, 투구꽃aconite이 담쟁이와 죽은 나뭇잎 사이 여기저기에서 모습을 드러내고 옅은 레몬색 프림로즈가 숲속 빈터 가장자리에 동그랗게 꽃을 피워 흰 벚나무를 갑자기 무대 중앙에서 빛나게 한다.

내가 아는 어느 들판이든 풀이 자라기 시작하면 색깔이 바뀌고 또 바뀐다. 산사나무 가지가 흰 꽃으로 두툼하게 덮일 때면 연노란색 더벅머리 민들레꽃이 삐죽삐죽한 초록 이파리들로부터 솟아난다. 그 꽃들은 구름 방울들로 변해 작은 달처럼 불시에 들판에 내려앉았다가 흠뻑 젖은 풀잎들 속으로 흩어져버린다. 여기저기 피어난 보라색과 흰색 클로버 꽃들 사이에서 미나리아재비들이 금빛 얼룩을 드문드문 만드는가 하면 이웃한 겨울 보리밭의 청록색 물결에 금방망이ragwort*들과 주홍 양귀비들이 띄엄띄엄 점을 찍는다. 3월부터 9월까지 어느 날이든 갑작스레 쏟아진 비가 싱싱한 꽃잎들을 흘려보내거나 망가뜨릴 수 있다.

기숙사와 단칸셋방, 아파트를 전전하는 동안 나는 접란보다 더 큰 식물은 키울 수 없었다. 이 나간 머그잔에 심은 접란들은 잎

* 국화과의 다년생 초본식물로 밝은 노란색 꽃이 핀다.

이 아치형으로 구부러지며 크림색 순을 틔웠고 자신을 쏙 빼닮은 채 희망찬 뿌리를 대롱거리는 작은 접란들을 무겁게 늘어뜨리곤 했다. 내가 실제로 소유한 (배우자와 주택자금 대출기관과의 공동 소유이긴 하지만) 첫 정원은 크기는 작았지만 꽃으로 기억하는 내 삶과 시간의 일정표에서는 그 의미가 결코 작지 않았다. 옥스퍼드셔 마을에 자리한 이 작은 시골집의 전 주인은 오랫동안 장미를 사랑한 여성이었음이 분명했다. 손수건만 한 작은 정원에 장미 줄기들이 촘촘하게 들어차 있었고 집 안으로 들어서면 분홍 꽃무늬 벽지가 겹겹이 발려 있었다. 이웃한 별채에는 은퇴한 조산사 할머니가 살고 있었는데 우리를 환영하면서 실내 장식까지는 아니지만 작은 정원 가꾸는 법에 대해서는 친절하게 조언해주었다. 그녀는 우리 집에 살던 옛 이웃이, 아끼던 장미의 잎눈 바로 밑을 짧게 잘라내어 땅에 꽂아놓고는 싱싱한 장미로 무럭무럭 자라는 모습을 지켜보며 무척 뿌듯해했다고 전했다. 그렇게 몇 해가 흐르자 작은 꽃밭은 가시와 이파리, 향이 강한 꽃들로 무성해졌다. 장미 말고 다른 식물은 장미 줄기 둘레에 가득 자라난 은방울꽃이 유일했다. 최소한의 잡초 제거로 최대의 향기를 즐기는 정원이었다. 물론 겨울 몇 달간은 다소 어두운 풍경이었을 것이다.

그 마을에서 내가 아끼던 꽃은 묘비 사이에 자라는 야생 프림로즈였다. 프림로즈는 봄이 올 때마다 주목 너머 풀밭을 환하게 밝혔다. 그곳에 묻힌 시인 존 드링크워터John Drinkwater는 자서 전에서 분명 특별하달 수 없는 이 장소를 무척 애틋하게 떠올렸다. 그는 어떤 장소가 스스로를 덜 '내세우는 것처럼 보일수록 우리를 더 깊이 사로잡고 우리에게 영향을 미치며 기억할 만한 곳이 된다'고 언급했다. 그에게 이곳 피딩턴의 프림로즈는 '알프스 산맥이나 황금문'*에 필적하는 것이었다. 그는 프림로즈의 깊은 뿌리가 눈에 안 띄게 늘 그곳에 남아 해마다 자라난다는 것을 잘 알았다.

꽃들은 놀라움을 실어 나른다. 해마다 꼭 같은 장소에 피어도 놀랍기는 마찬가지다. 꽃들이 해마다 새롭게 보이는 요령은 쉽다. 실제로 새롭기 때문이다. 식물은 그 자리에 남아 있지만 꽃은 봉오리를 맺고 터트리고 활짝 피웠다가 떨어져 땅속으로 사라진다. 어떤 식물은 완전히 죽기 때문에 씨앗을 여기저기 퍼트리는 집단적 능력에 생존이 달려 있다. 몇 달씩 사라졌다가 지표면 아래 숨어 있던 알뿌리나 뿌리에서 불쑥 솟아나는 식물도 있다. 하지만 이런 식물조차 다시 나타나지 못할 때가 있다. 지하 저장고가 습격 당하거나 오염되거나 파괴되거나 파헤쳐졌거나 올라오는 통로가 불에 타거나 막혀버릴 때도 있다. 혹은 공생하는 곤충들이 땅위 세상의 변화 때문에 사라지기도 한다. 너무 덥거나 너무 습하거나 너무 건조하거나 너무 오염되어서 말이다. 꽃들의 연약함은

* 예루살렘 동쪽 성벽의 문으로, 성문 가운데 가장 아름답게 꾸며져 있어 황금문이라 불린다.

그들의 투명한 꽃잎, 섬세한 덩굴손, 금빛 꽃가루로 충분히 드러난다. 그토록 많은 꽃들이 해마다 존재를 유지하고 있다는 건 놀라운 일이다.

꽃은 위태롭게 존재하고, 또 변함없이 존재하기 때문에 인류 문화에서 중요한 자리를 차지했다. 우리는 단지 꽃들이 열매와 채소로 자라기 때문에, 늘어나고 번식해서 소떼와 양떼에게 먹거리를 제공하기 때문에, 필요로 하는 게 아니다. 또한 아름다운 장식이 되어 우리의 내적, 외적 삶을 비할 바 없이 풍요롭게 해주기 때문만도 아니다. 꽃들은 이 모든 것들인 동시에 그 이상이다. 꽃들은 중요한 삶의 순간마다 늘 우리와 함께한다. 생일이나 기념일을 축하하는 선물로, 결혼식에서 신부를 돋보이게 하는 부케로, 죽은 자와 무덤까지 동행하는 화환으로, 애도자를 위로하는 추모의 꽃으로. 꽃들은 특별한 의식의 의미에 어울리는 아름다움을 창조하기 위해, 모두에게 공평한 자연의 경로를 상기시키기 위해, 그리고 중대한 사건이 기억과 앨범으로 자리 잡은 뒤에는 사라지기 위해 호출된다. 처음 엄마가 되어, 들뜬 한편 당황하고 녹초가 된 이들을 위해 꽃은 달라져버린 그들의 주변 환경을 친숙하게 만들어준다. 첫아이가 태어난 뒤 우리 집에는 꽃이 너무 많이 도착해서 우리 부부는 잠 못지않게 꽃병도 절실히 필요했다. 그 꽃들은 새로운 생명이 태어났다는 소식에 마음을 표현하려는 친구와 가족들로부터 온 친절한 선물이었다. 그 꽃들은 새 생명을 탄생시킨 것—

꽃을 통해 더 은밀하게 표현될 때가 많은 그 강렬한 감정—을 조용히 기념하는 선물이기도 했다. 장미 한 송이는 어떤 수많은 단어보다 더 많은 말을 할 수 있다. 시인들이 무척이나 진부한 그 표현을 동원할 때마다 인정하는 사실이다. 빨간 장미와 구애의 꽃다발을 한데 묶은 웨딩부케는 더없는 행복의 영원한 나무 그늘을 약속한다. 결혼식이라는 말을 들으면 일반적으로 많은 꽃이 떠오른다. 풍성한 꽃으로 예식장의 입구를 세우고 통로와 제단을 우아하고 화려하게 꾸며 약속의 순간을 자연의 향기로 가득 채운다. 이 중대한 의식에 이르는 과정이 아무리 고단했다 해도 꽃으로 가득한 하루는 모든 스트레스와 긴장을 누그러뜨리는 법이다. 행복한 신혼부부 머리 위로 떨어지는 색종이 조각, 행복을 비는 하객들에게 던지는 작은 꽃다발, 힌두교의 결혼식에서 신랑과 신부를 장식하는 눈부신 화환과 향유. 모두가 현재의 순간을 전세계적인, 오래된 축복과 희망의 의례로 이어주는 것들이다.

사제나 호적 담당자, 하객이나 문상객과 달리 꽃들은 말없는 증인이 되어 인생을 바꿀 (또는 끝낼) 사건을 인정하고 축성한다. 어떤 갑작스러운 죽음은 인도를 뒤덮은 꽃다발로, 며칠이 지난 뒤 버려진 셀로판 포장지들로 기억되기도 한다. 1997년 켄징턴 궁전은 공기를 가득 채운 낯선 향기로 인해 고요해졌다. 낯선 향기는 답답한 공기와 배기가스를 압도하더니 차츰 부패한 냄새로 변해갔다. 다이애나 왕세자비의 죽음은 영국인들이 감정을 억누르지 않고 표현했던 순간으로 기억된다. 평소라면 감정을 드러내는 걸 불편하게 여겼던 사람들도 그때만은 예외였다. 많은 사람들에게 장례식 헌화는 슬픔을 전달하고, 말로 드러낼 수 없는 감정을 표현하며, 사별을 혼자 감당하게 놔두지 않겠노라고 위로하는 방식이다. 다이애나 왕세자비 장례식의 헌화가 현대 런던에서 유례를 찾기 힘들 정도로 많긴 했지만, 일상적으로 일어나는 조용하고 깊은 감정의 의례가 확대된 형태일 뿐이었다. '조화 사절No Flowers'이라는 간략한 문구는 꽃을 바치고픈 마음이 얼마나 일반적인지 보여준다. 헌화 대신 좋은 목적을 위한 활동에 기부해달라는 대안은 합리적이며 유익하지만 문상객의 마음 깊은 곳에 자리한 욕구에 부응하지 못한다. 사람들이 언제나 본능적으로 아는 것처럼 나뭇잎과 꽃잎은 우리를 정돈한다.

이처럼 오래된 충동은 소박한 가족장례식이든 큰 공공행사든 현대 장례식에서도 명백히 나타나지만, '천 가지 빛깔의 작은 꽃들과 종 모양 꽃들'을 '월계수 관에 흩뿌리라'고 애도자들에게 호소하는 비가elegy의 오랜 전통에서도 잘 드러난다. 결코 어휘력이 부족하지 않았던 영국 시인 퍼시 비시 셸리Percy Bysshe Shelley도 스물다섯에 세상을 떠난 친구이자 동료 시인 존 키츠John Keats를 위해 지은 비가에서 '흰색과 얼룩무늬, 푸른색 제비꽃'과 팬지꽃의 이미지를 사용했다. 아일랜드 시인 마이클 롱리Michael Longley는 북아일랜드 분쟁 시기인 '더 트러블스The Troubles'* 때 살해된 벨파스트의 아이스크림 장수를 추모하며 '버른의 야생화들'을 시로 모아 스물한 개의 식물로 마음을 울렸다. 죽음을 대면하는 혼란스러운 감정의 한복판에서 꽃으로 슬픔뿐 아니라 사랑과 존경을 표현하고 싶은 것이 일반적인 욕구다. 그것은 또한 계속 이어질 삶에 대한 신뢰의 표현이기도 하다.

꽃은 삶의 덧없음을 상징하는 것으로 여겨질 때가 많지만 자연의 부활과 싱그러운 성장을 떠올리게 하는 강렬한 이미지이기도 하다. 1967년 프랑스 사진작가 마르크 리부Marc Riboud가 찍은 상징적인 이미지로 〈궁극의 대결The Ultimate Confrontation〉이라 알려진 사진이 있다. 여름 원피스를 입은 젊은 여자가 일렬로 늘어선 총검들 앞으로 국화를 내미는 이 사진은 인간의 파괴성보다 더 크고 궁극적으로 더 강력한 힘을 보여준다.

꽃의 신화는 끊임없이 변신한다. 로마 시인 오비디우스는 무한히 부활하는 식물의 본성을 이해했고 아름다운 청년과 님프들을 꽃으로 변신시키길 좋아했다. 그가 쓴 《변신 이야기》는 그 뒤 2천 년 동안 다양한 이야기와 시, 그림, 영화로 계속 성장했다. 시선집은 다양한 꽃들의 모음이다. 선집anthology이라는 단어는 그리스어로 꽃을 뜻하는 안소스ἄνθος, anthos에서 나왔다. 작은 꽃다

* 북아일랜드에서 아일랜드와 통합을 원하는 가톨릭교도와 영국 영토로 남길 바라는 신교도 사이에 벌어진 분쟁을 일컫는 말로 대개 1960년대 말부터 1990년대 말까지의 기간이다.

발을 뜻하는 영어 단어 '포지posy'는 운을 맞춘 짧은 경구를 뜻하는 '포이지poesy'와 동의어였다. 그러나 아치볼드 웨이블Archibald Wavell의 《다른 남자들의 꽃*Other Men's Flowers*》이나 보들레르의 《악의 꽃*Fleurs du Mal*》 같은 유명한 시 선집의 많은 시들에는 꽃봉오리나 꽃에 대한 말이 조금도 나오지 않는다. 물론 꽃봉오리나 꽃을 언급하는 시집은 많다. 문학에서 꽃은 가장 오래된 이미지이며 깊은 감정을 나타낼 때가 많기 때문이다. 문자 그대로의 소통에 실패할 때 시인들은 대지의 오랜 언어를 선택하는 법이다. 중세의 종교 시인들은 백합과 장미에 대해 묵상하는 경향이 있었던 반면, 왕당파 시인들Cavaliers과 형이상학파 시인들Metaphysicals* 은 할 수 있는 한 빨리 꽃을 따 모으려 했다. 워즈워스는 그의 발밑에서 팬지꽃이 되풀이하는 이야기에 귀를 기울였다. 키츠는 짙어지는 어둠 속에서 앞을 볼 수 없을 때도, 빨리 시들어 가는 제비꽃과 막 피어나려는 사향장미가 뒤섞인 향기를 통해 그들을 온전히 느낄 수 있었다. 19세기 영국 시인 제라드 맨리 홉킨스Gerard Manley Hopkins가 블루벨과 꽃과 잡초를 '길고 사랑스럽고 탐스럽다'고 찬양했다면 미국의 시인 메리 올리버Mary Oliver에게 '축축함과 무모함'에 대해 이야기한 것은 작약꽃들이었다.

* 왕당파와 형이상학파는 17세기 영국 시의 주요한 두 흐름으로 여겨진다. 상류계급 출신으로 주로 이루어진 왕당파는 연애시와 전쟁, 명예, 왕에 대한 충성을 다룬 시를 썼다. 형이상학파는 재치 있고 기발한 비유로 인간의 심리와 삶에 대한 통찰을 표현했다.

보티첼리, 〈봄〉, 1482.

영원한 계절의 순환은 꽃으로 표현된다. 보티첼리의 대형화 〈봄Primavera〉에서 꽃무늬 비단옷을 입은 여신 플로라는, 꽃으로 반짝이는 풀밭을 맨발로 딛고 서 있는 삼미신三美神과 서풍의 구애에 열린 입으로 꽃을 내뿜는 클로리스chloris의 사이에 서 있는데, 이는 로마의 플로라 축제나 힌두교의 홀리 축제*처럼 생명과 생식력에 대한 찬양을 이탈리아 르네상스 화풍으로 표현한 그림이다. 영국 화가 데이비드 호크니David Hockney의 〈2011년 이스트 요크셔, 월드게이트에 도래한 봄The Arrival of Spring in Woldgate,

* 플로라 축제는 고대 로마에서 꽃과 풍요의 여신 플로라를 위해 봄에 열리던 축제이며 홀리 축제는 힌두교의 봄맞이 축제다.

East Yorkshire in 2011〉에는 보티첼리가 그린 우아한 우화적 형상이나 빨간 가운을 걸친 채 화폭 한복판을 차지한 여신은 없다. 대신에 금색, 오렌지색, 분홍색, 레몬색 꽃들로 가득 찬 풍성한 덤불과 가는 나무 밑동, 푸른 양치식물 잎, 비처럼 날리는 초록 잎 사이로 선명한 체리색 오솔길이 지나가는 모습을 통해 보티첼리의 그림 못지않게 어여쁜 사랑과 봄을 품고 있는 요크셔의 풍경을 보여주었다. 호크니 그림의 구체적 날짜는 특정한 봄을 지나는 개인의 경험을 가리키는 한편, 해마다 돌아오는 봄이 최초의 봄, '프리마베라'의 눈부신 반복임을 상기시켜주기도 한다.

그것은 누구에게나 열려 있는 봄이다. 현대의 도시가 계속 확장되는 동안에도 여전히 초록 공간을 유지한다면 말이다. 도로변에 한 줄로 늘어선 나무들, 동네 공원의 환한 화단, 쇼핑센터의 기하학적 꽃밭, 좁은 옥상 정원, 물을 머금은 창가의 화단들이 모두 봄빛을 터트린다. 공사장에 핀 양귀비, 철도변에 드문드문 피어난 부들레이아buddleia처럼 어김없이.

개성 있는 원예가들이 가끔 스크린이나 첼시 꽃박람회의 스타가 되기도 하지만 꽃의 아름다움을 누리는 이들에게 정원을 가꾸고 꽃을 키우는 많은 사람들, 대부분의 공원 관리인들은 잘 보이지 않는다. 자연의 풍요를 전하기 위해 아침 일찍 일어나 열심히 일하는 플로리스트들도 마찬가지이다.

이 책은 꽃에 자기 삶을 헌신했던 여러 세대의 사람들에 바치는 헌사다. 낯선 사람들의 삶을 풍요롭게 해준 재배자와 육종가育種家, 수집가와 조경가, 플로리스트와 삼림 관리인, 예술가와 작가들에게 감사를 전한다. 또한 이 책은 가족과 친구들에게 꽃이 중요하다는 것을 보여준 모든 사람에게 보내는 감사의 표현이기도 하다. 무엇보다 우아한 형태로 우리가 걸음을 멈추고 감탄하도록 만드는, 야생에서 자라거나 정원에서 재배되는 모든 꽃들에 대한 찬사다.

스노드롭

Snowdrops

그들은 갑자기 나타나는 것처럼 보인다. 축 늘어진 갈색 줄기들과 지난해 떨어져 납작 눌린, 축축한 낙엽들이 뒤엉킨 곳에 창백한 형상들이 작게 무리지어 나타난다. 흰빛이 너무 환해서 도자기일지라도 그 옆에 갖다놓으면 칙칙해 보일 듯하다. 나는 휘리릿 소리와 함께 날개를 파닥거리며 잿빛 하늘을 가로질러 서쪽으로 날아가던 댕기물떼새 한 마리가 동료들에게서 잠시 떨어져나와 새해 선물을 몰래 떨어뜨리고 갔다고 상상하기를 좋아한다. 그러나 스노드롭*이 피는 계절은 새들이 둥지를 짓는 시기가 아니다. 게다

* 수선화과의 알뿌리 식물. 이른 봄에 흰 꽃을 피우는데 흰 꽃잎 여섯 장이 두 겹으로 돌려난 형태이며 안쪽 꽃잎이 바깥쪽 꽃잎에 비해 크기가 작고 초록 무늬가 찍혀 있다. 우리말로 눈풀꽃이나 설화연이라 불리기도 한다.

가 이 여섯 개의 하얀 알들은 걱정스러우리만치 작고, 이상하게 길쭉하며, 다소 위태롭게 매달려 있다. 내가 더 자세히 들여다보았더라면 초록색 새싹들이 말없이 뾰족뾰족 돋아난 이 작은 땅이 여러 아침을 지나는 동안 점점 넓어지며 하얘지는 것을 볼 수 있었을 텐데. 오늘은 홀쭉했던 꽃송이가 내일이면 더 자라고 더 통통해진다. 며칠 안에 흰 알껍데기가 금이 가면서 흠잡을 데 없이 균형 잡힌 형태로 열린다. 1월의 덤불, 그 예상 밖의 장소에서 새로운 한 해가 깨어난다. 잿빛 하늘에도 굴하지 않고, 웅덩이와 진흙과 질척거리는 들판, 된서리와 단단히 굳은 호수에도 아랑곳하지 않고, 쌓인 눈에도, 떨어지는 눈에도 지지 않고 깨어난다. 나뭇잎을 걸치지 않은 가지 사이로 빛이 들이치는 겨울 숲 바닥에 깔려 있던 낙엽들이 눈과 스노드롭으로 하얗게 변한다. 갈색 정원에서, 빈 공원에서, 이 꽃들은 구름이 토해낸 그 어떤 눈 더미 못지않게 땅을 뒤덮는다. 새하얀 연기구름이 전혀 있을 법하지 않은 구석에 내려앉은 모습이다. 오래된 설화 가운데에는 이브가 에덴의 정원에서 쫓겨난 뒤 스노드롭을 보고 위안을 삼았다는 이야기가 있다. 그래서 서머싯 지방에서는 스노드롭을 '이브의 눈물Eve's tears'이라고 부른다. 어쩌면 안쪽에 돌려난 흰 꽃잎에 찍힌 옅은 초록 얼룩이 잃어버린 에덴을 떠올리게 했는지도 모른다. 다가올 새 세상에 대한 아주 작은 약속을 담고 있는 것처럼 보였는지도 모른다.

내가 십대 시절을 보낸 집 둘레의 숲은, 크리스마스가 희미한 기억이 되고 부활절 휴가가 아주 먼 목적지처럼 보이는, 추위가 끝날 것 같지 않던 몇 주 동안 스노드롭이 발목 높이까지 우거지곤 했다. 흰색과 회녹색의 작은 창槍 같은 스노드롭에 뒤덮여 담쟁이와 축축한 부엽토로 덮였던 땅들이 서서히 사라졌다. 나무들이 덜 촘촘한 곳에서는 꽃을 뭉개지 않고 움직이기가 힘들었다. 물론 우리가 지나가고 나면 비밀을 안전하게 지키기 위해서 곧 꽃들이 다시 빽빽이 일어서곤 했다. 스노드롭은 이른 봄의 숲이라면 어디에나 있는데, 마치 헐벗은 나무들을 보호하고 지탱하는 것처럼 보인다.

파운틴스 수도원을 지나는 스켈 강변을 밝히는 이 하얗고 조그마한 랜턴들은 워낙 그 자리에 잘 정착했기 때문에 처음 그곳에 당도한 베네딕트회 수도사들이 그곳에서 영감을 구했으리라 상상하기 쉽다. 하지만 사실 이 스노드롭들은 베네딕트 수도회의 뒤를 이어 그 수도원에 머물던 시토회가 헨리 8세의 명*에 따라 해산되고 나서도 한참 뒤에 그곳에 왔다. 1845년 그 지역에 영지를 새로 구입한 그레이 백작은 스노드롭 수천 포기를 심어 근사한 강변 산책로를 만들라고 명령했다. 그는 정원사들에게 강둑에 스노드롭으로 자기 이름을 새기라고 지시했다. 빅토리아 시대 버전의 '플라

* 1536년부터 1541년까지 헨리 8세는 일련의 법령과 행정 절차를 통해 수도원을 해산하고 재산을 몰수했다.

워 파워'를 과시한 셈이었다.

케임브리지 외곽의 앵글시 수도원부터 차드의 포드 수도원까지, 노퍽의 월싱엄부터 버크셔의 웰퍼드 공원까지, 폐허가 된 수도원 자리마다 스노드롭은 자연스럽게 무리를 짓고 있다. 그러다 보니 사람들은 수도사들이 정신과 몸, 영혼의 순결을 상징하기 위해, 그리고 2월 초의 그리스도 봉헌축일Candlemas*에 꽃을 보기 위해 심었을 것이라고 추측했다. 그러나 기후 변화로 인해 스노드롭의 개화 시기는 지금 살아 있는 사람들의 기억에 비춰보아도 상당히 달라졌다. 1950년대 스노드롭은 2월 말에 피었지만 2010년대에 들어서는 1월 초에 피었다. 그러다보니 스노드롭은 날짜를 추측할 때 그다지 정확한 기준이 되지 못한다. 스노드롭이 기독교와 더불어 유럽대륙에서 영국으로 건너왔는지도 다소 미심쩍다. 16세기 말 이전 영국에서 스노드롭을 보았다는 기록이 거의 없기 때문이다. 엘리자베스 1세 시대의 위대한 시인들인 셰익스피어, 스펜서, 시드니도 봄꽃들에 대한 시를 쓰면서 스노드롭을 빠뜨렸다. 그 무렵까지도 영국이 아끼는 봄꽃으로 자리 잡지 않은 탓인 듯하다. 1597년 존 제라드John Gerard의 《허브 도감*Herball*》에는 스노드롭이 분명해 보이는 삽화에 '구근제비꽃bulbous violet'이라고 적혀 있지만 1633년판에는 '스노드롭'으로 적혀 있다. 스노드

* 성모 마리아가 유대 전통에 따라 성전에서 아기 예수를 봉헌한 것을 기념하는 날로 2월 2일에 해당한다.

롭이 지붕이 사라지고 폐허가 된 수도원의 바닥에 피어 있던 건 그곳에 잘 어울려서가 아니었다. 수도원 건물들이 파괴되고 어느 정도 시간이 흐른 뒤에야 스노드롭이 영국에 '자연' 서식지를 찾은 것이다.

요즘에는 봄의 확실한 첫 신호로 여겨지는 스노드롭 꽃무리는 아마 세심하게 가꾸어진 정원에서부터 퍼져나와 잉글랜드와 웨일스, 아일랜드, 스코틀랜드 곳곳의 적절한 장소에 자리 잡았을 것이다. 일단 알뿌리 몇 개가 뿌리를 내리고 나면 알뿌리에 다시 생기는 새끼알뿌리나 꽃에서 날아간 씨앗을 통해 금세 퍼진다. 18세기 말에도 스노드롭은 정원 식물로 여겨지긴 했지만 영국에서 야생으로도 자랄 수 있다는 인식이 뿌리내리기 시작했다. 따분한 제목이 붙긴 했지만 베스트셀러였던 윌리엄 위더링William Withering의 《영국 식물 정리*An Arrangement of British Plants*》는 식물학 열풍을 거치면서 점점 두꺼운 판본으로 재판되었는데 그는 스노드롭의 확산에 분명 어리둥절했음이 틀림없다. 1776년 이 책이 처음 나왔을 때 스노드롭은 글로스터셔에 야생으로 자라고 있다고 알려졌다. 1818년이 되자 '2월의 어여쁜 아가씨들'이 맬번 언덕 발치에, 사이런세스터 근처에, 티스 강변에, 반스터플과 랙스필드, 커크스톨 수도원에 그리고 멀리 북쪽으로 노섬벌랜드의 스코츠우드 딘에도 자란다는 소식이 들렸다. 요크셔의 스켈 강둑에서 스노드롭을 보았다고 알려온 사람도 있었다. 그레이 백작의 정원사들은 이미 강변에 야생으로 자라던 알뿌리로 산책로를 조성했는지 모른다. 위더링은 많은 스노드롭 무리들이 '건물이나 정원의 흔적이 조금도 없는' 곳에서 번성한다고 분명히 썼다. 달리 말해 외딴곳에서 야생으로 자라고 있다는 말이다. 그들이 어떻게 그곳까지 다다랐는지는 수수께끼이다. 야생화가 두드러지게 증가한 것처럼 보이는 것은 야생화를 찾아내고 기록하는 사람들이 증가했기 때문일 수도 있다.

환하게 하얀 스노드롭 무리가 눈에 띄는 지역이 점점 늘었지만 스노드롭이 영국 문화의 비옥한 토양에 정착하기까지는 시간이 꽤 걸렸다. 제임스 톰슨James Thomson은 18세기 내내 무척 인기 있었던 그의 긴 시 〈계절들The Seasons〉에서 스노드롭이 봄의 첫번째 꽃으로 피어 이후에 피는 재배 꽃들을 이끈다고 묘사했다. 스노드롭은 조지 4세의 섭정기가 시작된 19세기 초반에도 대중에게는 여전히 다소 이국적인 이미지로 여겨졌던 것 같다. 로버트 손턴Robert Thornton이 위대한 린네*와 세계의 진귀한 식물들을 풍부한 삽화로 찬미한, 화려한 책인 《플로라의 신전》(1812)에 스노드롭이 포함된 것도 그런 까닭일 것이다. 이 책의 많은 도판 중에는 '푸른 이집트 수련Blue Egyptian Water Lily'이나 달빛이 비추는 밤이면 동그란 오렌지빛이 당당하게 빛나는 '밤에 피는 선인장

* 칼 폰 린네Carl von Linné, 스웨덴의 식물학자로 오늘날 사용하는 생물분류법인 이명법의 기초를 마련했다.

로버트 손턴, 〈스노드롭〉, 1797~1810.

Night-Blowing Cereus'처럼 머나먼 땅에서 건너와 영국의 정원사들을 깜짝 놀라게 한 꽃들이 실려 있다. 그런데 스노드롭의 초상화도 시계초꽃passionflowers과 '꽃개오동Indian Bean' 앞에 등장한다. 도판 속 스노드롭은 눈 덮인 풍경 위에 우뚝 솟아 있는 것처럼 무척 과장된 관점에서 그려져 있다. 스노드롭보다 더 크지만 그만큼 강인하지는 못한 식물들이 감히 들어서지 못하는 장소로 밀고 들어간 이 조그만 꽃이 더욱 경이로워 보인다.

순백의 스노드롭은 추운 계절에만 꽃을 피울 운명이다. 그래서 남은 한 해 동안 거의 그 흔적을 남기지 않는다. 그래서 샬롯 스미스Charlotte Smith와 메리 로빈슨Mary Robinson 같은 낭만주의 시인들은 이 꽃을 부당한 고통이나 잊힌 순수의 상징으로 보았다. 약간의 초록빛이 정교하게 더해진 하얀 꽃잎의 스노드롭은 너무나 연약해 보여서 아주 작은 숨결에도 사라질 것 같지만 사실 무척 강한 식물에 속한다. 스노드롭이라는 속명으로 불리지만 이 꽃은 첫 '눈송이snow'의 손길에 갑자기 '떨어지는drop' 식물이 아니다. 그렇게 섬약한 꽃이 이른 봄의 눈보라를 견뎌낸다는 사실에 우리는 해마다 감탄한다. 그래서 아일랜드 칼로 주 앨터몬트 정원의 특별한 스노드롭 위크Snowdrop Week나 스코틀랜드 파이프 주 캄보 성의 스노드롭 축제 같은 행사가 열린다. 스노드롭 관찰은 인기 있는 겨울 활동이 되었다. 스노드롭이 워낙 여러 곳에 많이 피기 때문에 그리 힘들지 않게 시도해볼 수 있다. 그러나 어마어마하게 많은 품종을 통달하려면 대단한 기술이 필요하다. 안쪽 꽃잎에 찍힌 초록 얼룩의 미세한 차이나 잎의 크기와 모양에 따라 많은 품종이 구분되기 때문이다. 캄보 성은 350개쯤 되는 다양한 품종을 자랑하며, 레이턴 버저드의 내셔널 컬렉션National Collection*

에는 900종이 넘는 품종이 있다. 스트라우드 근처 페인스윅의 유명한 로코코풍 정원에는 스노드롭이 층층이 넘쳐흐르듯 피는 모습이 마치 작은 폭포가 흘러내리던 도중에 얼어붙은 것처럼 보인다. 방문객도 얼어붙을 만큼 추울 때가 있으므로 스노드롭을 덜 차갑게 즐기고 싶은 사람들을 위한 실내 보태니컬 아트botanical art 전시회들도 열린다.

요즘 영국과 아일랜드의 정원에 잘 자라나는 스노드롭 가운데 몇몇은 크림전쟁에 참전했던 군인들이 가지고 온 것이다. 병사들은 크림반도의 가파른 골짜기에 이르러 사방에서 날아드는 대포뿐 아니라 낯선 스노드롭 품종과도 마주쳤다. 이들은 갈란투스 플리카투스*Galanthus plicatus*로 그 무렵 영국에 잘 알려진 품종인 갈란투스 니발리스*Galanthus nivalis*와 꽤 비슷하지만 잎을 따라난 주름 모양으로 구분된다. 그래서 이름에 '주름 잡힌'을 뜻하는 '플리카투스plicatus'가 들어간다. 차가운 바람과 눈보라에 흔들리는 이 작고 하얀 꽃은 동상에 걸린 몇몇 병사들에게 총소리와 포격보다 더 또렷하게 말을 건넸음이 틀림없다.

잉글랜드 북부 출신이었다면 아마 크림반도의 스노드롭을 고향으로 갖고 오고 싶은 마음이 조금 덜했을 것이다. 리처드 메이

* 영국의 재배식물 보존 자선단체인 플랜트 헤리티지Plant Heritage가 영국의 정원에서 재배되는 식물들을 보존하고 전파하기 위해 벌이는 프로젝트 가운데 하나로 특정 단체나 개인이 미래를 위해 한 범주의 식물에 속한 광범위한 품종들을 모아 재배하고 기록하며 보존하는 활동.

비Richard Mabey는 그의 훌륭한 식물 백과사전 《플로라 브리태니커*Flora Britannica*》에서 노섬벌랜드와 웨스트모얼랜드, 햄프셔에서는 스노드롭을 '죽음의 징표'로 본다고 전했다. 특히 스노드롭 한 송이를 집 안에 들이면 불운이 따라온다고 여겼다. 빅토리아 시대 작가이자 출판인 새뮤얼 파트리지Samuel Partridge는 이런 미신을 알았기 때문에 《스노드롭*Snowdrops*》이라는 제목의 그림 동화를 출판했을 것이다. 동화 속 찰리라는 어린 소년은 아픈 누이 메그를 위해 알뿌리를 하나 심고 꽃이 나오기를 겨울 내내 초조하게 기다린다. 마침내 스노드롭이 꽃을 피우자 찰리는 꽃을 누이에게 갖다주는데 바로 그날 밤 누이는 죽는다. 요즘 부모들이 보기에 어린아이를 위한 동화 치고는 이상한 내용이다. 그러나 이 이야기는 하나의 꽃에서 다양한 의미들이 창조될 수 있음을 보여준다. 삽화가 예쁜 이 빅토리아 시대 그림동화는 스노드롭의 위험을 경고하는 이야기와는 거리가 멀다. 그보다는 가까운 가족을 떠나보낸 어린 독자를 달래기 위해 쓰였다. 페니실린과 현대 의학이 탄생하기 전이던 그 시대에 가족을 잃는 일은 너무도 흔한 비극이었다. 앞부분에서 아직 알뿌리에 불과했던 스노드롭은 어두운 지하에 눌려 있는 상황에 꽤 화를 내지만 결국 인내의 미덕을 배우고 빛을 향해 솟아오른다. 여기에서 스노드롭은 불길한 '죽음의 징표'이기보다는 위안을 주며 누이 메그를 '아름다운 나라'로 데리고 가는 '눈부신 천사들' 가운데 하나이기도 하다. 파트리지의 이 빅토리아 시대 어린이책은 A. D. 밀러A. D. Miller가 최근에 쓴 같은 제목의 소설과 뚜렷이 대비된다. 현대 모스크바를 암울하게 묘사한 밀러의 소설에서는 겨울에 쌓여 있던 눈이 녹으면서 노숙자나 범죄 희생자들의 시체가 드러나는데 이들을 부르는 속어가 '스노드롭'이다.

스노드롭과 식물을 가리키는 학명 갈란투스*galanthus*는 이 꽃의 특징인 흰색에서 유래하긴 했지만, 흰 눈과는 관계가 없다. 갈란투스는 그리스어의 '꽃anthus'과 '우유gala'에서 나왔다. 갓 태어난 해에 영양분을 공급하는 꽃인 셈이다. 학명을 선택한 린네는 또한 눈처럼 하얀 스노드롭의 특성도 잘 알고 있었다. 그래서 그는 가장 흔한 종을 갈란투스 니발리스, 곧 눈의 우유꽃이라 불렀는데 이 이름을 들으면 영양가 높은 따뜻한 우유보다는 아이스크림이나 스무디가 떠오른다. 하지만 스노드롭을 마시거나 먹는 것은 좋지 않다. 다소 독성이 있는 탓에 아플 수도 있기 때문이다. 찰스 다윈의 할아버지이며 못 말리는 과학자이자 시인인 이래즈머스 다윈Erasmus Darwin은 스노드롭 뿌리를 삶아서 맛을 볼 만큼 용감했다. 다소 맛이 없다고 평가하긴 했지만 수프와 소스를 걸쭉하게 만들 때 쓰면 좋겠다고 제안한 것을 보면 부작용을 겪은 것 같지는 않다.

스노드롭은 상당히 마술적인 특성을 지녔다고 여겨진다. 호메로스의 고대 서사시에 등장하는 신성한 약초 '몰뤼moly'가 스노드롭일 거라는 최근의 추측이 맞다면 말이다. 아름다운 그리스 신 헤르메스가 키르케의 위험한 주술로부터 오디세우스를 보호하기 위해 그에게 주었던 꽃이 핀 약초가 어쩌면 스노드롭일지 모른다. 트로이 전쟁에서 집으로 돌아오는 오랜 여정에서 오디세우스는 키르케의 섬에 도착하는데 그곳에서 굶주린 부하들이 돼지로 변해버린다. 그들을 구하려면 키르케의 성에 들어가 그녀와 대면해야 했는데, 오디세우스 자신도 부하들처럼 돼지로 변하지 않기 위해 주의하는 수밖에 없었다. 헤르메스는 키르케보다 훨씬 강력한 작고 하얀 꽃이 필요하다고 말해주었다. 오디세우스는 헤르메스의 충고에 따라 약초로 힘을 얻었고 깜짝 놀란 키르케는 그에게 굴복하여 부하들을 원래 모습으로 풀어주었다.

어느 모로 보나 스노드롭 꽃들만큼이나 강력한 호메로스의 시는 2800년 넘게 살아남았고 앞으로도 사라질 것 같지는 않다. 헤르메스가 작고 하얀 마법의 꽃을 건네는 장면에서 다양한 시대와 지역의 독자들이 아마 서로 다른 식물을 떠올렸겠지만 스노드롭에 친숙한 독자라면 그 약초가 스노드롭일지 모른다고 생각할 것이다. 스노드롭에 특정 독이나 약을 해독하는 갈란타민이 함유되어 있다는 사실이 밝혀지자 1983년 임상 약리학자 안드레아스 플레이타키스Andreas Plaitakis와 로저 듀부아진Roger Duvoisin은 스노드롭이 호메로스의 시에 나오는 몰뤼였을 것이라는 의견을 내놓았다. 스노드롭의 원산지는 에게해와 터키 주변이다. 고향으로 돌아가는 오디세우스의 긴 여정이 펼쳐진 지역이다. 그러니 호메로스의 초기 독자들은 아마 그들의 영리한 영웅이 스노드롭을 휘두르는 모습을 어렵지 않게 상상했을지 모른다. 하지만 오디세우스의 약초 몰뤼가 스노드롭이라는 주장에 반대하는 사람도 있다. 무엇보다 오디세우스가 이 작은 식물을 뽑기 위해 신들의 도움이 필요했다는 사실 때문이다. 스노드롭을 정원에서 키워본 사람이라면 그 알뿌리가 얼마나 쉽게 뽑히는지 잘 안다. 스노드롭을 번식시키는 효과적인 방법은 알뿌리를 뽑아서 포기를 갈라 다른 화단에 심는 것이다. 어쨌든 선원들이 돼지로 변하고 신들이 아무 때나 등장하는 서사시에서 문자 그대로의 의미를 찾는 것이 그리 중요하지는 않을 것이다. 오디세우스가 우유처럼 흰 꽃으로 부하들의 인간성을 되찾아주었다는 이야기는 긍정적인 변신의 가능성과 인간 본성에 대한 희망을 표현하는 은유다. 또한 작은 꽃이 폭력보다 더 큰 힘을 발휘할 때가 있다는 이 이야기는 권력자들이 새겨들을 만하다. 물론 오디세우스는 키르케의 성으로 들어갈 때 예쁜 꽃만 믿은 게 아니라 칼도 들고 가긴 했다.

고대 그리스 혈통의 갈란투스 니발리스는 버킹엄셔 스토 가든Stowe Garden의 세계유산과도 잘 어울린다. 호메로스가 오디세우스 이야기를 들려준 이후 여러 세기가 지난 다음 디자인된 일리지언 필드Elysian fields*와 신고전주의 양식의 사당들 사이에서 이 흰색 꽃들은 주변과 어울리는 폭포를 이룬다. 1월 초부터 하얗게 변하는 비탈의 경이로움을 감상하기 위해 스노드롭 애호가들은 영하의 날씨를 뚫고 온다.

2018년에 스토 가든은 인터넷 방문객들도 끌어모았다. 스토드롭Stowe-drop 가문의 이야기를 방영했기 때문이다. 스토 가든 스노드롭의 인터넷 일기는 1월 3일 아주 작은 첫 순들의 등장으로 시작했다. 이틀 뒤에는 하얀 꽃이 하나만 나왔지만 1월 15일쯤 되자 처음 꽃이 나온 포기 곁에 '몇몇 이웃들'이 생겼다. 그다음 주에 더 많은 포기들이 모였고 1월 말쯤 되자 영국 위인의 전당Temple of British Worthies에 있는 알프레드 왕과 흑태자 존 햄프던을 비롯한 흉상들은 스토 가든의 새로운 하얀 양탄자를 흡족하게 바라볼 수 있었다. 이 단순한 사진 기록물은 방문객들이 진짜 꽃을 보러 오고 싶도록 만들었고, 올 수 없는 사람들에게는 봄의 전시를 함께 즐길 수 있는 기회를 주었다. 그것은 친숙해서 위로가 되고 이듬해면 다시 시작될 가벼운 드라마였다. 온라인으로 지켜본 시청자들은 자신의 정원에서 이 작은 드라마가 펼쳐지는 걸 보고 싶어질지도 모른다. 스토의 웅장하고 너른 정원보다는 작은 땅이라도 알뿌리를 심기만 하면 어디에서나 비슷한 자연의 이야기를 감상할 수 있다. 2018년 1월 몇몇 정원에서는 스노드롭 옆에 수선화가 일

* 고대 그리스 로마 신화에서 영웅과 덕 있는 자들이 지상에서의 삶을 마친 뒤 머문다는 엘리시온에서 이름을 따온 곳으로 18세기 영국의 건축가이자 조경가인 윌리엄 켄트William Kent가 스토 가든에 디자인한 구역이다. 이름에 걸맞게 고대 덕인의 전당, 영국 위인의 전당 등의 건물이 있다.

찌감치 솟아났다. 일상적인 식물 드라마의 플롯에 곁가지를 덧붙이려는 듯, 또는 무슨 일이 펼쳐질까 하는 관심을 자극하기라도 하려는 듯.

프림로즈

Primroses

나는 프림로즈*를 책 사이에 꽂아 말릴 때마다 마음이 조금 아팠다. 납작한 접시 같은 잎 위에 올린 버터 조각들처럼 활짝 열린 프림로즈를 숲에서 발견하면 그 핼쑥한 꽃무더기를 결코 밟지는 않았겠지만, 워낙 많다보니 미안한 마음 없이 여기저기서 한두 송이를 따서 집에 가져와 말려두곤 했다. 프림로즈는 꽃 중에서도 눌러 말리기에 가장 좋은 꽃이었다. 완벽한 다섯 꽃잎의 형태를 흐트러뜨리지 않고 자연색을 보존할 수 있기 때문이다. 생강색이 조금 섞인 옅은 레몬색 프림로즈의 반투명한 빛깔은 다른 꽃들을 무색하게 만든다. 개암나무의 얼룩덜룩한 금발 같은 꽃차례가 어쩌

* 봄에 옅은 노란색 꽃이 피는 앵초과의 야생화.

다 야생 프림로즈가 환하게 빛나는 강둑 위에 개화하면 분명 칙칙해 보일 정도다. 두꺼운 책의 책장과 티슈 사이에서 몇 달을 보낸 프림로즈 꽃들은 꺼내보면 웨이퍼 과자처럼 얇고, 섬세하게 색이 남아 있었다. 함께 피었던 꽃들과 달리 그들은 후대를 위해 보존되었다. 나는 그들의 짧은 생을 싹둑 자른 게 아니라 해마다 몇 송이 꽃에 불멸을 선사한 거라고 스스로를 위로하곤 했다. 내가 망설이는 순간은 순진한 꽃들 위로 무자비한 책장을 내리눌러야 할 때뿐이었다. 작은 유리 꽃병에 꽂아두는 게 낫지 않을까, 아니 숲에서 솟아난 가느다란 줄기에서 피고 지게 그냥 놔두는 게 훨씬 낫지 않을까 하고 말이다. 날씨와 시기에 따라 달라지긴 하지만 어머니날을 축하하는 프림로즈 꽃다발은 순환하는 한 해의 일부여서,* 갑작스럽게 떨어지는 소나기나 젖은 꽃잎에 반짝이는 햇살만큼이나 자연스럽다. 반면에 눌러 말린 프림로즈는 11월과 12월의 우중충한 갈색 계절에 어울리지 않게 봄이 남긴 소중한 유물로 다시 등장했다. 나는 책 더미에서 한 권씩 책을 꺼내면서 책장을 열고 티슈를 부드럽게 벗겨 책장 사이에서 눌린 프림로즈를, 누렇게 변색된 오래된 책장보다 더 순수하게 노랗고 한복판에 진한 금색 불꽃이 박힌 그 꽃을 꺼내보는 걸 좋아했다. 그러고는 크리스마스 선물로 나눠주려고 최선을 다해 필사한 짧은 시들 둘레에 말린 꽃

* 영국의 어머니날은 사순절 네번째 일요일이라 해마다 시기가 조금씩 다르다.

을 두르곤 했다. 내 동생이 내내 소중하게 간직한 앨프리드 테니슨Alfred Tennyson의 시 〈시내The Brook〉의 가장자리를 두른 프림로즈는 이제 마흔 살이 되었을 것이다. 그 꽃들을 피웠던 식물은 어쩌면 여전히 비슷한 로제트rosette*를 봄마다 내밀며 존재 자체만으로 매년 연속 금메달을 걸고 있을지 모른다.

일반적인 프림로즈의 잎은 얇고 반투명한 레몬색 꽃잎과 대비를 이룬다. 패기 넘치고 풍성하며 즙이 많고 모서리가 말린 진초록 잎들이 여러 층으로 빽빽하게 돋아난다. 섬세한 꽃일수록 더 강력한 보호가 필요하다고 말하는 것 같다. 아주 작고 어린 프림로즈조차 놀랍도록 튼튼하다. 나무랄 데 없이 잘생긴 작은 잎들을 사방으로 내민다. 조그만 초록 귀들이 새로 돋은 피부처럼 천천히 펼쳐지며 봄의 소리에 귀를 기울이는 것처럼 보인다. 끝없이 퍼지는 타원형으로 자라는 듯하지만 쪼글조글한 잎들이 완전히 자라고 희미한 잎맥이 생기고 나면 가는 줄기들 아래의 소실점으로 모인다. 이끼로 수놓였던 초록색 둥근 둔덕들이 에메럴드색 깃털 퀼트가 되어 산울타리 바닥과 나무뿌리를 덮는다. 금색 왕관들이 튼튼한 잎들 위에서 흔들거리기 시작할 때면 퀼트 이불에는 눈부신 단추들이 점점이 박힌다. 만약 색깔이 뒤바뀌어서 초록 잎이 노란색이 된다면 건강을 상징하는 프림로즈가 병색이 도는 허약하

* 뿌리나 땅속줄기에서 돋아 나온 잎들이 땅 위에 사방으로 퍼져 자라는 그루로, 민들레 등이 있다.

고 불길한 꽃이 되었을 텐데 신기하다. 프림로즈는 대부분의 토양에서 살아남긴 하지만 잘 자라려면 습기가 필요하다. 이른 가뭄은 이들의 활력을 빨아들여 싱그러운 잎을 쪼그라든 갈색 그림자로 만들어버린다. 나무가 우거진 지역에서 프림로즈가 가장 잘 자라는 것도 이 때문이다. 그런 곳에서는 나뭇잎이 무성히 자라 빛을 막아주는 여름이 오기 전에도 부엽토 덕에 습기가 유지된다.

프림로즈의 고장인 데번은 날씨가 온화하고 습해서 나무가 덜 우거진 곳에서도 프림로즈가 잘 자란다. 울러콤 만 주변 언덕에서부터 더 남쪽에 있는 뉴턴 애봇 근처 계곡에 이르기까지 연노랑 꽃이 무리를 이룬다. 3월 말부터 4월까지 도로변 가파른 경사지에 노랑과 초록 쿠션이 깔려서 고장 전체가 봄맞이 천갈이를 한 것처럼 보인다. 이 들꽃들이 워낙 풍부하다보니 다트무어 끄트머리의 아이비브리지에서 큰 제지공장을 운영하는 위긴스 티프Wiggins Teape 사는 한 세기 넘도록 데번의 프림로즈를 가득 담은 작은 상자 수천 개를 모든 고객에게 봄 선물로 보내곤 했다. 이런 성의 표시는 데번의 프림로즈가 사라질지 모른다는 우려 때문에 1989년에 중단되었다. 사실, 프림로즈 감소는 꽃을 지나치게 많이 땄기 때문이라기보다는 집약농업과 더 관련이 있을 것이다. 물론 기후변화도 많은 토착식물에 예측할 수 없는 영향을 미쳤다. 올리버 래컴Oliver Rackham*은 데번에서 멀리 떨어진 케임브리지셔의 숲에 프림로즈가 급격히 감소했음을 발견했다. 그는 그 원인을 농업

관행의 변화와 온실가스 배출, 기온 상승 등으로 보았다. 데번은 고장의 상징인 프림로즈를 여전히 자랑스러워한다. 어쩌면 '흔치 않은' 프림로즈가 될 수도 있다는 두려움 때문에 한층 더 소중히 여기게 됐는지 모른다. 오랜 관습인 프림로즈 따기 행사가 소중한 지역 전통으로 재조명되었다. 2017년 어머니날에는 아이비브리지에서 새로 프림로즈 축제가 열려 꽃 따기 행사를 했다.

몇몇 야생 프림로즈는 옅은 산딸기색과 복숭아색, 크림색, 아몬드빛이 도는 흰색뿐 아니라 사과주스와 백포도주가 낼 수 있는 온갖 색조로 꽃을 피우지만 가장 흔한 프림로즈인 프리뮬라 불가리스*Primula vulgaris*는 대개 '프림로즈 노랑'으로 널리 알려진 색의 꽃을 피운다. 이보다 훨씬 보기 힘든 작은 스코틀랜드 프림로즈인 프리뮬라 스코티카*Primula scotica*는 작은 돛대 같은 줄기에서 자주색 꽃을 나부낀다. 프리뮬라 불가리스는 스코틀랜드의 많은 지역에서 자라지만 스코틀랜드 프림로즈는 케이스네스와 서덜랜드, 오크니의 서늘한 해안 지역에서만 볼 수 있다. 이들은 그리 탐욕스럽지 않은 소떼가 프림로즈가 자라기 좋을 만큼만 풀을 뜯어먹는 곳에서 있는 힘을 다해 생존하고 있다. 페나인 산맥의 개울과 석회암 바위 틈에는 그 지역의 토착 프림로즈가 자생한다. 우아한 버즈아이bird's eye 프림로즈, 프리뮬라 파리노세*Primula*

* 영국의 역사생태학자로 영국 숲의 역사와 관리, 기능을 주로 연구했고 《전원의 역사 *The History of the Countryside*》《삼림지대*Woodlands*》 등의 책을 썼다.

*farinose*로, 말똥말똥 빛나는 눈 주위에 분홍색 하트 꽃잎을 동그랗게 두르고 있다.

어디에 살아남든 대단히 인기 있는 꽃은 프리물라 베리스 *Primula veris*, 곧 카우슬립cowslip(황화구륜초)인데 꽃송이들이 줄기에 매달린 모습이 작은 초록 자루들에서 환한 노란색 아이싱*이 터져나오는 듯 보인다. 서머싯에서는 이 특색 있는 꽃 모양 때문에 '골든 드롭스golden drops'나 '열쇠 꾸러미bunch of keys' '성 베드로의 열쇠St Peter's keys' '베드로 허브herb Peter' 같은 신성한 이름으로 불린다. 제프리 그리그슨Geoffrey Grigson이 발견한 것처럼 다른 지역에서 카우슬립의 속명은 조금 더 소탈한데 소똥을 생생하고 다양하게 표현한 이름들이다. 링컨셔에서는 '쿠슬롭cooslop', 데번에서는 '카우플롭cowflop'이나 '카우 슬롭cow slop', 하트퍼드셔에서는 '카우 슬랩cow slap', 잉글랜드 북부 곳곳에서는 '카우 스트루플cow strupple'이라 불린다.** 꽃을 따려는 사람들이 고개를 돌릴 만한 이름이지만 아이들은 이 꽃을 따서 끈에 매달고는 작은 카우슬립 볼cowslip ball***이나 신부를 위한 화관을 만들기도 했다. 1990년대 들어 많은 지역에서 카우슬립이 심하게 감소하는

* 케이크 등의 표면에 달걀 흰자나 설탕을 입히는 것으로 장식 효과와 함께 건조를 막는 구실을 한다.

** -slop, -flop, -slap, -strupple은 배설물의 모양과 소리를 묘사하는 표현들이다.

*** 카우슬립 꽃을 동그란 공 모양으로 엮은 것으로, 아이들이 운이 있는 노래에 맞춰 던지며 미래를 점치는 놀이에 쓰였다.

듯했지만 2018년 M40번 도로 경사변에는 카우슬립이 풍성하게 꽃을 피웠다. 대부분의 사람들이 워낙 빨리 그곳을 지나치다보니 이 식물의 옛 속명을 탄생시킨 식물학적 특성들을 제대로 감상하기가 쉽지 않았겠지만 이 작은 꽃송이 무리들 덕에 언덕 사이로 난 고속도로는 레몬 셔벗처럼 반짝였다.

메리 러셀 밋퍼드Mary Russell Mitford가 버크셔의 레딩 근처 시골 고향을 회상하며 쓴 《우리 마을*Our Village*》은 오래도록 사랑받은 책이다. 그녀에게는 카우슬립 볼을 만드는 것이 5월의 즐거움이었다. 그러나 훨씬 더 신나는 일은 '처음 핀 프림로즈'가 알리는 봄의 시작이었다. 3월이면 그녀는 프림로즈를 찾아서 개와 함께 버크셔 길 구석구석을 산책했다. 덤불 사이로 살짝 보이는 첫 노란 얼굴을 발견했을 때 비로소 산책한 보람을 느꼈다. 4월쯤이면 그녀는 지난 겨울이 아무리 혹독했을지라도 '프림로즈' 계절의 금빛 중심을 찾게 되리라 확신하며 좋아하는 잡목림으로 향하곤 했다. 특별히 이 언덕에 가면 기분이 그토록 좋았던 것은 프림로즈 때문만은 아니었다. '긴병꽃풀ground ivy의 연보라색 꽃과 자주색이 얽게 맴도는 잎들, 윤택한 이끼들, 반짝이는 야생 히아신스, 얼룩무늬 아룸arum, 그리고 담쟁이 화환들'로 이루어진 자연의 모자이크가 모든 봄꽃을 하나의 조화로운 전체로 연결해주었기 때문이다. 아늑한 잡목림의 봄 공기에 프림로즈 향기가 퍼졌다. 그리고 한 해의 첫 나비를 볼 수 있었다. 내려앉은 프림로즈 꽃무리의 꽃잎 색과 딱 어울리는 나비를.

프림로즈는 영국의 가장 희귀한 나비들을 키운다. 이를테면 버건디 공작Duke of Burgundy 나비는 프림로즈 잎의 털로 덮인 아랫면에 알을 낳는다. 하지만 메리 러셀 밋퍼드의 눈에 띈 나비는 한때 '프림로즈'라 불렸던 멧노랑나비 수컷임이 틀림없다. 이 가벼운 멧노랑나비가 프림로즈 꽃을 하나씩 돌아다니며 이른 봄 꿀을 빠는 모습을 보면 꽃들이 날아올랐다고 잠시나마 착각하기 쉽다. 19세기 영국의 화가 존 윌리엄 인치볼드John William Inchbold가 1855년에 그린 빼어나게 사실적인 그림 〈3월의 습작A Study, in March〉에는 몸통이 환하게 빛나는 시커모어가 서 있는 갈색 토양의 둔덕과 세밀하게 관찰한 프림로즈가 그려져 있다. 꽃 두 송이는 활짝 폈고 다른 봉오리들은 이제 막 피려고 하며 비슷한 색깔의 작은 멧노랑나비 한 마리가 가까이에 있다.

유황색 프림로즈 꽃과 나비의 가까운 관계는 봄의 어두운 숲에 등장한 '불꽃 조각 같은 창백한 유황색* 프림로즈'를 찬미하는 존 클레어John Clare의 시 〈프림로즈Primroses〉에도 잘 드러난다. 3월부터 5월까지 화창하지만 쌀쌀한 날들에 프림로즈가 나비들에게 중요한 자양분을 제공하는 동안 나비들은 이 꽃에서 저 꽃으로 꽃가루를 옮기느라 바쁘다. 프림로즈의 가운데를 가만히 들여다보

* 유황을 가리키는 옛 명칭인 brimstone은 멧노랑나비를 가리키기도 한다.

존 윌리엄 인치볼드, 〈3월의 습작〉, 1855.

면 모든 꽃이 똑같지는 않다는 걸 곧 알게 될 것이다. 한가운데 작은 초록 눈동자가 있는 것도 있고 노란 술들이 모여 있는 것도 있다. 이들은 각각 '핀형pin-eyed' 프림로즈와 '술형thrum-eyed' 프림로즈라 불린다. '핀'은 꽃밥 위로 튀어나온 암술머리이고 '술'은 꽃밥 무리다. '술형' 프림로즈는 암술머리보다 위로 쑥 올라온 수술 꼭대기에 술처럼 생긴 꽃밥이 덮여 있다.('술'은 원래 천을 짤 때 풀린 실오라기 가닥들을 가리키는 용어이고 가끔 자루걸레의 머리를 가리키기도 하는데 사실 이 작고 노란 꽃밥 무리들이 자루걸레의 머리를 닮기도 했다.) 주둥이가 긴 멧노랑나비는 주둥이를 프림로즈 깊숙이 꽂아 꿀을 마시며 그 과정에서 꽃밥의 꽃가루를 모으고는 다음에 앉는 꽃에 떨어뜨린다. 두 종류 꽃이 서로 도움이 되도록 꽃밥과 수술, 암술머리의 높이가 다르게 배치된 덕에 술형 프림로즈의 꽃가루가 핀형 프림로즈에 수분되기도 하고 그 반대로 되기도 한다. 이 놀라운 호환성을 처음 설명한 사람은 찰스 다윈이었다. 그는 《종의 기원*On the Origin of Species*》에 대한 논란으로 세상이 들끓는 동안 차분하게 앉아 다양한 프림로즈를 연구했다. 몇 년 뒤 자신의 삶을 돌아볼 때 다윈은 프림로즈에 특별한 애착을 품었노라고 고백하면서 '이 식물의 구조를 이해'한 것보다 과학자로서 더 큰 만족을 얻은 일이 없다고 했다. 그와 동시대를 살았던 많은 사람들이 프림로즈의 색과 모양, 프림로즈와 관련된 것들에 즐거움을 느꼈다면 다윈에게 중요했던 것은 이 꽃의 내부 기관이었다.

물론 요즘 프림로즈는 영국의 봄을 처음 알리는 꽃의 자리를 스노드롭에 내주었지만 '첫 장미', 곧 '프리마 로사prima rosa'라는 옛 이름은 여전히 간직하고 있다. 이들은 예부터 황량한 겨울이 마침내 물러날 때 다른 봄꽃들보다 먼저 나타나는 꽃일 뿐만 아니라 빼어남에서도 '첫번째'로 꼽힌다. 프림로즈는 첫번째이자 으뜸인 꽃이다. 아마 그런 이유로 존 밀턴John Milton은 이 식물을 '이른 프림로즈rathe primrose'라 불렀는지 모른다. 'rathe'는 프림로즈가 그저 일찍 피는 꽃에 불과한 게 아님을 강조하는 표현이다. 'rathe'에는 '이른'이라는 뜻 말고도 그의 비가 《리시다스*Lycidas*》가 애도하는 익사한 젊은 시인처럼 '완벽한 전형paragon'이라는 뜻이 있다. 밀턴은 젊음이 인생에서 프림로즈 같은 시기로 여겨지며 프림로즈는 한창때에 갑자기 꺾일 수 있다는 것을 알고 있었다. 남아서 애도하는 자들에게는 부당하고 말도 안 되는 일처럼 느껴질지라도 말이다. 프림로즈는 결실을 맺기 전에 '쓸쓸하게 죽은 꽃'이다. 마치 요절한 시인처럼. 《리시다스》의 초고에서 프림로즈는 '쓸쓸하게'가 아니라 '결혼하지 않은 채'라는 단어로 표현되었다. 창백하고 연약한 이 꽃이 사랑하는 사람을 먼저 보낸 뒤 슬픔으로 때 이른 죽음을 맞은 사람들을 연상시킨다는 점을 강조하는 표현이다. 당대의 식물 이야기에서 프림로즈는 너무 일찍 죽어서 장래의 약속을 실현하지 못한 사람들과 연결된다. 밀턴의 구절은 셰익스피어의 《겨울 이야기*The Winter's Tale*》에 등장하는 비슷한 표현인 "한창때의 포이보스*를 / 보기 전에 결혼하지 않은 채 죽은 / 창백한 프림로즈"를 상기시킨다. 이는 이른 봄에 꽃피는 프림로즈의 습성에, 사춘기 소녀와 식물들이 철분 부족으로 앓을 수 있으며 색소 결핍의 증상을 보이는 '위황병green sickness' 또는 클로로시스chlorosis**를 명쾌하게 결합한 표현이다.

기독교도 시인이었던 밀턴이 결국 '결혼하지 않은 채' 대신에 '쓸쓸하게'란 표현을 선택한 것은 리시다스의 때 이른 죽음을 십자가형에, 그와 더불어 부활의 희망에 연결한 것이다. 3월과 4월에

* 태양신으로서의 아폴론을 가리키는 말.

** 햇빛이나 철분이 부족할 때 식물의 잎이 푸른빛을 잃고 희거나 누렇게 변하는 병.

꽃을 피우는 습성 때문에 프림로즈는 부활절과 연관된 꽃이 되었다. 예나 지금이나 프림로즈는 6주간의 금욕적인 사순절이 끝난 뒤 부활절을 맞아 시골 교회를 장식하기 위해 꺾던 꽃이다. 세례반과 설교단, 제단, 현관이 갑자기 초록 이끼와 프림로즈로 뒤덮인다. 19세기 영국의 성직자 프랜시스 킬버트Francis Kilvert는 헤이-온-와이 근처 시골 교구인 클라이로의 부목사로 있을 적에 교회의 부활절 프림로즈 장식에 감탄했고 교회 묘지의 무덤들을 꽃으로 뒤덮는 지역 관습에 더욱 감탄했다. 그는 달밤에 묘지를 걷다가 꽃으로 장식된 무덤들이 '사람들이 부활절 아침에 일찍 일어날 채비를 하고 밖에 누워 잠든 것처럼' 보인다고 생각했다. 킬버트도 부활절 아침 일찍 여섯 시에 일어나서 물방아용 저수지 옆의 서리로 뒤덮인 둔덕에 자란 프림로즈를 꺾으면서 그해 처음으로 딱따구리 울음소리를 들었다. 동시대의 예술가들은 프림로즈를 새들과, 적어도 새알들과 뗄 수 없는 관계로 보았다. 프림로즈를 그릴 때면 잔가지와 이끼로 만든 둥지 안에 잠든 알들을 함께 그렸다. 수채화가 윌리엄 헨리 헌트William Henry Hunt는 둥지와 프림로즈를 대단히 정교하게 묘사해서 많은 모방작을 낳았고 '버즈 네스트Bird's Nest(새 둥지)' 헌트라는 별명으로 불리기도 했다. 빅토리아 시대 미술계에서 프림로즈는 달걀의 전형적인 동반자 베이컨의 자리를 빼앗았던 셈이다. 요즘 사람들의 눈에는 자연을 찬미하기 위해 새알이 가득한 둥지와 뿌리 뽑힌 프림로즈를 화실로 들고

윌리엄 헨리 헌트, <프림로즈와 새 둥지Primroses and Bird's Nest>, 1850.

오는 게 이상해 보이겠지만 우리 할아버지의 할아버지의 할아버지의 할아버지들에게 새 둥지와 프림로즈는 새로운 생명의 경건한 이미지이자 하느님이 이룬 창조의 징표였다.

국회의원, 그리고 결국에는 수상이 되려는 굳은 야망을 지녔던 벤저민 디즈레일리Benjamin Disraeli*가 프림로즈에 특히 끌렸던 이유는 오랫동안 이 꽃이 최고 권력과 연결되었기 때문일 것이다. 이 흔한 들꽃 덕택에 디즈레일리는 그의 주군 빅토리아 여왕과 뜻밖의 유대감을 쌓을 수 있었다. 빅토리아 여왕은 세상의 반

* 유대계 상인의 아들로 태어나 토리당을 이끌며 영국 수상을 두 차례 역임했다.

을 지배하던 대황제였음에도 여전히 소박한 즐거움과 낭만에 마음이 움직이는 사람이었다. 여왕은 총애하는 정치인 디즈레일리에게 오즈번 하우스*에서 자란 와이트 섬 프림로즈를 보내곤 했다. (이 꽃들은 와이트 섬에 워낙 지천으로 피어 있어서 존 키츠는 1817년 섬을 방문했을 때 섬의 이름을 '프림로즈 섬'으로 다시 지어야 한다고 생각했을 정도였다.) 1881년 4월 디즈레일리가 사망했을 때 여왕은 웅장한 장례 화환 대신에 작고 동그란 프림로즈 화환에 '그가 아끼던 꽃'이라고 손수 적은 카드를 보냈다. 디즈레일리가 세상을 떠나고 2년 뒤, 포츠머스 하원의원 헨리 드러먼드 울프Henry Drummond Wolff는 의회에 도착해 외투보관소 직원에게 프림로즈 한 송이를 받고는 깜짝 놀랐다. 그는 하원의 모든 토리당원들이 디즈레일리를 추모하며 옷깃에 프림로즈를 달고 있다는 사실을 알고는 더욱 놀랐다. 몇 달 뒤인 1883년 11월 헨리 울프는 칼튼 클럽**에서 랜돌프 처칠 경과 앨프레드 슬레이드 경, 존 고스트 경을 만나 매년 4월 19일에 프림로즈의 날을 기념하고 고인이 된 디즈레일리 수상을 기리기 위해 프림로즈 연맹Primrose League을 창립하기로 결의했다.

프림로즈 연맹은 디즈레일리의 원칙인 '종교, 충성, 애국심'을 내걸었는데, 이는 곧 '제국과 자유'로 바뀌었고 영국 곳곳에 지부가 생겼다. 4년 만에 프림로즈를 꽂은 회원이 50만 명을 넘어섰고

* 빅토리아 여왕과 앨버트 공의 여름 별장으로 와이트 섬에 있다.

** 런던의 회원전용 클럽으로, 1832년 토리당 활동을 위한 본거지로 설립되었다.

1891년까지 다시 그 두 배로 늘었다. 작은 노란 배지를 자랑스럽게 단 회원들이 다과회와 여름 축제, 음악 연주회를 위해 모였다. 프림로즈의 노란색은 중세 유럽과 이슬람권에서 오랫동안 반유대주의와 연결되어왔다. 유대인 출신인 전 수상에 대한 이 새로운 존경의 표시는 그 오랜 편견을 애정 어린 찬양으로 바꾸었다. 정치 참여의 가능성에는 흥분했지만 여성 참정권 운동가들만큼 급진적이진 않았던 여성들이 연맹에 가입하기 위해 몰려들었다. 그래도 런던의 세인트 제임스 파크 플레이스 4번지의 새 프림로즈 클럽은 '보수주의 원칙을 지키는 신사들'에게만 개방되었다. 1887년에는 노란 테두리 구석에 꽃무늬를 그려넣은 예쁜 〈프림로즈 매거진Primrose Magazine〉이 창간되었다. 그리 오래가지는 못했지만 여성 독자와 남성 독자 모두를 겨냥했던 이 잡지에는 정치 논평('아름다운 에린*: 아름다움과 문제들'), 제국 여행기('버마 여행'), 프림로즈에 대한 시와 헤어 제품이나 인도 카펫, 철도 보험, '당신 방에서 즐기는' 터키탕 등의 많은 광고가 실렸다.

프림로즈에 새롭게 더해진 정치적 정체성은 1894년 로즈버리 5대 백작 아치볼드 프림로즈Archibald Primrose 경이 글래드스톤의 뒤를 이어 자유당 출신 수상에 오르면서 다소 흔들렸다. 프림로즈 경의 가문은 오랫동안 프림로즈를 문장으로 뽐냈으며 가문

* 아일랜드의 옛 이름으로 고풍스럽거나 시적인 느낌을 풍긴다.

의 경주마를 타는 기수들도 프림로즈를 떠오르게 하는 분홍색과 노란색 줄무늬가 그려진 경기용 셔츠를 갖춰 입었다. 프림로즈 경이 1년 조금 넘게 수상으로 역임하는 동안 그의 자유당 정책은 그 무렵 연간 축제로 확고히 자리 잡은 프림로즈의 날을 뿌리 뽑을 만큼 인기를 얻지는 못했다. 초창기 〈파테 뉴스Pathé news〉 필름에는 1916년 프림로즈의 날이 담겨 있다. 거대한 프림로즈 화환으로 장식된 웨스트민스터의 디즈레일리 동상이 제1차 세계대전 참전 준비를 마친 어린 병사들 무리 위에 우뚝 서 있다. 선명하지 않은 이 회색 자료 영상에서 빅토리아 여왕과 비슷한 외모의 꽃 장수가 주변의 키 큰 젊은 청년들에게 작은 꽃다발이 담긴 상자를 내밀고 있는 모습이 눈에 띈다. 북프랑스로 출항하려는 이들의 이끼색 군복 위에 프림로즈가 부드러운 빛깔을 더한다.

프림로즈는 가장 싱싱하고, 순수한 봄꽃이지만 청춘과 연결된다는 점에서 희망뿐 아니라 위험도 뜻한다. 그 건강하던 에메랄드색 잎이 섬세한 꽃을 조롱이라도 하듯 병색이 도는 누런색으로 쉽사리 변하는 모습은 사람들로 하여금 프림로즈의 추락을 늘 경계하게 한다. 셰익스피어는 프림로즈에 '단정한prim' 면이라고는 없다는 걸 알았으며 이들의 순진한 외모가 지닌 위험한 매력을 이해했다. 《맥베스*Macbeth*》에서 술 취한 성문지기는 "프림로즈 길을 따라 영원한 지옥불로 들어가는 자를, 직종을 가리지 않고 모든 업종에서 몇몇씩"을 들여보내길 기대한다. 여기에서 말하는 것이 흔한 프림로즈인지 스코틀랜드 프림로즈인지는 명시되어 있지 않다. 영국에서 흔한 프림로즈의 희미한 금색 꽃이든 스코틀랜드 프림로즈의 자주색 꽃이든 던시네인 성에는 잘 어울렸을 것이다. 이 성문지기의 음울한 농담은 셰익스피어의 또 다른 위대한 비극《햄릿*Hamlet*》에서 오필리아가 자신의 사적인 행동을 충고하는 오빠 레어티스의 위선을 경고하며 비난하는 장면을 떠올리게 한다. 레어티스가 오필리아에게는 "천국으로 가는 가파른 가시밭길"을 가리키면서 정작 그 자신은 "환락의 프림로즈 길을 밟고" 있음을 다시 생각해보라고 말이다. 어떤 길이나 오솔길에 줄지어 있는 프림로즈는 너무도 매혹적이고 순수해 보여서 그들이 우리를 선善과는 거리가 먼 곳으로 이끌지 모른다고 의심할 사람은 없을 것이다—되돌아오지 못할 만큼 너무 멀리 가버리기 전에는. 올리버 골드스미스Oliver Goldsmith*도 웨이크필드의 불운한 목사에게 찰스 프림로즈라는 이름을 붙였을 때 이 점을 염두에 두었을 것이다. 소설에서 프림로즈 목사는 딸 올리비아가 포식동물 같은 동네 남작의 시선을 끌고 있는데 결혼이라는 신성한 결합에 대해 설교하는 인물이다. 결국에는 일이 비교적 잘 풀렸지만 프림로즈의 허약함은 그만큼 명백하다.

프림로즈의 저항할 수 없는 다면적인 매력은 이 꽃이 어디에서

* 18세기 아일랜드 출신의 시인이자 소설가, 극작가. 선량한 시골목사 집안의 소란을 익살스럽게 그린《웨이크필드 목사》등의 소설을 썼다.

자라든 뚜렷하게 드러난다. 미나리아재비buttercup보다 더 버터 같은 색깔의 프림로즈는 노르웨이의 치즈 제조자이자 박애주의자인 올라프 카블리Olaf Kavli에게 영감을 주었다. 카블리는 유제품 실험 끝에 결국 세계 최초로 부드럽게 펴 바를 수 있는 오래가는 치즈를 개발했다. 이 크림 같은 치즈의 건강한 옅은 노란색 이미지에는 '프리물라Primula'라는 이름이 완벽하게 어울렸다. 흔한 프림로즈인 프리물라 불가리스는 노르웨이와 페로Faroe 제도 곳곳에 야생으로 자라며 쿠쉼레*kusymre*라는 이름으로 불려 젖소*ku*를 연상시킨다. 카블리는 온난다습한 날씨와 비옥한 토양 덕분에 낙농업과 프림로즈 모두 번성하는 롬스달 반도의 한 마을에서 성장했다. 1924년 이 혁명적 치즈를 대량생산할 준비를 마친 그는 베르겐 항구에 공장을 짓고 곧 스칸디나비아와 영국, 유럽, 결국 세계 곳곳으로 치즈를 수출하기 시작했다. 반달 모양으로 포일에 싼 치즈와 튜브에 담긴 치즈의 목가적 기원은 꽃잎 다섯 장이 달린, 체다치즈색 쾌활한 꽃의 이미지로 강조되었고 통마다 꽃 이름이 표시되었다. 이름뿐 아니라 주홍 하트가 그려진 앞치마를 입고 작은 노란 꽃을 한 아름 안은 환한 얼굴의 금발 아가씨 역시 포장을 풀면 곧 자연을 맛보게 되리라는 확신을 준다.

진짜 프림로즈는 한때 프림로즈 포티지 티primrose pottage tea라는 형태로 영국의 테이블에 오른 적도 있었는데 맛보다는 이름이 더 매력적인 차였던 것 같다. 프림로즈에는 천연 진정제가 있기 때문에 아마 그 차를 마신 사람들은 잠을 잘 잤을 것이다. 프림로즈의 꽃잎을 우린 차는 신경과 히스테리를 진정시키는 데 쓰였고 말린 뿌리는 두통에 처방되었다. 지나치게 두꺼워지기 전에 수확한 프림로즈 잎은 샐러드에 넣을 수 있고 꽃과 뿌리에서 향유를 추출할 수 있었다(요즘 허브 치료제로 널리 쓰는 프림로즈 오일은 프림로즈와는 완전히 다른 아메리카 토착종인 오에노테라 비에니스*Oenothera biennis*, 달맞이꽃evening primrose에서 추출한 것이다). 프림로즈를 활용한 가장 예쁜 요리는 요즘 유행하는 기발한 케이크 장식과 더불어 등장했다. 한 움큼의 프림로즈 꽃에 달걀 흰자와 설탕을 입힌 뒤 눈처럼 하얀 부드러운 아이싱 위에 여기저기 꽂으면 서리 낀 봄날 새벽에 얼핏 보이는 프림로즈 같은 효과가 난다. 너무 섬세해서 잘라 먹기가 아깝다.

프림로즈는 보존하고 싶다는 영원한 욕망을 자극한다. 설탕을 입히든, 은박으로 포장하든, 눌러서 말리든, 그림으로 그리든, 시로 쓰든, 자연 서식지에서 보호하든 말이다. 사실 프림로즈는 놀랍도록 오래 살기도 한다. 삽이나 환경의 변화로 방해받지 않는 한 수십 년 동안 봄마다 계속 꽃을 피운다. 땅을 뚫고 올라오는 이 친숙한 꽃들은 그 아름다움이 워낙 자주 찬미되다보니 해마다 우리를 놀랍게 한다는 사실 그 자체로 놀랍다. 프림로즈는 여전히 봄마다 어김없이 사라지며 그들의 짧은 삶이 왜 조금 더 길지 않은지를 슬퍼하게 만든다.

수선화

Daffodils

처음에는 눈에 잘 띄지 않는다. 가느다란 초록 꽃눈은 이슬 맺힌 풀과 거의 구분하기 힘들다. 물론 그다지 가늘지 않은 것들도 있다. 여기저기에 희미하게 부푸는 것들이 있는데, 윤곽이 달라질 정도는 아니지만 아무튼 더 튼튼하고 더 유망하다. 하루하루 수줍음이 줄어든다. 어지럽게 널린 죽은 풀 사이에 여전히 숨은 것들도 있지만 똑바로 키 크게 자라며 태양을 마주할 준비를 하는 것들도 있다. 너무 수줍어서 눈을 맞추지 못하는 것처럼 머리를 기울이기 시작하지만, 거의 동시에 놀라운 비밀을 드러낸다. 노란색이 번쩍이며 소리 없이 눈부신 트럼펫 합창이 터져나온다. 수선화는 활기차게 정열적으로 봄을 알리며 더 일찍 봄의 도착을 알린 작은 꽃들에 쏠렸던 관심을 가로챈다. 스노드롭보다 밝고, 애기똥풀이나 투구꽃보다 키가 큰 수선화는 즉시 시선을 사로잡는다. 큰 비에도 굴하지 않고 물을 뚝뚝 떨어뜨리며 그 어느 때보다 반짝인다. 된서리는 비보다 더 큰 도전이다. 활짝 핀 수선화들이 고개를 숙이고 나긋나긋한 줄기는 뻣뻣하게 얼어붙은 초록 아치가 된다. 늦은 눈이 내리면 수선화들은 땅으로 절을 한다. 줄기는 사방으로 푹 주저앉고 머리는 무거운 흰 눈 아래 파묻힌다. 하지만 수선화 무리를 완전히 굴복시키려면 많은 눈이 오래 내려야 한다. 태양이 되돌아오고 얼음이 물러나면 노란 별들은 다시 나온다. 곧고 환한 수선화는 계절의 훼방에 풀이 죽지 않는다. 수선화는 꽃 왕국의 응급구조팀이다. 온기와 빛이 결코 다시 돌아오지 않을 것 같을 때 눈에 확 띄는 재킷을 걸친 수선화들이 겨울의 손아귀에서 우리를 구출하러 온다. 영국 곳곳 마을 길가의 지루한 초봄 풍경에 수선화가 드문드문 반짝이기 시작해 결국 도로변이 선명한 레몬빛으로 타오른다. 띄엄띄엄 있는 가로등보다 더 환할 때도 있다. 쌀쌀한 새벽이 조금 더 일찍 밝아올 무렵이면 하품하는 운전자들과 추위에 몸을 떠는 십대들에게 수선화는 계절의 신호를 보낸다. 이제 더는 어둡지 않을 것이며, 더 밝은 날이 다가오고 있다는 사실을 상기시킨다.

우리 집에서 길을 따라 몇 마일을 가면 수선화 들판이 나온다. 몇 년 전 마흔다섯의 나이에 암으로 세상을 떠난 어머니를 깊이 애도하며 가족들이 심은 수선화다. 수선화는 계속 퍼져나가며 번식하는 성향을 타고났기 때문에 이 희망의 들판은 해가 갈수록 더 환해진다. 리버풀의 세프턴 공원에도, 맨체스터 비즈니스 공원 옆에도, 트위드 강변에도 드넓은 금색 희망의 들판이 있다. 이들보다는 훨씬 작지만 희망의 크기만은 작지 않은 또 다른 들판이 아마 주 매든의 초등학교나 스카이 섬의 슬릿 반도에도 있다. 마리 퀴리 암 재단은 1986년 3월 암환자와 그 가족을 돌보는 간호사들을 위한 기금을 마련하기 위해 수선화 생화를 팔기 시작했다. 이 수선화 캠페인이 워낙 큰 성공을 거두어서 이제는 해마다 열리는 수선화 대청원Great Daffodil Appeal이라는 행사가 되었고 수많은 노란 수선화 배지가 배포된다. 생각지도 못했던 사람의 옷깃에서 노란 햇살이 눈부시게 폭발하기도 한다. 2018년 3월 16일 글래스고 센트럴 역에 내린 승객들은 새로운 빛의 정원에 황홀해했다. 마리 퀴리 암 재단이 기차역 중앙홀에 조명을 받은 선명한 수선화를 설치해놓았기 때문이다. 재단의 선한 명분에 의심을 품을 이는 없지만 수선화 캠페인은 간혹 비판을 받기도 했다. 3월 1일이 마리 퀴리의 날처럼 돼버렸기 때문이다. 웨일스에서는 여러 해 동안 3월 1일을 성 데이비드의 날로 기념하며 이미 수선화를 달고 있었다. 마리 퀴리 암 재단은 어쩌다 그 전통을 가로챈 것이 돼버린 상황에 대해 사과를 하고 싶었다. 2018년 3월, 재단은 웨일스의 커나번 성 마당에 3미터 높이 수선화 램프 설치물을 공개해 모든 사람에게 화해 —또는 새로운 경쟁— 를 확실히 표현했다.

웨일스에서 수선화는 케닌 페드르*cennin Pedr*, 곧 베드로의 리크Peter's leek*라는 이름으로 불린다. 《계절*The Seasons*》에서 닉 그룸Nick Groom이 설명한 것처럼 '성 베드로 사도좌Peter's Chair'** 축일인 2월 22일쯤에 수선화가 개화를 시작하기 때문이다. 베드로의 '리크'라 불리는 이유는 수선화의 긴 줄기와 알뿌리가 식물학적으로 수선화의 친척이자 웨일스의 훨씬 오래된 상징인 리크와 닮아서다. (셰익스피어는 《헨리 5세*Henry V*》에서 웨일스 선장 플루엘렌의 민족애를 보여주기 위해 명예의 훈장으로 수선화가 아니라 리크를 단 모습을 묘사했다.) 하지만 수선화는 웨일스의 수호성인이자 펨브룩셔에 그를 기리는 대성당이 있는 성 데이비드를 위한 꽃인 듯하다. 성 데이비드 축일은 성 베드로 사도좌 축일보다 한 주 늦은 3월 1일로, 수선화가 훨씬 많이 피어 있을 무렵이다. 모자나 재킷에 당당하게 꽂은 단 한 송이 수선화에 가슴이 설렐 수도 있지만 수선화는 대규모 합창이 제격이다. 그런 점에서 합창을 사랑하는 웨일스 사람들과 자연적 유사성이 있다.***

사실, '대퍼딜(수선화)'이라는 단어는 그리스의 아스포델asphodel에서 나왔다. 아스포델은 키가 큰 하얀 식물로 꽃잎 여섯 장이 별 모양으로 피는 모습이 수선화의 몇몇 종과 비슷하다. 하

* 양파와 비슷한 향이 나며 대파와 생김새가 비슷한 길고 가는 채소.

** 예수가 성 베드로에게 지상의 교회를 이끄는 책임과 권한을 준 것을 기념하는 축일.

*** 웨일스는 뛰어난 합창단과 관현악단으로 유명하며 합창을 사랑해 마을마다 합창단을 두고 정기적인 합창 공연을 즐긴다.

지만 '대퍼딜'이라는 영어 이름에는 '아스포델' 같은 우아한 울림이 별로 없다. 근사한 꽃들이 영국 문화와 이종교배를 하면 금세 소탈해져버릴 때가 많다. '아스포델'이라는 그리스 이름은 '아퍼딜 affodil'과 '대퍼딜daffodil', '대퍼딜리daffadilly', '대피 다운 딜리daffy down dilly'로 재빨리 귀화했고 영국적인 속명인 '이스터 릴리Easter lily(부활절 백합)' '렌트 릴리Lent lily(사순절 백합, 나팔수선화)' '렌티 컵스 Lenty cups'나 더 시골스러운 이름인 '구스 플랍Goose flops(거위 똥)'과 '선 보닛sun-bonnets' '버터 앤드 에그스butter and eggs'와 뒤섞였다. 아스포델의 고전 혈통은 그다지 평범하지 않다. 고대 신화에서 창백한 아스포델은 페르세포네 여왕이 한 해의 반을 머물며 다스리는 죽은 자들의 초원에 산다. 페르세포네는 엔나의 들판에서 봄꽃을 꺾다가 그녀를 훔쳐본 하계의 신 플루톤에게 납치당해 그곳에 있다. 하계에서 그녀가 다스리는 아스포델 들판은 지상에서 보낸 과거 삶의 창백한 그림자다. 해마다 여러 달 동안 완전히 사라졌다가 새로운 생명력으로 갑자기 솟아나는 수선화의 습성은 하계로 사라졌다가 여름 동안 다시 나타난다는 고대 초목 신화와 잘 맞아떨어진다. 북반구에서는 4월에 꽃을 피우는 수선화의 습성 때문에 기독교의 부활절 축일과도 잘 맞는다.

살바도르 달리Salvador Dalí의 잘 알려진 그림 〈나르키소스의 변형Metamorphosis of Narcissus〉은 삶과 죽음, 여름과 겨울을 구분하는 익숙한 생각에 도전하기 위해 페르세포네 신화를 끌어왔다. 관습을 중시하지 않는 초현실주의는 고대와 현대, 고전과 키치, 신화와 신화를 섞어서 현실 아닌 현실을 창조한다. 이 그림에서는 페르세포네에 대한 기억을 나르키소스에 대한 고대의 이야기에 집어넣었다. 나르키소스라는 청년이 물에 비친 자신의 모습을 너무 열정적으로 찬미하며 바라본 나머지 점점 여위어가다가 가운데가 노란 흰 꽃만 남기고 사라졌다는 이야기 말이다. 달리는 나르키소스를 다양하게 표현한다. 웅덩이에 무릎을 꿇고 있는 형상으로, 나머지 무리와 떨어져서 체스판 한복판의 받침대 위에 있는 젊은 남자로, 거대한 손가락과 엄지 사이에 놓인 금이 간 알에서 위태롭게 솟아난 수선화 한 송이로. 그림 속의 꽃은 흰 수선화 못지않게 아스포델을 닮았다. 한편 조각 같은 손 옆에 비친 무릎 꿇은 형상은 기괴한 갈색 알뿌리나 거대한 손처럼, 마치 하계에서 나르키소스를 낚아채거나 새 생명을 부화하기 위해 솟아난 것처럼 보인다.

오비디우스의 이야기에서 아름다운 청년 나르키소스는 그를 흠모하는 많은 사람들의 애정을 희롱하다가 결국 자신의 모습과 지독한 사랑에 빠지는 벌을 받고는 거듭해서 물그림자에 입을 맞추다가 상대가 환영에 불과하다는 사실을 깨닫게 된다. 그의 자기 집착이 더 잔인하게 느껴지는 것은 그에게 홀딱 반했지만 퇴짜를 맞은 님프 에코 때문이다. 에코는 괴로워하며 물러나 한낱 목소리에 불과한 존재가 되어버린다. 나르키소스는 연못가의 수선화 한

존 워터하우스, 〈에코와 나르시스〉, 1903.

송이로만 남게 되고, 이 꽃은 자신의 아름다움에 사로잡힌 채 다른 모든 사람을 무시한 젊은 청년의 허영을 상징한다. 빅토리아 시대 화가 존 워터하우스John Waterhouse는 나르키소스를 그린 그림에서 그 못지않게 아름다운 에코를 그려넣어 이 점을 두드러지게 강조했다. 그림에서 에코는 몸을 드러내는 천을 걸치고 나르키소스의 관심을 끌려 애쓰지만 성공하지 못한다. 거울 같은 연못 옆에 몸을 뻗고 엎드린 청년의 발치에는 흰 수선화가 피어 있고, 청년은 오직 자신만 바라본다. 그토록 불행한 신화가 수선화에 연결된다는 게 이상하다.

윌리엄 워즈워스는 호수 지방의 레몬색 꽃잎을 지닌 야생 수선화 나르키수스 프세우도나르키수스*Narcissus pseudonarcissus*가

혼자 피는 일이 거의 없다는 것을 잘 알고 있었다. 4월에 호수 지방을 여행하는 사람들은 카트멜 펠의 풀 덮인 교회 묘지에 무리 지어 있거나 더든 강의 바위 많은 강둑을 따라 흩어져 있는 이 수선화들을 볼 수 있을 것이다. 이 수선화들은 워터하우스가 그린 나르키수스 포에티쿠스*Narcissus poeticus*보다는 화려하지만 요즘 공원과 정원, 강변에 심긴 샛노란 수선화들보다는 색이 옅다. 색이 옅을수록 더 강인한 야생종일 때가 많다. 이처럼 작은 야생 수선화들은 한때 영국 곳곳에서 자랐지만 요즘에는 호수 지방과 웨일스의 블랙산맥, 데번의 몇몇 지역, 요크셔, 사우스다운스, 글로스터셔와 헤리퍼드셔의 경계 지역 말고는 무리 지어 있는 경우가 드물다. 얼스 호 기슭 고배로 숲에는 워즈워스의 가장 유명한 시에 영감을 주었던 수선화들이 여전히 해마다 피어난다. 신화 속에 등장하는 한 송이 수선화와 달리 그들은 예나 지금이나 흐드러지게 피는 모습이 인상적이다. 워즈워스는 1802년 성 목요일에 여동생 도로시와 산책하다가 이 수선화들을 우연히 마주친다. 처음에 그들은 물가에서 몇 송이를 발견하고는 건너편 수선화 무리의 씨앗이 호수를 건너온 것인지 의아해한다. 계속 걷다보니 어느새 그들은 금빛 길처럼 호숫가를 따라 이어지며 물결치는 꽃들의 널찍한 꽃밭 앞에 서게 된다. 도로시 워즈워스는 너무나 가슴이 벅차서 그 즐거움을 묘사하고 간직하기 위해 이날의 경험을 일기에 썼다.

> 그렇게 아름다운 수선화를 본 적이 없다. 이끼 낀 돌들 사이에서, 돌들을 에워싸며 자라는 몇몇은 지쳐서 베개에 기대듯 돌들에 머리를 기대고 있었고 나머지는 뒤척이고 비틀거리며 춤을 추는 모습이 호수 건너 불어오는 바람과 함께 정말로 웃고 있는 듯했다. 계속 반짝이고 계속 달라지며 너무도 쾌활해 보였다.

워즈워스의 시는 2년이 더 지난 뒤 쓰였다. 그는 수선화뿐 아니라 도로시에게서도 많은 영감을 얻었다. 자아도취적 감상으로부터 벗어남과 함께 나누는 경험에 관한 시였다. 외로운 구름에 자신을 빗대던 화자의 자아 이미지는 '산들바람에 춤추는 만 송이'의 예상치 못한 수선화 무리 앞에서 즉시 날아가버린다. 이 서정시는 외로운 낭만주의자의 이미지를 불러내기 위해 인용될 때가 많지만 금빛 수선화 무리는 사실 수세기에 걸친 잘못된 신화를 반박하고 있다. 시인은 함께하는 즐거움을 주저 없이 찬양하고 있다. 이 시에는 워즈워스의 아내 메리가 지은 구절도 들어 있다. 메리는 그날 호숫가 산책을 같이 가지는 않았지만 나중에 워즈워스의 생생한 묘사를 통해 수선화의 즐거움을 공유할 수 있었다. "고독의 축복인 / 내면의 눈에 그들이 퍼뜩 떠오른다"라고 쓴 메리의 시행은 자연의 아름다움을 갑자기 마주친 경험이 우리에게 오랫동안 축복을 베풀 수 있음을 표현한다. 노랑 물결에 완전히 파묻힌 호숫가의 광경은 마음에 생생히 남아 외로움을 '환희'로 바꾸어 줄 수 있다.

어쩌면 그렇기 때문에 환자를 세상과 단절시키곤 하는 알츠하이머 증상을 겪는 사람들에게 워즈워스의 〈수선화The Daffodil〉 같은 시들이 강력한 치유 효과를 거두는지도 모른다. 치매 환자들은 다른 의사소통이 의미가 없어진 듯한 상황에서도 어린 시절 암송했던 시에 놀랄 만큼 또렷한 정신으로 반응하기도 한다. 워즈워스의 〈수선화〉는 명쾌한 운율과 희망적인 정조를 지닌 덕택에 한때 학교에서 으레 암송되곤 했다. 그런데 수십 년이 지난 뒤 자신이 겪는 증상 때문에 혼란에 빠진 환자들이 문득 그 시에 대한 기억을 떠올리고 즐거워하고 안심하고 새로운 자존감을 갖게 된다. 웨일스 시인 질리언 클라크Gillian Clarke는 〈성 데이비드 날의 기적Miracle on St David's Day〉이라는 시에서 워즈워스의 〈수선화〉를 갑자기 암송하기 시작한 나이 든 알츠하이머 환자를 그려 이런 현상을 잘 묘사했다. 그 환자는 여러 해 전에 그 시를 암송했는데 기억이 돌아온 드문 순간에 "음악이 있었다는 것을 / 언어의 음악이, 그리고 한때 그에게도 할 말이 있었다"는 것을 기억해낸 것이다.

도로시 워즈워스가 수선화를 보고 느꼈던 환희가 오늘날 치매 환자들에게 간접적으로 도움이 되고 있지만 아이러니하게도 정작 그녀 자신은 노년에 치매를 앓았다. 1847년 워즈워스와 메리의 딸 도라가 세상을 떠나고 칠십대 후반이던 워즈워스가 자기 안에 틀어박혀 슬퍼하는 동안 도로시는 극도로 쇠약해졌다. 그래도 도라의 죽음 후에 워즈워스 가족은 도라를 기리며 라이덜 마운트* 정원의 가파른 비탈에 많은 수선화를 심었다. 워즈워스는 3년 뒤에, 도로시는 1855년에 세상을 떠났다. 메리 워즈워스는 몇 년을 더 살면서 도라의 들판에 해마다 수선화가 다시 피는 모습을 보며 이제 더는 볼 수 없는 사람들을 기억했다.

라이덜에서 언덕을 넘으면 나오는 코니스턴 호수 비탈에는 봄마다 눈부신 레몬색으로 변하는 들판이 또 하나 있다. 빅토리아 시대 위대한 화가이자 비평가, 사회개혁가인 존 러스킨John Ruskin은 스위스를 여행하던 중 꽃이 핀 고산초원에서 강렬한 희열을 느낀 뒤 브랜트우드의 자기 정원에 수선화를 심기 시작했다. 그는 물결치는 고산지대 수선화를 신이 주신 선물로 여겼다. 나중에 그는 이 꽃들을 아름다운 그림으로 그렸고 그의 제자들에게도 꽃을 무척 세심히 관찰하면서 "그 덧꽃부리**의 노랑으로" 덧꽃부리를 칠하고, "그 줄기의 초록으로 줄기를, 우유 같은 흰색이 아닌 크림 흰색으로 흰 꽃잎"을 색칠하라고 지시했다. 그리고 그것만으로는 충분하지 않다는 듯 "덧꽃부리가 움푹 파이게, 꽃잎이 휘어지게 보일 수 있도록" 색깔을 수정하면서도 여전히 전체적인 인상은

* 호수 지방 근처 작은 마을 라이덜에 있는 집으로, 워즈워스가 말년을 보낸 곳이다.

** 꽃잎 전체를 이르는 꽃부리 안쪽에 작은 꽃부리처럼 생기는 부속 기관으로, 수선화나 매발톱꽃 등에서 볼 수 있다.

"아이가 그 꽃을 처음 봤을 때 느끼는 것처럼, 어둠이라고는 없는 노랗고 하얗고 초록인 것으로 존재하는" 인상을 유지해야 한다고 주장했다. 러스킨이 좋아한 수선화는 종이 같은 흰 꽃잎의 나르키수스 포에티쿠스로, 그가 알프스 산맥에서 풍성하게 자라는 모습을 보았던 꽃이었다. 이 우아한 꽃은 브랜트우드의 수선화 들판을 지나는 하버워크를 따라 여전히 잘 자라고 있다. 이는 러스킨을 헌신적으로 돌봤던 사촌 조앤 세번Joan Severn이 구상했던 모습 그대로다. 세번은 러스킨이 너무 아파서 무엇을 계획하지도 심지도 못하게 되자 호수까지 이어지는 산책로를 만들었다. 러스킨은 그가 좋아하던, 붉은 테두리를 두른 깜박이지 않는 꿩의 눈*은 더 이상 볼 수 없었지만 그를 에워싼 꽃의 상쾌한 향기 덕택에 더 건강했던 시절로 돌아갈 수 있었다.

수선화는 이제 알츠하이머를 앓는 사람들에게 새로운 종류의 도움을 제공할 수 있다. 수선화의 알뿌리에서 발견되는 알칼로이드 성분인 갈란타민이 특히 혈관성 치매 환자들에게 일반적으로 나타나는 아세틸콜린 가수 분해효소를 억제한다고 알려졌다. 원래 1947년 스노드롭 알뿌리에 있다고 밝혀진 갈란타민(그래서 이름이 스노드롭의 학명 '갈란투스'에서 나왔다)이 나중에는 수선화에서도 발견되었다. 임상실험이 1990년대에 시작되었고 요즘에는 제약 산

* 꿩의 눈pheasant's eye은 나르키수스 포에티쿠스의 속명 가운데 하나다.

업을 위해 더 크고, 상업적 경쟁력이 더 좋은 수선화 알뿌리에서 혼합물이 추출된다. 아주 적은 양의 약을 생산하려 해도 수천 개의 알뿌리가 필요하기 때문에 잠재적 시장은 아직까지 불확실하지만 농사가 힘든 고지대의 농부들에게 새로운 가능성이 될 수 있다. 왜냐하면 서식지의 고도가 높을수록 알뿌리의 갈란타민 농도가 높아지기 때문이다. 고도가 높은 곳에서 자란 수선화가 주요 상업 재배지인 저지대 평지에서 자란 꽃보다 갈란타민 농도가 높다. 그러나 약 성분을 추출하는 일은 고도로 전문적인 과정이므로 수선화 알뿌리를 먹으면 병에 도움이 될 것이라고 생각하는 실수를 저질러서는 안 된다. 독성이 있는 이 갈색 알뿌리를 불행하게도 양파로 착각해서 먹는다면 치명적이지는 않을지라도 분명 유쾌하지 않은 결과를 불러올 것이다.

상업재배 수선화는 대개 원예 시장과 절화 시장으로 갈 운명이다. 수선화는 웨일스와 호수 지방의 상징이긴 하지만 영국 수선화의 대다수는 멀리 남서부와 동해안 지방에서 재배된다. 링컨셔 남부 스폴딩 주변 평평한 소택지에서, 앵거스의 몬트로즈 근처 저지대 농장에서, 콘월 반도 건너 실리 제도에서 봄마다 거대한 들판이 노랗게 변한다. 실리 제도에서는 온화한 날씨 덕에 더 연약하지만 꽃이 더 일찍 피는 나르키수스 타제타*Narcissus tazetta*가 자란다. 나르키수스 타제타는 캘리포니아와 중국, 그리스, 이스라엘, 일본에서 자라며 원산지인 스페인에서도 자란다. 대부분의 북유럽에서는 겨울 기온이 너무 뚝 떨어지는 탓에 향기가 감미롭고 꽃이 여럿 피는 타제타가 실외에서 생존할 수 없어 이국적인 꽃으로 여겨진다. 실리 제도의 날씨는 더 북쪽에 있는 주요 수선화 재배지보다 확연히 온화하기 때문에 어머니날이 아무리 일찍 오더라도 향기로운 수선화를 공급할 수 있다. 제2차 세계대전 동안 필수 식량 공급을 위해 공원과 정원이 경작되던 때에도 처칠은 실리 제도에서는 계속 수선화를 재배할 수 있도록 특별 허가를 내주었다. 영국은 세계 최대의 수선화 생산국으로, 콘월에서만 매해 3천만 톤의 알뿌리를 생산한다. 수선화 생산은 두 계절 산업이다. 왜냐하면 봄에 냉장된, 아직 피지 않은 봉오리 묶음들을 플라스틱 파이프처럼 묶어 도매 시장으로 배송하고 나면 여름 동안 알뿌리를 수확해서 포장한 다음 전 세계로 보내기 때문이다.

현대적인 수선화 재배는 19세기에 윌리엄 백하우스William Backhouse 같은 선구적인 원예가들의 실험으로 시작된 비교적 덜 알려진 혁명에서 비롯됐다. 더럼의 은행가와 식물학자 집안에서 태어난 백하우스는 '엠퍼러Emperor'와 '엠프레스Empress'처럼 그때까지 없었던 종류의 수선화를 재배했다. 그가 키운 두 가지 색상의 사배체四倍體 슈퍼스타 '웨어데일 퍼펙션Weardale Perfection'은 키가 60센티미터까지 자라고 지름이 12센티미터에 달하는 꽃을 피운다. 이 거인 수선화는 조그만 야생 나르키수스 프세우도나르키수스보다 키가 두 배나 크다. 웨어데일 퍼펙션에서 수많은 교배종과 품종이 나왔지만 자손들이 워낙 성공하다보니 몇십 년 만에 이 원조 수선화는 자리를 잃고 잊혔다. 1930년대 후반에는 웨어데일 퍼펙션의 먼 후손에 속하는 '칸첸중가Kanchenjunga'가 수선화계를 평정했다. 이 거대한 산봉우리 꽃은 아일랜드 원예가 가이 윌슨Guy Wilson이 육종한 품종이었다. 60년 뒤에 남아 있는 웨어데일 퍼펙션을 찾아내 되살리기 위한 진지한 수선화 사냥이 시작되었다. 그 결과 한 세기도 더 전에 최초의 웨어데일 퍼펙션을 키웠던 월싱엄의 세인트 존스홀 저택에서 일한 간호사의 정원이었던 곳에서 귀한 알뿌리가 발견되었다. 그 무렵 이 수선화의 상태는 웨어데일 퍼펙션보다는 웨어데일 '임퍼펙션Imperfection(불완전)'에 더 가까웠지만 수선화 전문가 데이비드 윌리스David Willis가 이 소중한 알뿌리로 끈기 있게 노력한 끝에 노장 수선화를 다시 재배하는 데 성공했다. 2007년에는 재배용 어린 알뿌리들이 마련되었고 이 빈티지 꽃은 수선화를 오랫동안 따라다니던 재생과 부활의 이미지를 현대적으로 새롭게 해석한 품종이 되었다.

현대 수선화의 계보를 보면 구약성서의 계보가 차라리 단순해 보일 정도다. 데이비드 윌리스가 쓴 훌륭한 수선화 역사책 《노란 열병*Yellow Fever*》은 장대한 가족 대하드라마다. 지난 2세기에 걸쳐 잉글랜드와 아일랜드, 스코틀랜드, 웨일스, 네덜란드, 그리고 뒤이어 호주와 뉴질랜드, 미국의 헌신적인 수선화 육종가들의 손에서 탄생한 수백의 교배종과 재배종을 자세히 다룬다. 요즘에는

2만 6천 개가 넘는 품종이 있고, 갈수록 다양해지고 있다. 1955년 창립된 북아메리카수선화협회는 이처럼 급증하는 품종들을 따라갈 수 있도록 대프시크Daffseek라 불리는 데이터베이스를 고안했다. 정원 애호가들을 위한 만남 주선 회사 이름처럼 들리지만 실은 알려진 모든 수선화에 대한 자세한 기록을 모아놓은 곳이다. 키가 큰 수선화도 있고 작은 수선화, 일찍 피는 수선화, 늦게 피는 수선화도 있으며 꽃받침이 거대한 트럼펫 수선화, 아주 작은 중심에 여러 겹의 꽃잎을 지닌 수선화도 있다. 풍차를 연상케 하는 수선화들 대부분은 꽃잎이 여섯이지만 몇몇은 여러 겹의 주름장식 같은 꽃잎으로 워낙 부풀어 있어서 꽃부리와 덧꽃부리를 구분하기 힘들다. 당황스러울 만큼 품종이 다양하다보니 정원을 가꾸는 많은 사람들은 그냥 잘되겠거니 하는 마음으로 혼합 알뿌리 한 봉지를 사다가 심곤 한다.

다양한 수선화 품종은 서로 다른 시기에 꽃을 피우기 때문에 세심하게 심으면 겨울의 갈색 정원 위로 색채의 파도가 지나가는 듯한 효과를 낼 수 있다. 처음 꽃을 피우는 수선화 가운데 하나는 '레인벨트 얼리 센세이션Rijnveld's Early Sensation'이라 불리는, 금색 심장에 레몬셔벗색 꽃잎을 지닌 작은 교배종으로 1950년대부터 눈과 서리를 뚫고 용감하게 꽃을 피웠다. 일찍 꽃을 피우는 작은 수선화들 다음에는 3월과 4월에 꽃을 피우는 포동포동한 노랑부대들이 있고, 그 뒤를 이어 크림색에 섬세하게 통통한 겹꽃잎의

'치어풀니스Cheerfulness' 나르키수스가 핀다. 그 이후에는 러스킨이 아꼈던 나르키수스 포에티쿠스와 '로즈 오브 메이Rose of May'라는 이상한 이름의, 웨딩드레스 속치마 같은 수선화가 꽃을 피운다. 일찍 피었던 꽃들이 지고 나면 줄기가 풀썩 주저앉아 갈색으로 시든다. 봄 화단에서 그다지 매력적인 모습은 아니지만 그대로 몇 주쯤 두면 알뿌리에 영양을 공급할 수 있고 이듬해에 더 크고 더 환한 꽃을 볼 수 있다. 정원 관리에 신경을 많이 쓰는 사람들은 시든 줄기가 보기 흉하게 주저앉지 않도록 묶어두었다가 5월에 알뿌리를 뽑아서 가을에 다시 심는다. 잘 관리하지 않은 정원에서는 뽑히지 않은 채 남은 수선화 알뿌리가 땅 밑에서 팽창하며 새로운 새끼 알뿌리를 만든다. 커다란 어미 알뿌리는 흙투성이 암소 젖통 같은데 젖꼭지 같은 돌기들이 더 많다. 환경에 잘 적응한 수선화는 포기에서 줄기가 증식하면서 씨앗과 꽃도 늘어난다. 그냥 놔두면 알뿌리가 퍼지고 꽃들은 씨를 퍼트리면서 풍성한 색의 흐름을 만든다.

예측 불가능한 날씨 변화는 영국에서 자라는 수선화에 꽤 많은 영향을 미치며 수선화를 중심으로 한 특별 행사들에 스릴을 더한다. 2016년 부활절 주말에는 영국 최대의 수선화 축제가 케임브리지셔의 트리플로 마을에서 열릴 예정이었다. 그러나 안타깝게도 평소 같지 않게 포근한 날씨 때문에 방문객이 도착하기도 전에 이미 수선화들이 꽃망울을 틔우고 활짝 피었다가 시들어서 떨어져버렸다. 이런 순간에 어울리는 시인은 워즈워스가 아니라 로버트 헤릭Robert Herrik이다. "아름다운 수선화, 우리는 눈물 흘리며 본다 / 네가 너무도 서둘러 떠나는 모습을." 이 수선화 축제는 48년째 열리는 행사였으므로 준비자들은 위기 대응 방안을 미리 세워두었고 만약의 사태에 대비해 이전 가을에 늦게 피는 새 알뿌리 수천 개를 심어두었다. 이런 사전 조치도 일찍 만개했다가 시들어버린 수선화에 대한 실망을 크게 덜어주지는 못했다. 그래도 3주 전인 어머니날에는 분명 눈부시게 황홀한 풍경이었을 것이다. 이런 실망에도 굴하지 않고 행사 준비자들은 이듬해에도 행사를 추진했고 사랑스러운 봄 햇살 아래 수선화를 근사하게 선보이는 보상을 받았다. 그러나 2018년에는 얼음과 진눈깨비, 때 늦은 눈을 몰고 온 낮은 기온과 더불어 그들의 사기도 다시 떨어졌다.

극복해야 할 장애물은 날씨만이 아니다. 수선화 알뿌리는 오소리와 여우들을 끌어당기는 특별한 마력이 있는 것 같다. 이들의 밤 도둑질은 도처에서 정원 애호가들의 화를 돋운다. 알뿌리 한 자루를 힘들게 집으로 들고 와서 이 갈색 보물을 땅에 파묻느라 몇 시간 동안 등골이 휘게 노동을 한 뒤 이제 곧 정원이 금빛으로 변하리라 기대했는데 바로 다음 날 깨어나보니 바닥이 여기저기 어수선하게 파헤쳐졌고 새로 묻은 알뿌리들은 사라져버린다. 생산자의 권고를 정확하게 따라서 알뿌리를 지표면에서 적어도 6센티미터 이상 아래로 깊숙이 묻은 사람은 한층 더 짜증나기 마련이다. 알뿌리 심기는 딱딱하거나 돌이 많거나 물을 잔뜩 머금은 땅에서는 보통 일이 아니며, 알뿌리 파종기가 없는 사람들에게는 특히나 더 힘들다. 하지만 가을의 진창과 성가신 포식자들과 한바탕 전쟁을 치른 뒤 최후에 누리는 즐거움이 더 커지는 법이다. 나르키소스가 느꼈던 것과는 다른 종류의 자기만족이지만 수선화를 심은 노력이 근사한 화단으로 보상받을 때면 아마 기쁨으로 남몰래 얼굴이 빛날 것이다. 수선화는 분명 감탄할 만한 꽃이고 즐거움을 함께 나눈다면 만족감이 헤아릴 수 없게 커질 것이다. 길가에 자라든, 비탈을 폭포처럼 뒤덮든, 너른 희망의 들판에서든, 신중하게 조경된 화단에서든 수선화는 무척 매력적인 꽃이다. 우리가 바라는 것보다 늘 서둘러 사라질지라도, 훨씬 더 크게 부풀어 되돌아오는 쾌활한 친구다.

블루벨

Bluebells

런던에 있는 국립초상화미술관의 알찬 회화 소장품 중에 초기 유럽의 평화 협정 장면을 묘사한 그림이 있다. 20년에 걸친 잉글랜드-스페인 전쟁을 끝낸 1604년 서머싯 하우스 회담은 유럽 대륙의 고위급 대표로 구성된 대표단을 잉글랜드로 불러모았다. 탁자의 잉글랜드 쪽에는 크랜본 자작 로버트 세실Robert Cecil을 필두로 도싯과 노팅엄, 데번셔, 노샘프턴 백작이 앉았고 맞은편에는 프리아스 공작과 아렌베르크 공작, 비야메디아나 백작, 밀라노 의원, 브뤼셀 대공 수석비서관, 대공 산하 브뤼셀 추밀원장이 앉았다. 양편의 신사들은 언어와 종교, 충성하는 군주, 영국해협, 그리고 화려한 무늬의 빨간 테이블보로 나뉘긴 했지만 패션 감각만은 하나가 되어서 한 사람도 빠짐없이 큼직한 흰색 러프*를 착용하고

작자 미상, 〈서머싯 하우스 회담〉, 1604.

있다. 화가가 이 아마포 아코디언의 아름다운 주름을 기록하는 데 얼마나 공을 들였는지를 보면 턱수염을 받치는 이 다소 부자연스러운 주름 접시의 상징적 위상을 알 만하다. 그 시절에 자존심은 분명 러프 위에 얹혀 있었다. 주름을 빳빳이 세우는 일은 대단히 중요했다. 잉글랜드-유럽 관계의 중대한 순간을 그린 이 역사적인 그림을 보는 21세기 사람들은 묻고 싶은 질문이 많겠지만 그중 하

* 16~17세기 유럽에서 남녀가 사용한 주름 칼라로, 질 좋은 아마포를 다리면서 S자나 물결 모양 주름을 만들었다.

나는 '도대체 이 놀라운 칼라를 어떻게 관리했을까'일 것이다. 당시 이 아마포 주름을 세탁하던 사람들은 그 모든 것이 블루벨에 달려 있음을 알고 있었다.

블루벨처럼 축 늘어지는 식물이 주름을 빳빳하게 하는 물질로 귀하게 여겨졌다는 게 이상해 보이겠지만 블루벨은 한때 믿을 만한 풀의 공급원이었다. 블루벨 알뿌리에는 끈적이는 물질이 있는데 이 물질을 긁어내서 아마포 주름을 접은 종이처럼 빳빳하게 만들 수 있다. 이런 비스코스 풀은 르네상스 러프가 필수 아이템이 되기 전부터 이미 쓰이고 있었다. 예를 들어 화살대에 깃털(화살깃)을 단단히 붙일 때 매우 귀중하게 쓰였다. 이 공짜 접착제는 특히 책과 종이에 효과가 좋았다. 리처드 메이비Richard Mabey가 블루벨의 끈적이는 물질로 종이들을 붙이려고 했다가 '이음매가 떨어지기 전에 종이가 찢어진다'는 사실을 발견한 것처럼 말이다. 이런 실험은 이제 정원의 알뿌리로만 해볼 수 있는데 1981년 야생생물과 전원지대법Wildlife and Countryside Act이 시행된 이래 야생 블루벨이 보호종이 되었기 때문이다. 숲이나 길가에서 알뿌리를 파내는 일이 범죄가 되었다. 1998년 개정법은 야생 블루벨 거래까지 불법화했다. 공식 허가를 받은 제한된 수의 재배자들만 토종 블루벨을 공급할 특별 허가를 받았다.

아름다운 토착 식물인 야생 블루벨을 보존하기 위해 이처럼 보호가 필요하다보니 시장과 원예단지에서 블루벨의 이름으로 팔리는 식물은 영국에 정착한 지 오래된 스페인 블루벨이나 그의 잡종 후손일 때가 많다. 스페인 블루벨, 히야친토이데스 히스파니카 *Hyacinthoides hispanica*는 서머싯 하우스 회담에 참가했던 러프를 단 신사들보다 80년쯤 뒤인 17세기 말에 영국에 도착했다. 스페인 블루벨은 따뜻하고 건조한 기후에서 잘 살기 때문에 영국에서는 대개 시가지에 무리 지어 자란다. 스페인 블루벨이 영국 블루벨과 타가수정한다면 토종 블루벨에 파괴적인 영향을 미칠 수 있다. 잡종 블루벨이 도시의 열섬 밖으로 점점 세를 늘리며 토종 블루벨을 억누를 테니 말이다. 이런 이유로 최근 들어 토종 블루벨이 살아남을 수 있을지에 대한 불안이 생겼고 봄철이면 토종인 척하며 야금야금 세를 넓혀가는 스페인 블루벨과 외래종 폭력배들에 대해 경고하는 과장된 헤드라인이 언론에 등장하곤 한다. 가는 허리에 다소곳하게 고개를 숙인 종 모양 꽃인 토종 블루벨에 비해 스페인 블루벨은 키가 더 크고 줄기가 곧은 데다 활짝 열린 꽃잎을 지니고 있어서 사기꾼일 것 같다는 의혹을 더한다. 과거에는 셰익스피어의 탄생일과 사망일을 기념하는 4월 23일에 작은 블루벨 화관을 엮어 셰익스피어 흉상에 씌웠다. 더 근래 들어 블루벨은 같은 날짜에 성 조지*의 꽃으로 자랑스럽게 칭송되지만 이런 애국적인 주장조차 성 조지가 스페인의 아라곤과 카탈루냐의 수호성

* 4세기에 순교한 것으로 알려진 초기 기독교 순교자로 라틴어로는 성 게오르기우스. 전설에서는 주로 사악한 용과 싸우는 모습으로 그려지며 영국의 수호성인이다.

인이기도 하다는 사실을 기억하고 나면 다소 혼란스럽다.

세인트 아이브스에서부터 스토너웨이까지, 킬라니에서 켄트* 까지 자생하는 토종 블루벨은 전통적으로 서늘하고 축축한 영국의 기후에서 잘 성장한다. 그러니 앞으로 기온이 꾸준히 상승하리라는 전망은 블루벨에게 위협적일 듯하다. 어쩌면 그런 까닭에 2015년 야생식물 보존 자선단체 플랜트라이프Plantlife가 조사한 '잉글랜드가 아끼는 야생화' 설문에서 블루벨이 가장 많은 표를 얻었는지 모른다(북아일랜드와 스코틀랜드, 웨일스에서는 프림로즈가 1위를 차지했다). 멸종 위협만큼 사람들의 감정을 자극하는 것은 없다. 토종 블루벨이 사라질지 모른다는 우려가 퍼지자 2017년 숲 보호단체인 우드랜드 트러스트Woodland Trust가 조직한 빅 블루벨 워치Big Bluebell Watch 같은 대중적인 블루벨 찾기 캠페인들이 일어났다. 열렬한 참가자들은 토종과 비토종의 상대적 분포를 밝히는 일을 도왔고 블루벨 서식지의 동향을 판단할 증거들을 제공했다. 보고된 블루벨 가운데 80퍼센트가 토종이고 스페인 블루벨은 여전히 도시 지역에 무리 지어 있는 것으로 드러났다. 어쩌면 이 운동의 더 중요한 성과는 블루벨을 찾자는 요청에 응답한 사람들이 영국 곳곳의 숲과 공원과 둔덕으로 나가 겨울 땅이 해마다 봄의 푸르

* 세인트 아이브스St Ives는 잉글랜드 남서부 콘월반도의 연안 마을, 스토너웨이Stornoway는 영국 스코틀랜드 북서부 끄트머리 아우터헤브리디스 제도의 도시, 킬라니는 아일랜드 남서부 도시, 켄트는 잉글랜드 남동부의 주.

름으로 변하는 광경을 직접 목격하게 된 것인지도 모른다.

블루벨의 바다가 펼쳐지는 곳은 오래된 숲일 때가 많다. 그렇다고 반드시 노령의 나무들로 가득한 숲이라는 뜻은 아니고 17세기 이전부터 숲이 있었던 곳이라는 말이다. 블루벨은 건드리지 않고 가만히 놔두면 뿌리의 균근mycorrhizae*이 적합한 생태계에 차츰 적응하며 잘 자란다. 블루벨은 아직 여름 나뭇잎으로 무성해지기 전인 나뭇가지 사이로 떨어지는 충만한 빛에 꽃잎을 연다. 특히 물푸레나무와 참나무 숲은 잎이 늦게 나므로 5월에도 햇빛이 들어온다. 블루벨 알뿌리는 한 해의 대부분을 땅 밑에 숨어 있다가 가느다랗고 옅은 에메랄드색 잎과 구부러진 양치기 지팡이 같은 파란 꽃자루들을 내보낸다. 반투명한 파란 전등갓 꽃덮개들이 촛불 같은 수술을 덮으며 여러 줄로 매달린다. 줄기 하나에 종 모양 꽃이 열여섯 개까지 달릴 수 있다. 그레이트 트로석스 숲의 핑글러스 계곡이나 펨브룩셔의 펭겔리 숲은 모두 오래된 삼림지대가 넓게 펼쳐진 곳인데 블루벨 군락을 보기 가장 좋은 장소로 꼽힌다. 하지만 북아일랜드의 포일강 동쪽 비탈 거대한 숲의 일부나 버킹엄셔 번우드의 왕실 숲의 일부처럼 작은 지역도 봄마다 여전히 블루벨로 소용돌이친다. 노스요크 무어스 기슭의 그레이트 에이튼 근처에 있는 뉴턴 숲도 5월이면 블루벨로 가득 덮인다. 위쪽

* 균류가 뿌리 내부나 외부에 서식하며 뿌리와 맺는 공생체. 균류는 식물로부터 유기물을, 식물은 균류로부터 무기물이나 비타민을 취한다.

비탈이 파란색으로 물들 때면 '요크셔의 마터호른'이라 불리는 툭 튀어나온 로즈베리 토핑 언덕이 험준한 바위섬처럼 보인다. 반면에 웨일스 서해안의 스코머 섬은 블루벨이 섬을 뒤덮을 때면 바다와 하늘의 푸른빛에 섞여 섬이 사라지는 듯하다.

요즘에는 블루벨 숲에 가는 일이 비교적 쉽지만 자동차가 드물고 철도망이 훨씬 덜 발달했던 시절에는 철로를 따라 활짝 핀 블루벨을 볼 수 있도록 몇몇 철도 회사가 특별 열차를 운행하기도 했다. 요즘에도 햄프셔 홀리콤에서는 4월 말과 5월 초 일요일에 블루벨 특별열차를 운영하고 있어서 블루벨 숲 사이로 기차 여행을 할 수 있다. 서식스의 블루벨 레일웨이Bluebell Railway는 여름 내내 운행하지만 블루벨 특별 주간은 사우스다운스의 봄꽃이 한창일 4월 중순부터 5월 중순까지다. 원래 이 유명한 노선은 더 평범한 이름인 루이스 앤드 이스트 그린스테드 레일웨이Lewes and East Grinstead Railway라 불렸다. 1955년에 노선이 중단될 예정이었으나 노선을 살리기 위한 지역 캠페인이 시작되었고 세간의 이목을 끄는 싸움을 오랫동안 벌인 끝에 1960년 블루벨 레일웨이라는 조금 더 근사한 이름으로 운행을 재개했다. 캠페인 성공에 신이 난 운동가들은 오래된 증기기관차를 구해다가 탱크기관차 토마스처럼 선명한 파란색으로 칠을 하고는 블루벨 간이역에서부터 칙칙 소리를 내며 출발시켰다. 블루벨 레일웨이는 이제 서른 대가 넘는 기관차를 운행하며 해마다 16만 명가량의 승객을 끌어모

은다. 증기철도가 전통을 위협하고 다양한 지역의 개성을 좀먹는, 근대의 냉혹한 얼굴처럼 여겨지던 시절이 있었다. 하지만 이제는 계절의 변화를 즐길 시간이 더 많았던, 아름답게 느린 지난날의 화신처럼 보인다.

아련한 기억 속의 이런 시골에서는 블루벨의 옛 이름들이 친숙하다. 블루벨은 아일랜드의 몇몇 지역에서는 가끔 '블루 로켓blue rocket'이라 불리지만 도니골에서는 '크로피커crowpicker'나 '버먹bummuck'이라고도 불린다. 랭커셔와 윌트셔, 링컨셔에서는 블루벨이 까마귀 발crow's feet을 연상시키고 중부지방 곳곳에서는 뻐꾸기 장화cuckoo's boots나 스타킹cuckoo's stockings을 연상시키지만 그중 최고는 도싯과 서머싯의 '그래머-그레이글스grammer-greygles'와 '그랜퍼-그리글스granfer-griggles' '그랜퍼 그리글스틱스granfer grigglesticks'*이다. 이 꽃을 블루벨이라 부르는 것이 워낙 당연해 보이기 때문에 이 이름이 18세기가 되어서야 널리 사용됐다는 사실은 꽤 놀랍다. 《옥스퍼드 영어사전》은 히아친토이데스 논 스크립타*Hyacinthoides non scripta***와 관련하여 '블루벨'

* 'crowpicker'와 'crow's feet' 'cuckoo's boots' 'cuckoo's stocking'은 블루벨의 꽃 모양을 새 발톱에 비유한 이름들이다. 'bummuck'은 구부러진 손잡이가 달린 오목한 나무 그릇을 가리키는데 블루벨 꽃이 줄기에 매달린 모습에서 나온 이름인 듯하다. 'grammer'와 'granfer'는 할머니, 할아버지를 뜻하며 'griggles'는 사과를 수확하고 난 다음 가지에 남겨진 아주 작은 사과들을 일컫는 말로 블루벨 꽃이 줄기에 매달린 모습을 연상케 하는 이름이다.

** 블루벨의 학명으로 글씨가 새겨지지 않은 히아신스를 뜻한다.

이란 이름이 사용된 최초의 기록으로 1755년을 언급한다. 그보다 200년 전 '블루벨'은 헤어벨harebell'*을 부르던 이름이었다.

어쩌면 블루벨이라는 이름이 뒤늦게 사용된 탓에 '블루 벨Blue Bell' 주점 간판에 다양한 종류의 '블루 벨'이 등장하는지도 모른다. 예쁜 파란 꽃을 그린 것이 있는가 하면 발랄한 파란 교회 종을 그린 것도 있다. '블루 벨'이 의미할 수 있는 온갖 가능성을 다 표현하기 위해 한쪽에는 블루벨 꽃을, 다른 쪽에는 파란 종을 그린 간판도 있다. 요즘에는 마거릿 대처Margaret Thatcher의 출생지로 잘 알려진, 링컨서의 그랜섬에 가면 블루 벨 인Blue Bell Inn이라는 주점이 있는데 그 지역에서 색채를 상호로 쓰는 많은 주점 가운데 하나일 뿐이다. 블루 보어도 있고, 블루 불(황소), 블루 카우(젖소), 블루 도그(개), 블루 호스(말), 블루 라이언(사자), 블루 피그(돼지), 블루 램(숫양), 블루 시프(양)도 있다. 이런 유행은 이 고장이 배출한 대처 수상보다 훨씬 오래된, 더 이른 시기의 열띤 정치를 반영한다. 지역의 강력한 휘그당 가문인 매너스Manners 가문(이 가문의 후손들은 나중에 엘더플라워와 관련해서 이 책에 다시 등장한다)이 색깔 있는 주점으로 이 선거구에 상당한 영향력을 발휘했기 때문이다. '블루' 주점들은 토리당원인 근처 벨턴 하우스의 브라운로Brownlow 가문보다는 매너스 가문에 충성한다고 알려져 있었다.(아마 유명한

* 초롱꽃속에 속한 다년생 꽃식물.

그랜비 후작 존 매너스John Manners 대령이 왕실 근위 기병대 —더 블루스 앤드 더 로열스the Blues and the Royals— 장교였기 때문일지도 모른다.) 최근 몇십 년 사이에 그랜섬의 많은 주점들이 문을 닫고 있지만 서식스 레일웨이의 사례로 보건대 블루 벨 주점이 새로운 세대를 위해 다시 문을 여는 것은 시간문제일지 모른다.

야생 블루벨은 제 나름의 청량감을 제공한다. 반짝이며 펼쳐지는 블루벨이 아니라면 삼림지대의 땅이 내륙의 바다로, 나무줄기들이 안전한 계류장으로 변신하는 일이 없을 것이다. 블루벨은 4월이 5월로 변할 때 콸콸 솟구쳐 도처로 퍼지며 '봄spring'이라는 말의 기원을, 생명의 위대한 분출을 상기시키는 꽃이다. 겨울이 습할수록 블루벨의 파란색이 더 선명해진다. 시인이자 사제였던 제라드 맨리 홉킨스는 〈5월 송가May Magnificat〉에서 블루벨을 성모 마리아의 꽃으로 그렸다. "그레이벨greybell이 푸른 하늘빛으로 물들며 / 숲 비탈과 덤불을 호수처럼 적시는" 어머니 대지를 통해 성모 마리아를 기린다고 표현했다. 빅토리아 시대에 블루벨은 겸손과 연결될 때가 많았지만 홉킨스에게 블루벨은 신성한 위엄을 지닌 꽃이었다. "그들은 체스판의 기사 같은 분위기를 지닌다"고 썼다. 그는 블루벨의 감각적 충만함에, "젖은 머리의 떨림"에, 줄기를 "문지르고 꺾는 느낌"에 "희미한 꿀 냄새"에, 그리고 "깨물었을 때 나오는 달콤한 수액"에 도취되었고 "주로 한쪽 방향으로 떨어지는 말쑥한 주름 장식을 단 종과 꽃대의 윤기"가 지닌 섬세함을 경외감으로 응시했다. 이들은 미스터리로 가득한 꽃이다. "내면의 본질로", 신의 은총을 보여주는 자연 현상을 통해 가끔 나타나는 그 고유한 특성으로 우리를 어리둥절하게 하는 꽃이다.

홉킨스를 종교적 경외심으로 벅차오르게 했던 특징이 누군가에게는 두려움을 일으킬 수도 있다. 해마다 블루벨이 이 세상 것 같지 않은 파란색으로 놀랍도록 선명하게 펼쳐지는 모습을 보고, 오래된 숲의 공기를 가득 채우며 풍기는 이상한 향기를 맡는 사람들에게 말이다. 블루벨처럼 민간신앙도 사람의 손길이 닿지 않은 풍경에서 잘 살아남는 법이다. 블루벨은 옛날에 요정들의 꽃이었다(하지만 이름이 워낙 알아보기 힘들게 바뀌다보니 옛 글에서 이들의 흔적을 좇기란 어렵다). 계몽시대 이전 영국 문화에서 요정들은 신비롭고 예측 불가능하며 좀처럼 자비롭지 않은 존재들이다. 가장 용감한 사람이나 가장 무모한 사람만 요정을 불러내기 위해 블루벨을 울릴 것이다. 누구든 불운하게도 숲속에서 울리는 블루벨 소리를 들었다면 죽음이 머지않았다는 뜻이었다. 위험하게 여겨졌던 18세기 영국 요정들이 19세기와 20세기 어린이책 작가들과 삽화가들에게 영감을 주기 시작하면서 블루벨의 말쑥한 꽃잎은 흠잡을 데 없이 근사한 작은 모자나 치마로 그려졌다. 야생화를 빼어난 관찰화에 담은 시슬리 메리 바커Cicely Mary Barker는 키가 크고 호리호리한 블루벨 요정이 한 손은 허리께에 얹고 다른 손에는 블루벨 지팡이를 든 채 걸어나오는 모습을 묘사했다. J. M. 배리J. M. Barry

의 《피터 팬*Peter Pan*》은 그가 스코틀랜드에서 보낸 어린 시절에 빚진 구석도 있겠지만 직접적인 영감은 1901년 웨스트엔드를 강타한 크리스마스 뮤지컬 〈요정나라의 블루벨Bluebell in Fairyland〉에서 받았다. 이 뮤지컬은 블루벨이라 불리는 런던의 꽃장수와 그녀가 꾼 요정나라 꿈에 대한 이야기였다.

이 세상이 아닌 요정들의 세계는 평범한 존재를 넘어선 어딘가를 나타내기도 한다. 또한 마법 같았던 어린 시절이나 진정한 고향에서 추방당한 듯한 느낌을 갖고 사는 사람들에게 블루벨은 상실의 고통을 표현하기도 한다. 뛰어난 문학가 집안인 브론테 가의 막내 앤 브론테Anne Brontë가 가정교사로 채용되어 하워드 목사관을 떠났을 때, 그녀는 극심한 향수와 사회적 불안을 느꼈고 그로 인해 야생 블루벨의 '조용한 웅변'에 특히 마음이 끌렸다. 집에서 멀리 떨어져 있고 불행했던 그녀는 "행복했던 어린 시절의 시간들 / 블루벨이 요정의 선물처럼 보였던" 때, 그녀를 "사랑하고 돌보는 / 선량한 마음의 사람들과 함께 살던" 때를 그리워했다. 19세기 영국 시인 존 클레어도 브론테와 비슷하게 헬프스턴의 집에서 떨어져나와 자신과 잘 맞지 않는 노스버러의 새 환경에 적응하느라 애를 쓰면서 깊은 불안을 시에 쏟아부었다. 힘든 경험을 표현한 시 〈도주The Flitting〉에서는 여름 자체가 낯선 이방인으로 그려지는데 시인이 잃어버린 친구를 그리워하며 처음 손꼽은 꽃이 블루벨이다. 〈물푸레나무 숲The Ash Grove〉 같은 몇몇 민요에서 블루벨은 첫사랑과 헤어진 연인들의 관점에서 첫사랑의 강렬한 환희와 연결되며 기쁨으로 종을 울리는 모습으로 기억된다. 변함없이 사랑받는 민요 〈스코틀랜드의 블루 벨The Blue Bells of Scotland〉은 이렇게 시작한다. "오, 어디로, 말해다오, 어디로 당신의 하일랜드 청년이 떠나갔는지." 이 노래의 가사에는 많은 버전이 있지만 블루벨 꽃을 언급하는 대목은 대개 한 줄이 넘지 않는다. "그는 감미로운 블루벨이 피는 즐거운 스코틀랜드에 살지." 그러나 어찌 되었든 블루벨은 떠나간 것을 아쉬워하는 노래의 분위기와 잘 어울리는 꽃이었고 그렇게 해서 인기 있는 제목이 되었다. 야생 블루벨은 그리움과 상실의 꽃이기 때문이다. 키어런 카슨Ciaran Carson이 현대의 변신 이야기를 모은 빼어난 책 《호박을 찾아서*Fishing for Amber*》에서 간결하게 표현한 것처럼 "애도의 꽃 블루벨은 어두운 숲에서 조용히 종을 울린다." 블루벨은 잃어버린 어린 시절을 위해 침묵의 종소리를 울린다. 또는 잃어버린 사랑을 위해. 영국의 고전학자이자 시인 A. E. 하우스먼A. E. Houseman의 시에 등장하는 잃어버린 만족의 땅에 있는 "푸른 기억의 언덕"은 틀림없이 이 꽃들로 덮여 있을 것이다.

슬픔의 오랜 화신으로서 블루벨은 히아친토이데스 논 스크립타*Hyacinthoides non scripta*라는 학명으로도 기억된다. 이 평범하지 않은 이름은 히아킨토스라는 아름다운 청년을 사랑한 아폴론의 슬픈 신화에서 나왔다. 《변신 이야기》에서 오비디우스는 태양과 음악, 시, 의술의 신 아폴론이 이 청년과 원반 던지기 놀이를 한 이야기를 들려준다. 불멸의 아폴론은 전능한 신답게 원반을 던졌으나 그와 마찬가지로 히아킨토스를 사랑하고 있던 서풍의 신 제피로스가 질투심으로 강력한 돌풍을 일으켜 결국 원반을 청년의 이마에 부딪히게 했다. 이 치명적인 사고에 슬픔으로 망가진 태양의 신은 히아킨토스를 섬세한 파란 꽃으로 변신시켜 불멸의 존재로 만들겠노라고 맹세했다. 히아킨토스의 이마에서 흐른 피가 땅으로 스며들자 파란 꽃이 돋아났고 아폴론은 이 식물에 자신의 슬픔을 새겨넣었다. 야생 히아신스로도 알려진 영국 블루벨은 꽃이나 잎에 아무런 무늬가 없기 때문에 '새겨지지 않았다'는 뜻의 '논스크립타'가 학명에 들어간다. 영국 블루벨은 새겨진 것이 없어서 그리스의 블루벨과 구분되기도 하지만 영국 시인들에게 그들만의 문학을 창조하는 조용한 과제를 선사하기도 했다. 고대의 이야기들과 햄스테드 히스*의 봄꽃과 아름다운 여인들을 사랑했던 존 키츠는 목동 엔디미온이 블루벨 그늘에 잠들어 있을 때 사랑에 홀린 달의 여신이 "어둡고 싱싱한 블루벨 꽃밭" 같은 반짝반짝 빛나는 밤하늘 스카프만 걸친 채 그를 방문하는 모습을 상상했다.

블루벨의 학명은 히아킨토스만큼이나 쉽게 변신하곤 했다. 19세기 초 블루벨은 스칠라*Scilla* 속으로 분류되었고 스칠라 누탄스

* 런던 북서부 고지대 햄스테드에 있는 초원으로, 근처에 키츠가 머물던 집이 있다.

Scilla nutans, 곧 고개를 끄덕이는 무릇*으로 불렸으나 독일의 식물학자 크리스티안 가르케Christian Garcke가 엔디미온 논 스크립투스*Endymoin non scriptus*로 재분류했다. 그래도 여전히 스칠라 논 스크립타*Scilla non scripta*와 그 이후에는 히아친투스 논 스크립투스*Hyancinthus non scriptus*로 가끔씩 불렸다. 블루벨은 요즘 히아친토이데스 논 스크립타라 불리지만 이 새로이 새겨진 명칭이 영원할지는 두고 볼 일이다.

* 백합과의 여러해살이 풀로 엷은 자주색 꽃이 총상화서로 핀다.

데이지

Daisies

무심코 데이지 꽃을 밟았다면 봄이 왔다는 신호이다. 얼마나 많은 데이지가 필요한지는 장소에 따라 다르긴 하지만 말이다. 열두 개일 때도 있고, 아홉 개일 때도 있고, 일곱 개일 때도 있다. 겨울의 뒷모습을 보길 고대하는 곳이라면 작은 데이지 꽃 세 송이면 충분하다. 2018년 새해 첫날 나는 작고 연약한 데이지 꽃 세 송이를 보았다. 쌀쌀맞은 물살 속에서 어리석게도 하얀 잠망경을 들어 올린 듯한 그들을 보았을 때 나는 데이지 꽃이 봄을 예고한다는 오랜 명성이 잘못된 것이거나, 그게 아니라면 우리 순박한 조상들의 고집스러운 낙관주의를 보여주는 또 다른 믿음이라는 생각이 들었다. 무려 세 달이나 지나서야 이 무모한 삼총사를 도울 증원 부대가 나타났다. 이 따뜻한 날씨의 선발대들은 늘 태양과 연결된다. '데이지daisy'라는 이름은 '낮의 눈day's eye'의 변형이다. 금빛 태양—곧 '낮의 눈'—이 흰 구름을 뚫고 쏟아진다. 데이지의 흰 꽃잎은 햇빛이 충분히 강렬해져야 개화한다. 그때까지는 길쭉한 티 위에 놓인 작은 골프공처럼 반듯이 서 있을 뿐이다.

골프장처럼 푸른 잔디밭에 나타난 활기찬 데이지 무리는 환영받지 못한다. 초여름 내내 완벽한 벨벳 같은 너른 잔디밭을 만들기 위해 통기 작업을 하고 흙을 고르고 잡초를 뽑고 거름을 주고 잔디를 깎고 다듬는 사람들의 정원 초대 손님 명단에 분명 데이지는 없다. 지칠 줄 모르는 것처럼 보이는 이 작고 무성한 식물은 잔디 애호가들에게는 골칫거리다. 마치 꽃들이 작심하고 밤마다 작고 동그란 머리 위로 흰 시트를 끌어당겨 덮고는 다음 날 아침 상쾌하게 일어나 대혼란을 일으킬 준비를 하는 것처럼 보인다. 이튿날 아침이면 어김없이 꽃들은 더 커지고 하루하루 지날수록 무시할 수 없는 존재가 된다. 작은 스쿼시 라켓처럼 활짝 펴진 잎은 마치 한번 겨뤄보자고 장난을 거는 것 같지만 티 없이 단정한 잔디 정원을 원하는 사람들에게 이들은 무질서한 잡초 동맹의 거친 게릴라 조직일 뿐이다. 해충에도 강한 이 야생화들은 가장 뿌리 뽑기 힘든 식물에 속한다. 잔디깎이 날을 아무리 낮게 맞춰도 땅에 달라붙은 데이지의 잎을 잘 없애지 못한다. 데이지는 자르고 또 자를 수 있지만 굴복시킬 수는 없다. 7월이 되면 며칠 안에 잔디밭이 어수선해지기 시작한다. 그리고 보름쯤 휴가를 다녀오면 노랑과 하양 데이지 무리의 완승이다.

골프장에서 데이지를 완전히 제거하고 싶은 마음에는 아마 영국 문화에서 데이지가 연상시키는 이미지도 한몫했을 것이다. BBC 시트콤 〈겉치레Keeping Up Appearances〉는 영국인의 계급의식을 꼬집는 이야기인데 지위를 의식하며 우아한 삶을 지향하는 히아신스 버킷의 절박한 노력은 러닝셔츠를 입고 다니며 맥주를 벌컥대는 쾌활한 제부 때문에 어김없이 좌절되고 만다. 이 제부와 결혼한 여동생의 이름이 데이지다. 버킷 자매 가운데 이웃의 눈길을 전혀 신경 안 쓰는 사람은 통통하고 쾌활하며 언제나 상냥한 데이지다. 매우 유쾌하지만 우아하다고는 할 수 없는 부부의 행복하고 소박한 반쪽에 딱 어울리는 이름이었다. 데이지는 가장 흔한 영국 꽃이면서 가장 인기 있는 꽃이기도 하다. 다른 사람들이 자신을 어떻게 보는지에 집착하는 사람들 빼고 말이다. 반면에 F. 스콧 피츠제럴드F. Scott Fitzgerald가 아메리칸드림을 탐색한 고전에서는 아주 다른 유형의 인물인 데이지가 주인공 제이 개츠비의 개인적, 사회적 야망을 자극하는, 붙잡을 수 없는 우상으로 등장한다.

데이지는 잔디밭보다 훨씬 오래 우리와 함께했다. 이른바 '흔한common' 데이지인 벨리스 페레니스*Bellis perennis*는 로마 시대 저명한 자연사가 대大 플리니우스Plinius the Elder의 글에도 언급된다. 영국의 중세 시인 제프리 초서Geoffrey Chaucer에게 데이지는 "덕과 온갖 영예로" 가득하며 늘 "아름답고 상큼한 색조의" "꽃

제인 C. 루던, 〈데이지〉, 1842.

중의" 꽃이었다. 데이지는 초서가 가장 사랑한 꽃이었다. 초서는 시 〈좋은 여자들의 전설The Legend of Good Women〉에서 데이지가 햇빛에 꽃잎을 펼치는 모습을 보기 위해 봄날 새벽에 일어난 자신을 잠깐 묘사하기도 한다. 데이지에 바치는 이 찬가는 그가 정원에서 잠이 들어 놀라운 꿈을 꾸는 장면으로 이어진다. 꿈에서 사랑의 신이 초록 옷을 걸치고 데이지 같은 금색 머리그물과 흰 화관을 머리에 쓴 여인과 함께 등장한다. 초서의 꿈에서 데이지는 완벽한 여성이자 헌신적인 아내의 상징이다. 초서는 랭커스터 공작 곤트의 존John of Gaunt의 가까운 친구였고, 리처드 2세 궁정의 사교계에서 활동했으니 우아한 삶을 지향하는 히아신스 버킷도 그의 데이지 찬사에서 위안 같은 것을 얻을지 모른다.

초서의 데이지 찬양은 당대에 데이지가 대륙적인 위상을 가지고 있었다는 사실과도 무관하지 않다. 데이지의 프랑스 이름 마르그리트*marguerite*는 라틴어 마르가리타*margarita*에서 나왔고 라틴어 마르가리타는, 다시 그리스어로 진주를 뜻하는 마르가론*margaron*과 연결된다. 작고 흰 데이지 꽃은 진주를 닮았다. 특히 밤에 꽃잎을 단단히 오므려 흰 구체를 만들 때는 더욱 그렇다. 프랑수아 1세의 누나이자 16세기 초반 가장 강력하고 명석한 여성 가운데 하나였던 마르그리트 드 나바르 왕비는 데이지를 자신의 상징으로 택했다. 그녀의 문장 밑에는 금색과 흰색 꽃들이 진한 파란색을 배경으로 두드러진다. 금색과 흰색 꽃 양옆으로는 분홍빛이 도는 두 겹 데이지 꽃들이 있는데 반짝이게 닦은 단추처럼 —왕실 시종의 제복에 어울리게— 말쑥하다. 흰 꽃들은 전통적으로 순수의 상징이었고, 진주를 연상시키는 점이 마태복음의 '헤아릴 수 없이 귀중한 진주'라는 표현을 떠올리게 한다. 또한 왕비의 선택은 누구든 단박에 알아볼 수 있는 이 꽃의 타고난 아름다움과 불굴의 에너지, 끈질김을 연상시킨다. (조금 헷갈리긴 하지만, 요즘 영국에 흔히 마거리트marguerite라고 알려진 파리 데이지Paris daisy는 완전히 다른 종으로 카나리아 제도에서 유래했다. 식물학자들은 보통 데이지보다 더 길고 숱이 많은 청회색 줄기를 가진 특성을 반영해서 아르기란테뭄 프루테스켄스 *Argyranthemum frutescens*라 부르는 식물이다.)

데이지는 한결같은 마음과 자주 연결된다. 그래서 정원 관리인이 원수처럼 여기는 이 식물이 보석상에게는 총애를 받는다. 우리 할머니는 이름이 마저리Margery(마거리트의 변형)인데 1924년 약혼할 때 작은 다이아몬드 둘레에 더 작은 다이아몬드 여섯 개를 데이지 모양으로 박아서 만든 섬세한 반지를 받았다. 꽃과 상징을 좋아했고, 그리고 무엇보다 우리 할머니를 좋아했던 할아버지에게 그 반지는 구할 수 있는 최고의 디자인이었다. 여러 해 뒤 아들이 결혼할 때 할머니는 데이지 장식으로 결혼식 의상을 마무리했지만 할머니가 잔디밭에서 발견할 만한 종류의 데이지는 아니었다. 당시는 제2차 세계대전이 끝난 지 얼마 지나지 않은 때라 옷이 여전히 엄격하게 배급되고 있었기 때문에 할머니는 한동안 입었던 은회색 정장을 맵시 있게 단장했다. 7센티미터 너비로 활짝 핀 산호색, 오렌지색, 밝은 분홍색 꽃들이 은회색과 완벽하게 대조적인 색감을 강렬하게 분출할 터였다. 그렇게 해서 아프리카 데이지, 거베라gerbera가 그날의 꽃으로 낙점되었다. 이 화려한 꽃은 요즘 영국에서 널리 구할 수 있지만 1940년대 말에는 거의 알려져 있지 않아서 남아프리카로부터 공수해와야 했다. 엄마는 새벽에 일어나 이 이국적인 꽃으로 정교하게 꽃 장식을 만들었던 일을 기억한다. 아름답지만 걱정스러울 만치 부드러운 꽃을 지탱하기 위해 아주 가는 철사를 사용했다. 다행히 이 거베라들은 결혼식 날 잘 버텼고 가족사진 앨범에도 남아 있지만 흑백 필름이 그들의 색감을 제대로 기록하진 못했다.

영국산 데이지도 멋진 풍경에서는 눈이 부실 수 있다. 도싯의 절벽 꼭대기들에서도 자라고 코크부터 웩스퍼드 주에 이르기까지 물을 잘 준 에메랄드색 잔디와 경쟁하며, 스카이 섬이나 오크니 제도의 해안을 따라 늘어서서 차가운 대서양의 바람을 맞기도 한다. 아우터헤브리디스 제도의 남쪽 끄트머리에 있는 바라 섬에서는 눈부시게 하얀 모래사장 위쪽 고운 잔디밭에서 빛나는 데이지 덕택에 해안의 저지대 초원이 보석 박힌 천처럼 반짝인다. 이 씩씩한 작은 꽃들은 학교 운동장이나 도시의 작은 잔디밭까지 환하게 만든다. 병원 건물 사이, 신호등과 버스 정류장 옆 같은 아주 작은 녹지에도 자연의 축복처럼 데이지가 불쑥 등장한다. 데이지는 무덤을 우아하게 덮어주는 꽃으로도 유명하다.

옥스아이ox-eye 같은 키가 더 큰 종류의 토종 데이지도 있다. 이 꽃은 문플라워moon flower나 도그 데이지dog daisy라고도 불리며, 간혹 마거리트라고도 불려 어리둥절하게 한다. 비슷하게 생긴 작은 데이지와 마찬가지로 아무 데서나 잘 자라는 옥스아이 데이지는 많은 정원에서 환영받는데 목초지나 곡물밭 가장자리에서도 잘 자란다. 그래서 이 하얀 데이지의 학명 레우칸테뭄 불가레 *Leucanthemum vulgare*는 이 꽃이 '진짜' 흔함을 강조하는 이름으로, '흔한' 데이지의 학명 벨리스 페레니스와 대조된다.* 학명보다는 옥스아이가 훨씬 더 설레는 이름이다. 금색 눈과 큼직한 하얀 마스카라 속눈썹으로 소의 아름다움을, 아니 적어도 황소의 눈동자를 떠올리게 한다. 옥스아이는 샐러드로도 먹을 수 있는데 채식주의자들은 옥스아이보다는 문플라워라 부르길 좋아할 것이다.

데이지와 눈을 연결하는 오랜 관행은 속명에서도 너무 잘 드러난다. 이 꽃을 직접 들여다보거나 새벽에 꽃잎을 열었다 해 질 녘에 닫는 모습을 관찰하는 사람들에게도 쉽게 납득이 가는 이름이다. 이름 때문에 아마 데이지 꽃이 안과 질환을 완화시켜준다는 오래된 믿음이 생겼을 것이다. 그러나 스코틀랜드의 몇몇 지역에서는 아이들에게 데이지 꽃을 딴 다음에는 꽃즙 때문에 눈이 따가울 수 있으니 반드시 손을 씻으라고 주의를 준다.

최근에 학교를 다닌 세대에게 데이지는 히프 검사Heaf test를 통해 의학적 어감을 띠게 되었다. 히프 검사는 2005년까지 결핵 예방을 위해 십대를 대상으로 꾸준히 실시하던 검사다. 교복 스웨터 소매를 올리고 팔에 특별한 총으로 투베르쿨린을 소량 주사한

* 레우칸테뭄 불가레에서 'vulgare'는 '흔한'을 뜻하며, 벨리스 페레니스는 라틴어로 '예쁜'을 뜻하는 'bellis'와 '영원한'을 뜻하는 'perennis'에서 유래했다.

다. 며칠 뒤에 여섯 개의 붉은 농포로 이루어지는 '데이지 자국'이 생기면 무서운 BCG 예방주사를 맞지 않아도 된다. 물론 이런 증상은 이미 결핵에 노출된 적이 있음을 뜻할 수도 있다. 몇 세기 전에 데이지는 결핵을 제외한 거의 모든 증상에 처방되었다. 여드름부터 관절염에 이르기까지, 변비부터 신장염에 이르기까지, 편두통부터 월경 증상에 이르기까지, 가슴이나 고환이 부어오르는 것부터 위궤양과 염좌, 축농증에 이르기까지 데이지는 두루 쓰이는 상비약 가운데 하나였다. 약으로 생계를 꾸리는 약제사들에게는 쉽게 구할 수 있다는 점이 매력적이었을 테고 효험 있는 '데이지'란 아마 다양한 식물을 널리 이르는 포괄적 용어였을 것이다. 전통적으로 열병과 산후 증상, 기미에 처방되던 노란색과 흰색의 피버퓨 feverfew는 긴 열은 초록색 줄기와 깃털 같은 잎만 빼면 데이지와 그리 다르게 생기지 않았다. 약제사의 또 다른 만병통치약인 캐모마일도 데이지같이 생긴 꽃이 피고 호리호리한 줄기에 가느다란 잎이 가닥가닥 달리는 식물이다.

계량스푼처럼 생긴 흔한 데이지의 잎은 상처와 타박상 치료에 자주 쓴다. 그래서 데이지의 많은 옛 이름 가운데 하나인 '멍 풀 bruise wort'이 유래했을 것이다. 17세기 유명한 약초학자인 니컬러스 컬페퍼Nicholas Culpeper는 '안이든 밖이든' 상처를 치유하는 힘이 데이지에 있다고 선언했다. 컬페퍼는 육체의 상처를 말하고 있다. 그러나 워즈워스가 도싯 연안에서 암초에 배가 충돌해 익사한 동생 존을 위해 쓴 감동적인 비가도 아마 '상처를 치유하는 약초'라는 데이지의 명성과 관련이 있을 것이다. 슬픔에 잠긴 워즈워스에게 몇 안 되는 위로를 준 것이 동생이 사랑했던 '감미로운 꽃'이었다. 시 〈데이지에게To the Daisy〉에서 워즈워스는 이 꽃이 동생의 무덤 위에서 "자고 깰" 것이라 상상했다. 데이지는 밤마다 눈을 감았다가 다음 날 다시 뜨는 습성이 있기 때문에 죽음 이후의 삶에 대한 희망적인 이미지를 준다. 하지만 결코 다시 볼 수 없는 사랑하는 동생의 눈을 가슴 아프게 떠올리게도 한다. 워즈워스가 상처를 치유하는 데이지의 힘을 알고 있었다면 데이지가 갑작스러운 죽음과 연결된다는 것도 잘 알고 있었을 것이다. 워즈워스의 동생 존보다 8, 9년쯤 전에 죽은 스코틀랜드의 위대한 시인 로버트 번스Robert Burns는 그의 쟁기질에 으스러진 고산 데이지에 대해 쓴 적 있다. 활짝 피어 있던 데이지가 한순간에 사라지는 모습은 우발적 사고의 불운한 희생자이자 인간의 조건을 표상하는 이미지였다.

앨프리드 테니슨도 고향과 가족으로부터 떨어져 에든버러에 있을 때 책 사이에 꽂혀 있던 말린 데이지를 보고 마음이 깊이 움직였다. 말린 꽃을 보는 순간 그는 이탈리아에서 아내 에밀리와 함께 보냈던 여름으로, 부부가 첫아이를 잃은 깊은 고통을 감내하던 그 시간으로 되돌아간 느낌이었다. 테니슨은 화사한 오렌지 꽃과 지중해의 협죽도, 아마릴리스amaryllis를 생생하게 기억했지만 그의 마음을 가장 크게 흔든 것은 코모 호수에서 그가 에밀리에게 꺾어

준 데이지였다. 비록 고통스러운 기억을 떠올리게 했지만 데이지가 지닌 뜻밖의 힘은 찬양할 가치가 있었다. "그때 그것은 내게 잉글랜드에 대해 말하더니 / 이제 그것은 내게 이탈리아에 대해 말하는구나." 테니슨은 어디에서나 볼 수 있는 이 작은 꽃이 거리를 무너뜨리고 마음을 연결해주는 능력을 지니고 있음을 잘 묘사했다.

함께하는 시간에 대한 데이지의 약속은 흰 데이지 꽃잎을 하나씩 뜯으며 '사랑한다, 안 한다'라고 중얼거리는 세계적으로 잘 알려진 놀이에도 드러난다. 연결되고자 하는 자연스러운 충동은 데이지 꽃목걸이로 표현된다. 줄기에 좁고 기다란 구멍을 내어 데이지를 다른 데이지와 연결하고, 그 데이지를 또 다른 데이지와 연결하면서 완전한 동그라미를 만들 수 있다. 티 없는 잔디를 원하는 사람에게는 데이지가 짜증을 돋울 때도 있지만 데이지는 또한 사람들이 손을 잡고 그들이 공유한 것을 즐기도록 영감을 준다. 그 쓸쓸한 세 송이 데이지를 발견하기 전날 밤 나는 새해를 축하하고 있었다. 〈올드 랭 사인Auld Lang Syne〉의 1절과 후렴이 한 바퀴 돌자 저녁의 흥겨운 분위기 속에서 나머지 부분이 또렷이 떠오르지 않았지만 모든 사람이 서로 팔짱을 끼고 한 사람 한 사람이 모여 전체적인 친밀감이 더해지자 언덕 주변을 달리며 '예쁜 가웬gowan'을 따던 기억과 함께 옛 노래가 이어졌다. 데이지—또는 스코틀랜드에서 불리는 이름으로는 가웬—는 함께함의 꽃이다. 누군가가 그들을 반길 상태에 있든 아니든 관계없이 말이다.

엘더플라워

Elderflowers

처음에는 별일 아닌 것 같았다. 날씨는 화창했고 우리는 할 일이 없었다. 학기 마지막 날이었지만 수업도, 체육 시간도, 심지어 조회조차도 없었다. 9월에 학교로 되돌아오는 것과 관련해 뭔가에 서명을 해야 했던 것 같지만 그것 말고는 운동장에 앉아 자유롭게 햇볕을 쪼일 수 있었다. 다음 학년에 학교로 돌아오지 않을 이들도 있었다. 믿을 수 없을 만큼 어른스러운 아이들, 학교를 떠나 일하러 가는 아이들이었다. 그날은 축하의 날이었다. 방학이 이어질 테고, 작별이 있을 것이고, 학교를 떠나는 아이들은 다시는 그곳에, 학교 건물과 멀찍이 떨어진 너도밤나무 아래 다시는 앉을 일이 없으리라는 걸 분명히 했다. 기억할 만한 날이었고, 집에서 담근 엘더플라워* 샴페인 한 병이야말로 그날의 분위기에 딱 어울렸다.

우리는 친구 제인이 특별히 들고 온 샴페인을 종이컵에 따라 건배를 하며 그날을 기념했다. 제인은 빈 병을 쇼핑백에 넣어 휴대품 보관소에 두었는데 운 나쁘게도 어느새 병은 교장 선생님 책상 위에 올라가 있었다. 병 속에 뭐가 있었지? 술이었나? 이런 질문들이 우리에게는 무척 우습게 들렸다. 우리의 웃음이 두번째 질문에 대한 충분한 답이 되었을 것이다. 여름 학기 마지막 날이었으므로 우리에게 줄 만한 처벌이 마땅치 않았다. 교장 선생님이 우리가 진급한 뒤 반장이 될 수 없다고 엄숙히 선언했을 때 우리는 웃음을 참기가 무척 힘들었다. 전통적으로 엘더는 예측할 수 없는 처벌이나 보호의 힘과 연결되는데 이날의 경우에는 엘더플라워 때문에 심각한 문제가 일어난 듯했지만 결국 모든 일이 무척 순조롭게 풀렸다.

엘더플라워 샴페인 제조업자 가운데는 우리만큼 운이 좋지 않았던 사람들도 있다. 1993년 서리의 손크래프트 포도원과 영국 회사 올베브사는 '엘더플라워 샴페인'을 상품으로 판매했다가 늘 성공적인 소송 이력을 뽐내는 프랑스의 큰 샴페인 회사 테탱제의 고소로 법정에 서게 됐다. 테탱제는 프랑스의 샹파뉴 지역에서 포도를 재배하며 1734년 이래 세계에서 가장 훌륭한 포도주 생산에 매진한 회사로, 영국해협 너머에서 유행하는 이 거품 많은 비알코올성 '엘더플라워 샴페인'이 탐탁지 않았다. 이런 음료를 샴페인이

* 엘더의 꽃. 엘더는 유럽과 북아메리카에 자생하는 관목에 가까운 식물로 작고 흰 꽃이 피며 검은 엘더베리가 열린다. 우리나라에서는 서양딱총나무라고도 불린다.

라 부르는 것은 신성모독에 가깝다고 생각했다. 이 영국산 '엘더플라워 샴페인'은 제법 튼튼한 병에 철사 달린 코르크마개까지 갖춰서 전형적인 프랑스 포도주와 비슷해 보이는 데다 소매 가격이 2.50파운드에 불과해서 판매가 급증하고 있었다. 고등법원의 판사들은 이 엘더플라워 음료가 분명 샴페인이 '아니며' 샴페인이라는 이름을 무신경하게 차용함으로써 '진품'에 해를 끼쳤다는 데 동의하며 사용 금지처분을 내렸다. 그 뒤 영국 포도주 생산자들은 상표에 '샴페인'이라는 표현을 쓸 수 없게 됐고, 이 고귀한 이름은 그 이름이 유래한 프랑스 샹파뉴 지역에서 생산되는 거품 나는 포도주에만 허락되었다. 물론 이런 처분은 영국인들이 집에서 엘더플라워를 발효시켜 마시는 것까지는 막지 못했다. 집에서만 몰래 엘더플라워 샴페인이라고 부른다면 말이다. 논란을 일으켰던 이 음료를 만든 회사도 상품은 계속 판매할 수 있었지만 이름을 새로 지어야 했다. 사실 프랑스 포도주 생산자와 영국 엘더 재배자들 사이의 갈등은 역사가 길다. 18세기에는 엘더베리 과실주가 문제를 일으켰다. 엘더베리 과실주가 클라레claret* 행세를 하거나 포트와인**에 섞어 양을 늘리는 데 이용되었기 때문이다.

엘더플라워 프레세Elderflower pressé***는 이제 백포도주의 그

* 프랑스 보르도 지방에서 생산되는 진홍색 포도주.

** 포르투갈에서 생산되는 도수가 높고 달콤한 포도주로, 발효 중에 브랜디를 첨가하여 알코올 농도를 높인다.

*** 엘더플라워 프레세는 엘더플라워와 레몬즙에 천연 탄산수를 섞어 만든 음료이다.

럴 듯한 대안이자 레모네이드의 세련된 대체 음료로 널리 여겨진다. 한때 세련되지 않은 구식 음료로, 할머니들과 건초 만들기를 연상시키던 음료가 이제 칵테일 메뉴에 일상적으로 등장한다. 세련된 소프트드링크를 찾는 사람이 늘어나면서 엘더 과수원들이 코츠월드와 데번, 도싯, 롱퍼드 주에 생겼다. 이런 과수원들은 비버 계곡에서 영감을 얻었다. 비버 계곡은 레스터셔와 링컨셔의 경계에 있는데 1980년대 최초로 상업적인 엘더플라워 음료가 생산된 곳이다. 10대 러틀랜드 공작의 동생 존 매너스 경은 전쟁에서 흥미진진하고 성공적인 공적을 세운 뒤 비버 성 둘레 완만하게 비탈진 시골의 가족 영지에서 큰 농장을 경영했다. 초여름이면 그의 아내 메리 매너스 부인이 집 둘레 산울타리에서 자라는 엘더플라워로 가족과 친구들을 위해 특별한 꽃 음료를 만들곤 했다. 매너스 경이 음료 몇 병을 지역 가게에 갖다주었고, 그러다가 대량판매를 시작하기로 결정하면서 그녀가 만든 엘더플라워 코디얼*에 맛을 들이는 사람들이 점점 늘어났다. 35년 사이에 비버 과일 농장에서 생산된 엘더플라워 코디얼과 프레세는 가족이 즐기던 계절 별미에서 세계적으로 인정받는 브랜드가 되었다.

엘더플라워 코디얼은 엘더에서 5월마다 물보라처럼 퍼지는 거

* 엘더플라워 코디얼은 주로 설탕이나 꿀, 레몬즙, 물에 엘더플라워를 섞은 뒤 하루쯤 두었다가 걸러서 나온 즙을 일컫는다. 물이나 탄산수에 섞어 먹거나 칵테일 재료로 쓰인다.

품 같은 꽃을 음식에 사용한 많은 사례 가운데 하나일 뿐이다. 개화기가 절정에 달했을 즈음 엘더 나무는 마치 낙하산 부대가 막 내려앉은 듯 보인다. 하얗고 동그란 비단 낙하산들이 작은 주름과 구김살로 접히며 내려앉는다. 꽃차례마다 크림색 꽃들이 빽빽하게 모여 있다. 꽃 하나하나를 보면 다섯 개의 동그란 꽃잎과, 꽃가루가 묻은 다섯 개의 아주 작은 삽 같은 레몬색 수술이 색이 옅은 중심에서부터 방사형으로 뻗어 있다. 꽃들은 지름이 기껏해야 5밀리미터이므로 산방꽃차례corymb* 하나는 밝은 별 하나라기 보다는 축소형 성운에 가깝다. 엘더플라워 코디얼을 만들려면 대개 꽃을 한 아름씩 여러 번 따야 한다. 건강한 나무에 이 조그만 꽃들이 무수히 많이 피는 건 다행스러운 일이다. 엘더플라워는 상큼한 색과 달콤한 향기를 너무 빨리 잃기 때문에 5월이나 6월 초에 따지 않으면 이미 엘더베리로 익기 시작한다. 지나치게 완숙한 꽃들은 칙칙한 갈색으로 변하기 쉽고, 따서 오래 두면 색이 더 어두워진다. 그래서 재빨리 음료나 음식으로 만들거나 나중에 쓸 용도로 말려두어야 한다. 엘더플라워 봉오리는 다소 제멋대로 개화하는 편이기 때문에 진주와 작은 흰색과 금색 꽃들이 섞여 있는 목걸이처럼 보인다. 그러다보니 피었지만 지나치게 활짝 피지는 않은 꽃

* 아래쪽이나 바깥쪽에서 시작해 위쪽이나 가운데로 피어가는 무한 꽃차례의 일종으로, 바깥쪽 꽃의 꽃자루가 길고 안쪽 꽃의 꽃자루가 짧아서 전체적으로 위가 평평한 모양의 꽃차례.

을 딸 수 있는 적기가 놀랄 만큼 짧다.

엘더플라워 코디얼을 만들려면 다량의 싱싱한 엘더플라워와 물, 우묵한 큰 그릇, 체와 조금의 인내심만 있으면 된다. 조리법은 다양하다. 술이나 포도주 식초나 사과 식초가 들어가는 조리법도 있고, 재료를 넣는 순서가 다른 것도 있지만 대개 꽃을 우묵한 그릇에 넣고 흔든 다음 설탕과 레몬, 물을 넣고 섞어서 체에 걸러 저장했다가 먹는 방법을 추천한다. 알콜성 엘더베리 음료를 만들려면 대개 이스트가 들어가고 조금 더 오래 발효해야 한다. 엘더플라워 프레세든, 코디얼이든, 과실주든, 또는 뭐라 부르든 (샴페인이라 부르지만 않는다면) 막 열리려는 엘더플라워 봉오리를 막 따서 만든 엘더플라워 셔벗과 잘 어울린다. 사실 갓 핀 엘더플라워는 아무 재료도 첨가하지 않고, 복잡한 조리 과정 없이 그냥 먹어도 좋다고 말하는 사람들도 있다. 물론 벌레까지 함께 먹고 싶지 않다면 꽃을 잘 털어서 먹어야 할 것이다. 엘더플라워를 그대로 먹는 것은 후천적으로 습득되는 기호인데, 사실 많은 사람들은 굳이 배우려고 하지는 않는다. 대부분의 사람들은 엘더플라워를 체로 거르고 설탕을 넣고 섞어서 진이나 잼이나 젤리, 캔디, 레모네이드에 넣어 먹는 걸 좋아한다. 엘더플라워는 여름 스펀지케이크나 아이스크림에 미묘한 맛을 더하거나 판나코타panna cotta*나 실러버

* 이탈리아어로 '요리된 크림'이라는 뜻으로, 크림과 우유, 설탕을 주재료로 만드는 푸딩 같은 디저트.

브syllabub*에 독특한 꽃 향을 더한다. 심지어 꽃송이에 튀김옷을 입혀 튀겨 먹을 수도 있다. 18세기 미식가들 사이에선 엘더플라워 식초와 포도주 식초 중 무엇이 좋은지에 대해서 의견이 분분했지만 대체로 엘더플라워 피클은 케이퍼 피클** 대신 쓸 수 있는 경제적이고 훌륭한 재료로 보았다. 엘더플라워로 종종 잼과 처트니도 만들었다. 엘더는 영국과 북유럽의 많은 지역에서 늘 잡초처럼 자라므로 그 꽃과 꽃봉오리, 열매는 누구나 쓸 수 있는 공짜 재료였다.

엘더플라워는 요리사뿐 아니라 약사의 친구이기도 했다. 익어가는 봉오리를 뜨거운 물에 담근 다음 기름과 소금, 식초와 뒤섞어서 만든 드레싱은 샐러드에 어울릴 것 같지만 실은 피부 질환에 처방되었다. 프랑스에서 (또는 교양을 자랑하고 싶은 영국 숙녀들에게) 오드 쉬로eau de sureau라 불리던 엘더플라워 워터는 안약과 피부용 토닉으로 쓰였다. 엘더플라워 워터는 뾰루지에 쓰이는 약이었고, 압착한 엘더플라워와 붕사, 글리세린 혼합물은 모래사장과 햇빛, 바닷물에 지나치게 노출되어 생긴 증상을 완화하는 일광욕 로션으로 쓰였다. 리처드 메이비는 《플로라 브리태니카》를 쓰기 위해 조사를 하는 동안 맨 섬의 젊은 여성들이 외모를 가꾸기 위해

* 영국에서 16~19세기에 유행했던 디저트로, 크림에 설탕, 포도주, 과일즙을 넣어 거품이 일도록 재빨리 휘저어 먹는다.

** 지중해 연안에 자생하는 케이퍼의 꽃봉오리를 절인 것으로 훈제 육류와 생선에 곁들인다.

'트래먼tramman'* 꽃으로 얼굴 마사지를 받는다는 사실을 알게 됐다. 엘더플라워는 윤기 있는 구릿빛 피부보다 창백하고 투명한 피부가 미의 전형으로 여겨지던 시대에 피부색을 밝게 하고 기미를 제거하기 위해 널리 쓰였다. 피부 자극과 신경을 진정시키기 위해 엘더플라워 송이를 통째로 따서 (대개 모슬린 주머니에 넣어서) 목욕물에 띄우기도 한다. 지난 여러 세기 동안 엘더플라워 워터는 홍역과 성홍열을 비롯해 발진을 일으키는 여러 병을 앓는 환자들의 증상 완화를 위해 처방되었다. 엘더플라워를 우유에 덥혀서 치질 치료에 쓰거나 으깨서 오트밀 죽에 함께 끓여 열이 나는 환자들에게 주기도 했다. 1120년에 실리 제도에 들어온 수도사들이 들고 온 엘더 나무 때문에 이 제도의 본섬에는 트레스코Tresco, 곧 엘더 나무가 있는 곳이라는 이름이 붙었다. 트레스코의 수도원은 섬 사람들과 선원들을 위한 병원이자 숙소였으므로 엘더는 약을 공급하기 위해 꼭 필요했다. 제1차 세계대전 기간에는 부상 입은 말들을 엘더플라워 연고로 치료했다. 이 연고는 엘더플라워를 라드**와 함께 부글부글 끓인 다음 식히고 걸러서 만들었다. 부상당한 말이 많다보니 동물자선단체인 블루크로스Blue Cross가 연고를 많이 공급해줄 것을 호소했다.

엘더플라워는 개화 기간이 짧은 탓에 현대 의약으로 대체될 때

* 영국과 아일랜드 사이 아일랜드 해에 있는 맨 섬에서 엘더를 일컫는 말.

** 돼지 비계를 정제한 반고체의 기름.

까지 겨울을 대비해 많은 양의 꽃이 건조되곤 했다. 꽃이 빨리 썩기 때문에 나무에서 따자마자 골라내어 예열된 오븐이나 팬에서 건조시켜야 했다. 건조한 꽃은 밀폐된 병에 저장했다가 눈이나 목 염증을 치료할 때 꺼내 쓸 수 있다. 소금을 쳐서 절여두기도 하고, 가끔은 증류를 해서 엘더플라워 오일을 추출하기도 했다. 오래된 치료법 가운데 가장 인기 있는 것은 엘더플라워 차로, 끝이 없는 감기와 독감과의 전쟁에서 세계적으로 믿을 만한 지원군이다. 불가리아에서는 여전히 엘더플라워를 차로 우려 마시며 많은 허브차와 건강식품 회사에서 이 차를 상업적으로 생산한다.

이런 사실을 알고 나면 요즘 V&A 미술관에 소장된 아서 래컴Arthur Rackham의 그림이 이해될 것이다. 다소 초현실적인 수채화처럼 보이는 이 작은 그림에서는 짙은 색 머릿수건을 두른 나이 든 여인이 찻주전자 뚜껑에서 나온 엘더에서 솟아오르고 있고, 구불구불한 엘더 잎이 주전자 주둥이에서 쏟아져나온다. 날카로운 눈빛에 손가락을 들어 무언가를 가리키는 이 여인은 엘더 잎과 꽃구름 무늬 옷을 입고 있어서 주전자에서 김처럼 내뿜는 엘더 잎들과 거의 구분되지 않는다. 이 〈엘더 나무 어머니The Elder Tree Mother〉는 한스 크리스티안 안데르센의 이야기를 위한 삽화다. 안데르센의 이야기에 등장하는 소년은 감기 때문에 일찍 잠자리에 들었지만 회복을 위해 싱싱한 엘더플라워 송이들에 끓는 물을 부어 우려낸, 김이 나는 엘더플라워 차에서 나타난 여인을 따라 시간

아서 래컴, 〈엘더 나무 어머니〉, 1844.

여행을 하게 된다. 《알라딘*Aladdin*》의 편안하고 가정적인 북유럽 버전이라 할 만한 이 이야기에서 주전자 뚜껑이 열릴 때 나오는 존재는 무척 자애롭다. 그리고 이 여인과 소년 사이에는 소년의 친절한 할아버지가 있다. 원래 '엘더 마더Elder Mother'(덴마크 민담에서 휠데 모에르Hylde Moer로 친숙한)는 일종의 나무 요정이나 나무 정령 같은 존재이지만 안데르센의 이야기에서는 기억과 상상을 위한 형상으로 변신하여 할아버지의 젊은 시절과 아이 앞에 기다리고 있는 행복을 보여준다. 평생 사랑한 반려자가 되기도 하고 아름다운 파란 눈의 소녀가 되기도 하면서 여러 세대에 걸쳐 자연의 패턴이 어떻게 반복되는지, 그러면서도 각 세대의 경험이 얼마나 특별한지를 보여준다. 혼자 방에 남겨진 아픈 소년도 여전히 놀라운 모험을 할 수 있다. 이야기가 있을 법하지 않은 곳에서 이야기를 찾는 법을 배운다면 말이다. 엘더플라워 차의 변신은 안데르센이 일상적인 세상에 다시 마법을 거는 방식이었다.

영국과 아일랜드의 여러 지역에도 강한 영향을 미친 스칸디나비아 전통 문화에서 엘더의 정령 '휠데 모에르'는 정중하게 대접받았다. 엘더를 자르려면 누구든 그녀의 허락을 받아야 했다. 자기 나무를 따라갔던 그녀가 벽난로에서 비명을 지르거나 그 나무로 만든 요람과 의자 들을 뒤흔들지도 모르기 때문이다. 엘더는 두려움의 대상인 동시에 숭배의 대상이기도 해서 마녀와 도둑을 막기 위해 엘더 가지를 휘둘렀을 뿐 아니라 결혼식과 장례식에 축복의 선물로 가져가기도 했다. 스코틀랜드 고지대에서는 엘더 나무껍질의 즙을 눈꺼풀 위에 짜면 '다른 곳에서 일어나는 일을 볼 수 있는 특별한 시력'을 틔울 수 있다고 여겼다. 할로윈 때 엘더 나무 밑에 서 있으면 요정들이 나타날 수도 있다고 믿었다. 덴마크에서는 엘더 꽃이 지는 한여름에 요정 나라의 왕이 엘더 나무 밑에서 기다리는 사람들을 찾아온다고 생각했다. 안데르센은 이야기 속 엘더 마더를 너무 두려운 존재로 그리지 않으려고 조심했다. 쉽게 분노하는 강력한 정령이 찻주전자에 숨어 있다고 생각하면 독자들이 잠을 이루는 데 도움이 되지 않을 테니 말이다.

열성적인 일기작가이자 나무 애호가인 존 에벌린John Evelyn도 삼부쿠스 니그라*Sambucus nigra**를 사랑할 수 없었다. 그는 엘더가 당대 약제사들이 무척 귀하게 여기는 식물이라는 것을 알고 있었겠지만 그래도 자기 영지에는 키우려 하지 않았다. 아마 관목도 아니고, 딱히 나무라고도 할 수 없는 엘더의 어정쩡한 지위 탓도 있을 테지만 조금이라도 합리적이지 못한 것을 그가 무척 싫어한 탓도 있을 것이다. 하지만 엘더에 둘러싸인 집에 살던 가족 전체가 알 수 없는 병에 쓰러졌다는 이야기를 남긴 것을 보면 그 무렵 시골에 떠돌던 미신으로부터 완전히 자유롭지는 않았던 모양이다. 어쩌면 엘더의 냄새 때문이었을 수도 있다. 깃털처럼 생긴 나긋나긋한 잎들은 고약하고 강렬한 냄새를 풍긴다. 엘더 꽃의 달콤한 사향 향기와는 딴판이다. 어쩌면 엘더의 외양과 관련 있을지도 모른다. 왜냐하면 흰 꽃으로 뒤덮인 초록 엘더는 꽃의 싱그러움 그 자체이지만 나이 든 엘더는 상당히 뒤틀리고 기우뚱한 모습이 실제로 죽기 오래전부터 시들어가고 있는 것처럼 보인다. 내

* 엘더의 학명.

엘더플라워.

가 지금 있는 곳에서 멀지 않은 작은 들판에는 한때 산울타리의 일부였던 것으로 보이는 엘더 세 그루가 있는데, 나이 들고 앙상하고 기이한 모습이다. 맨 앞에 서 있는 나무의 실루엣이 가장 눈길을 끄는데 무엇보다 나무의 대부분이 없기 때문이다. 파도에 씻긴 듯 매끈하고 오래된, 빈 몸통은 두드릴 때마다 음산한 소리로 울린다. 몸통 옆구리의 몇 안 되는 작고 동그란 구멍들은 새들이 둥지를 틀기에 좋을 것 같지만 반대편이 완전히 썩어 없어졌기 때문에 용감하게 그곳에 둥지를 트는 새들은 슬프게도 바깥으로 노출되고 말 것이다. 뿌리 내린 이 늙은 유목流木 조각의 매끈한 뼈 같은 몸통과는 대조되게 양옆에 있는 덜 늙은 나무들은 주름이 진하게 패여 있어, 인간 세상과는 상황이 이상하게 뒤바뀐 것 같다. 덜 늙은 줄기들에는 봄에 잎이 새로 돋지만 꽃은 피지 않는다. 잎들조차 헝클어진 가지들에서 몸부림치고 있는 듯 보인다. 고갱이와 미래를 잃고도 여전히 삶을 붙들고 있는 나무다. 이 나무들을 보면서 비어 있지만 여전히 다시 채워지기를 바라는, 지친 영혼의 집을 상상하기란 어렵지 않다. 아니면 바로 이 나무가 엘더 마더라고 상상하게 될지도 모른다.

기독교 신앙이 민담과 뒤섞여 특정 식물에 문화적 의미를 더할 때가 많다. 엘더는 예수가 십자가에서 처형된 뒤 유다가 목을 맨 나무라고들 한다. 대체로 엘더는 목을 맬 만큼 키가 크지 않은데도 말이다. 스코틀랜드의 몇몇 지역에서는 엘더가 크게 자라지 않고, 뒤틀리며 자라는 습성을 지닌 것이 예수가 처형된 십자가의 목재로 쓰였던 전력 때문이라고 생각한다.(다소 미심쩍게 들리는 이런 의혹은 사시나무도 받고 있다.) "결코 곧지 않고, 결코 강하지 않아, / 관목도 아니고 나무도 아니야 / 우리 주님이 네게 못 박힌 이래로." 이런 의심이 생겨나게 된 것은 꽃 때문이 아니라, 아마 엘더 나무 껍질에 자라는, 유감스럽게도 '유대인의 귀'라는 뜻의 아우리쿨라리아 아우리쿨라-유다에*Auricularia auricula-judae*(목이버섯)라 불리는 이상한 갈색 귀 모양의 균류 때문일지 모른다.

이처럼 오랜 역사를 지닌 미신에도 엘더는 천연 장난감의 보고로 널리 알려져 있다. 예쁜 레이스 같은 꽃들은 어린 소녀들을 위한 머리띠와 목걸이가 되고, 인형들의 웨딩드레스와 흰 양산이 된다. 오월제에서는 산사나무 가지보다 가시가 덜 달린 장식이 된다. 약초학자 니컬러스 컬페퍼는 시간을 들여 이 점을 설명할 필요가 없다는 걸 잘 알았다. '장난감 총을 갖고 노는 소년이라면 누구든 엘더를 다른 나무로 착각하지 않을 테니까 말이다.' 엘더의 잔가지는 잘 부러지는 데다 안에 부드러운 고갱이가 가득해서 쉽게 파낼 수 있기 때문에 장난감 총과 새총, 피리로 만들기 좋다. 그래서 '파이프 나무pipe-tree'나 '구멍 나무bore-tree'로 알려져 있다. 엘더 마더는 자신의 너그러움을 누리는 아이들을 분명 친절하게 지켜보면서 자라나는 세대에게 작은 꽃들을 듬뿍 뿌려준다.

엘더의 다양한 얼굴은 워즈워스의 발라드 〈구디 블레이크와 해리 길Goody Blake and Harry Gill〉에도 등장한다. 이래즈머스 다윈의 의학 논문에서 영감을 얻었다. 워즈워스는 환자가 환상과 현실을 혼동하며 우려스러운 증상을 보이는 사례를 다룬 이 논문에서 워릭셔에 사는 농부에 관한 기록에 매료되었다. 농부가 자기 집 울타리의 나뭇가지를 훔쳐간 땔감 도둑을 잡기 위해 추운 밤에 기다리다가 바로 그 도둑으로부터 다시는 온기를 느끼지 못하게 되리라는 저주를 받고 평생을 추위에 떨며 보냈다는 이야기였다. 땔감 도둑 구디 블레이크는 쾌활하지만 지독하게 가난한 노파로, 젊은 농부 해리의 차가운 마음을 육체적 현실로 바꿔버린다. ("그의 이가 딱딱, 딱딱 마주치네. 아직도.") 실화에 바탕을 두긴 했지만 발라드라는 형식과 워즈워스가 선택한 땔감의 종류 때문에 시에는 초자연적인 느낌이 맴도는 듯하다. 구디가 앞치마에 잔가지를 꺾어 담을 때 농부 해리는 '엘더 관목' 뒤에 숨어 있다. 값싸며 빨리 무성하게 자라는 엘더는 울타리로 흔히 쓰이는 나무이며 낮은 잔가지와 오래된 가지들은 굶주린 늙은 여인조차 쉽게 꺾을 수 있다. 그러나 엘더를 땔감으로 쓰지 말라는 전통적 금기를 아는 사람이라면 구디 블레이크가 얼마나 절박한 상황인지 짐작할 수 있다. 또한 엘더에서 지혜로운 늙은 여인 엘더 마더를 떠올리는 사람이라면 워즈워스가 땔감으로 엘더를 등장시킴으로써 구디가 정당히 가져갈 권리가 있는 땔감을 압수하려 한 젊은 농부가 진짜 도둑임을 넌지시 암시하려 했다고 짐작할 수 있다. (가난한 사람들이 공유지에서 땔감을 모을 수 있던 오래된 권리를 박탈한 당대의 토지 인클로저 법에서는 젊은 농부 해리의 행동이 전적으로 합법적이라는 사실도 기억할 만하다.) 몸을 덥힐 겨울 땔감이 없는 가난한 노파 구디 블레이크는 사회의 취약한 구성원들을 위한 대책이라는 영원한 문제와 그들보다 더 운좋은 사람들이 법적인 옳고 그름에 관계없이 져야 할 책임의 문제를 집약적으로 보여준다. 〈구디 블레이크와 해리 길〉이 우리의 마음을 흔드는 이유는 이 시가 뜻밖의 깨달음을 주기 때문이며, 그 깨달음은 초자연적인 것이라기보다는 일상적인 삶에 관한 것이다. 워즈워스의 엘더 땔감은 안데르센 이야기에 등장하는 엘더플라워의 겨울 버전이다. 두 작품 모두에서 엘더는 일상적인 삶 속의 평범하지 않은 이야기를 드러내는 힘을 지녔다. 엘더는 사실적으로는 설명하기 힘든 것을 표현할 수 있는 세계적인 언어와 수단을 제공한다. 그 씨앗은 엘더의 이상한 특징을 눈여겨본 사람들의 마음에 떨어져 차츰차츰, 놀라운 것으로 자라난다. 뜨거운 엘더 차에서 피어오르는 꽃 구름이나 엘더플라워 코디얼의 맛처럼.

장미

Roses

장미는 낮과 같다. 어둑한 11월부터 2월까지 가장 짧다. 그 무렵에 장미는 뾰족뾰족한 줄기에 불과하다. 심지어 자라는 대로 놔둔 들장미도 겨울 산울타리에서 거의 눈에 띄지 않는다. 짓궂은 브라이어 들장미가 바람에 흔들리거나 운 나쁜 누군가의 살갗을 스치지 않는 한 말이다. 한 해가 펼쳐지며 초여름으로 들어설 때야 비로소 무성한 노랑, 하양 장미 덤불과 크림색 꽃차례들이 무리 지어 달린 구부러진 잔가지와 함께 정원의 놀라운 변신이 시작된다. 야생 개장미dog rose는 꽃이 작고 색이 옅으며 꽃잎이 한 겹이어서 그 수로 존재를 알린다. 도로변에, 철로변에 이들의 작은 연분홍 코러클coracle* 함대들이 초록 엘더 바다 위에 균형을 잡고 떠 있다. 흰 거품들의 물보라가 사방으로 물결치는 동안 길고 튼튼한 줄기들은 단단히 닻을 내리고 있다. 개장미 중에는 가운데가 노랗고 꽃잎은 흰 꽃들도 있어서 산울타리 곳곳에 터질 것만 같은 수란들이 떨어져 있는 것처럼 보인다. 한여름이면 정원 장미들이 다채로운 색채 배열을 만들어낸다. 빙하의 흰색, 빛바랜 노란색, 호박색, 주홍색, 심홍색, 어두운 주홍색. 벽과 헛간, 차고가 무질서하게 뻗어가는 거대한 장미 무리 아래로 사라진다. 분홍색, 크림색 눈사태가 무너져내리다 멈춘 듯 매달려 있다. 장미들은 줄기를 쏘아 올리며 한여름의 환한 불꽃놀이를, 흰색과 금색의 유성우를 만들 수도 있고, 땅 근처에 머물면서 테라스나 암석 정원 위로 부드럽고 작고 동그란 꽃들의 폭포를 떨어뜨릴 수도 있다. 늦게 피는 장미들은 가을 습기와 서리에 굴하지 않고 투명한 거미줄과 더불어 서늘한 아름다움을 내다 건다. 한편 꽃이 일찍 피었다 진 장미 덤불들은 굶주린 새들에게 붉고 동그란 장미 열매를 내준다.

장미는 야생으로 자라든 세심하게 재배되든 품종이 워낙 다양하기 때문에 일반적인 '장미'를 떠올리기가 갈수록 어려워진다. 그래도 장미는 여전히 세상에서 가장 유명한 동시에 상징적 의미가 가득한 꽃이다. 너무 의미가 많다보니 아무 의미가 없지 않느냐는 의구심의 대상이 되기도 한다. 움베르토 에코Umberto Eco는 자신이 쓴 역사소설의 제목으로 일부러 《장미의 이름*The Name of*

* 주로 웨일스나 아일랜드의 호수나 얕은 바다에서 타던 작고 동그란 배로, 작은 개장미 꽃이 무리 지어 피는 모습을 코러클 함대에 빗대었다.

the Rose》을 선택했다. 왜냐하면 "장미는 의미가 워낙 풍부하고 상징적인 형상이어서 이제 아무 의미도 남아 있지 않기" 때문이라고 했다. 나는 무심코 '빨간 장미red rose'라는 검색어를 인터넷에 쳤다가 지방 버스 회사인 레드 로즈 트래블Red Rose Travel로 검색 결과가 도배되는 것을 보고는 에코의 말이 일리가 있음을 깨달았다. 내가 아는 한 에일즈베리 계곡의 버스들은 잉글랜드 럭비팀이나 캐드베리 로즈 초콜릿과 아무 관계가 없으며 랭커셔 지방이나 노동당과도 관련이 전혀 없다.* 어쩌면 1970년대 폴 매카트니의 팬이 지방도로를 스피드웨이로 여겨 만든 버스회사인지도 모른다.** 장미는 꽃잎을 틔우는 것만큼이나 쉽게 참신한 의미를 틔운다. 사람들이 장미를 진짜 중요하게 여기는 까닭은 섬세한 다층의 겹을 유지하면서도 단박에 알아볼 수 있는 정체성을 지키는 능력에 있는지 모른다. 장미는 아무것도 의미하지 않기보다는 오히려 모든 것을 의미할 때가 많다. 특히 사람을 홀리는 향기와 겹겹이 깊어지는 색깔에 사로잡혀 한 송이 장미를 넋을 놓고 들여다보는 사람들에게는 말이다.

이토록 고혹적이고 다양하며 파악하기 어려운 꽃은 질서와 통제를 추구하는 수집가의 충동을 자극하기 마련이다. 그래서 독일

* 잉글랜드 럭비팀, 캐드베리 로즈 초콜릿, 랭커셔, 노동당 모두 빨간 장미를 상징으로 쓴다.

** 스피드웨이는 자동차 경주를 위한 타원형 경주로를 말한다. 폴 매카트니 앤드 윙스가 1973년 발매한 음반이 〈레드 로즈 스피드웨이Red Rose Speedway〉다.

중부 장거하우젠의 유럽 로자리움Europa Rosarium처럼 아름답고 향기로운 정원이 탄생한다. 이곳에 가면 13헥타르에 걸쳐 다채로운 색깔의 기하학적 화단과 아치형 구조물에서 8,600종이 넘는 다양한 장미의 종과 품종이 자라난다. 영국 하워드 성에는 벽돌 담장에 둘러싸인 우아한 정원에서 2,000종가량의 모던 로즈modern rose*가 자라는 한편 햄프셔 모티스폰트 수도원의 고풍스러운 환경에서는 올드 로즈old rose로 구성된 내셔널 컬렉션들이 잘 자라고 있다. 왕립국가장미협회Royal National Rose Society는 세인트 올번스의 정원에서 장미의 '살아 있는 사전'을 만들어왔으며 누구나 와서 찾아볼 수 있도록 정원을 개방한다. 종의 생김새와 식물학적 특징, 역사를 담고 있는 데이터베이스나 식물 백과사전은 장미를 위한 참고 자료가 되지만 '살아 있는' 사전은 조금 다르다. 쉽게 분류되지 않는 특별한 특징이나 미묘한 차이를 지닌 거대한 식물 가족을 온몸으로, 다면적으로 체험하게 해준다. 국가장미협회가 2017년 재정적 이유로 문을 닫아야 했기 때문에 세인트 올번스의 정원이 계속 확장될 것 같지는 않지만 어쨌든 살아 있는 사전은 완성될 수 없다. 장미의 의미가 고갈될 수 없는 것과 비슷하다. 나는 이 장에서 궁극의 의미를 품은 비밀의 장미를 헛되이 찾아다니

* 최초의 모던 로즈로 분류되는 '라 프랑스'가 등장한 1867년 이후 지금까지 개발되고 있는 모든 장미 품종을 일컫는 말로, 그 이전의 야생 장미와 재배 장미들을 일컫는 올드 로즈에 비해 내한성과 내병성이 강한 편이다.

기보다는, 조금 더 소박하게 장미의 싹과 흡지*와 접목을 모아보도록 하겠다. A부터 시작하는 장미 알파벳을 만들어보겠다.

앨리스*Alice*는 이상한 나라로 떨어지고, 또 떨어지다가 다시 두 발로 서게 되자마자 긴 복도 끝 출입구를 통해 감질나게 드러난 정원을 얼핏 보게 된다. 장미 정원은 상상할 수 있는 가장 아름다운 곳이지만 손에 닿지 않는 곳일 때가 많다. 여러 세대의 아이들과 시인, 기사, 순례자, 구애자에게 말이다. 힐끔 보았던 감미로운 정원의 손에 넣을 수 없는 장미를 좇는 과정이 중세 이래 로맨스 문학과 종교 문학의 원동력이었다. 이슬람 문화에 자주 등장하는 장미를 몹시 사랑하는 나이팅게일의 모습은 필멸의 삶과 불멸의 삶에서의 소망 모두를 표현한다. 손에 잡히지 않는 장미 정원은 세속의 탁한 유리를 통해 얼핏 보이는 신성의 표현일 수도 있고, 더 세속적인 낙원을 소망하는 표현일 수도 있다. 장미는 말로 표현할 수 없는 기쁨에 대한 약속과 순수한 아름다움을 전달할 수 있다. 그러나 환상은 스쳐 지나는 것일 때가, 영원히 닿을 수 없는 곳에서 떠다닐 때가 많은 법이다. 샘 멘데스Sam Mendes의 영화 〈아메리칸 뷰티American Beauty〉의 상징적 이미지는 빨간 꽃잎이 가득한 욕조에 아름다운 젊은 여인이 누워 있는 모습이지만 이 무척이나 심란한 영화의 다른 모든 것들은 겉으로 드러나지 않은 좌

* 다 자란 식물의 줄기 밑동이나 뿌리, 뿌리줄기에 돋는 순.

절과 깊은 불행, 파괴적 충동을 보여준다.

로버트 **번스***Burns*에게 장미는 닿을 수 없는 먼 곳에 있는 꽃이 아니었다. "내 사랑은 6월에 새롭게 피어난 / 붉디붉은 장미 같아"라는 그의 유명한 선언에는 끝없는 갈구의 느낌이 없다. 사랑을 붉은 장미에 빗댄 것은 예상 밖이라 할 수 없지만 번스의 노래가 신선하게 느껴지는 이유는 젊음과 장미꽃 봉오리에 대한 "지나간 시절의" 반감을 끝없이 경고해온 서정시들에 대한 기억 때문이다. 바로 다음 구절에서 번스는 붉은 장미 같은 사랑을 다른 것과도 연결한다. 바로 "감미로운 선율로 연주되는 / 멜로디"다. 언어만으로는 사랑이나 장미의 힘을 제대로 포착하지 못하지만 적절한 음악이라면 우리를 더 가까이 데려다줄 것이다. 한편 연인과의 완벽한 결합은 이미 살짝 금이 가는 듯하고, 사랑에 빠진 연인은 마지막 연에서 당분간 이별을 고한다. 번스는 아무리 아름다운 장미일지라도 피고 진다는 것을 누구보다 잘 알았다. 그의 시 〈둔 강둑Banks of Doon〉에서 상심한 화자는 장미처럼 가시만 남기고 떠나버린 연인에 대해 말한다. 그래도 노래를 짓는 수많은 이들이 여전히 사랑을 장미에 빗대며 찬양한다. 위대한 사랑이든 시시한 사랑이든, 어둡든 소중하든 달콤하든 말이다. 또한 눈을 뚫고 자라거나, 기억을 되새기거나 풀어놓게 하는 장미의 특성에 대해, 또는 덜 알려진 식물학적 특성들에 대해 거듭 노래한다. 다행스러운 일이다. 사랑에 빠진 사람이라면 감당하기 힘든 감정을 표현할 길이 필요한 법이니까. 빨간 장미 부케나 심지어 장미 한 송이도 다른 무엇과는 다른 방식으로 그 순간을 표현한다. 근처에 꽃집이나 장미 덤불이 없다면 장미가 등장하는 노래로도 충분할지 모른다.

늘 꽃과 함께 지내는 사람들도 장미에 특별히 마음을 사로잡히곤 한다. 1950년대 꽃 문화를 선도했던 **콘스턴스***Constance* 스프라이는 완벽한 꽃을 피우고 화병에서 오래가도록 개발한 근사한 모던 로즈의 위엄을 잘 알고 있었다. 그래도 그녀는 섬세한 꽃잎이 여러 겹으로 겹쳐 볼록한 공처럼 부풀고, "로맨스와 옛날 자수, 옛날 그림, 도자기의 분위기와 설명할 수 없는 향"을 풍기는 올드 코티지 로즈와 캐비지 로즈를 여전히 좋아했다. 로사 알바*Rosa alba*, 로사 갈리카*Rosa gallica*, 로사 켄티폴리아*Rosa centifolia*, 로사 다마세나*Rosa damascena*, 로사 모스카타*Rosa moschata*, 다마스크damask, 머스크musk, 모스moss.* 이름들이 고대 주문처럼 흘러간다. 올드 로즈들은 병충해에 약하고 1년에 한 번만 꽃을 피우지만 한창때를 지나고도 오랫동안 특별한 늦여름 기운과 향이 주변에 맴돈다.

다마스크*Damask* 장미의 가치는 아름다운 모습이나 애정에 크게 기대지 않는다. 불가리아와 러시아, 중동, 인도, 중국에서 주

* 로사 알바는 코티지 로즈의 학명, 로사 켄티폴리아는 캐비지 로즈의 학명, 로사 다마세나는 로사 갈리카와 로사 모스카타의 교배종인 다마스크 로즈의 학명, 로사 모스카타는 머스크 로즈의 학명, 모스 로즈는 로사 켄티폴리아의 변종. 모두 올드 로즈들이다.

로 자라는 다마스크 장미는 향수를 만들 때뿐 아니라 예전에 안약과 콜드크림 재료로 쓰였던 장미수를 만드는 데도 쓴다. 훨씬 더 값비싼 증류 장미유에도 다마스크 장미가 필요하다. 프랑스에서는 캐비지 로즈, 곧 로사 켄티폴리아—꽃잎이 100개라는 의미—도 사용하긴 했다. 많은 고급 향수의 필수 성분인 장미유를 만들려면 손으로 딴 장미 꽃잎이 수도 없이 필요하다. 다마스크 장미 꽃잎으로 만든 장미유는 워낙 비싼 데다, 더 정제된 장미유인 오토otto —또는 아타르attar— 형태로는 특히 비싸다. 제1차 세계대전 이후 불가리아 정부는 미국산 생필품 대금을 갚기 위해 나라의 모든 장미를 징발했다.

왕세자비 다이애나의 갑작스러운 죽음에 **엘튼 존*Elton John***은 원래 마릴린 먼로에게 헌정했던 1970년대 히트곡 〈바람 속의 촛불Candle in the Wind〉을 〈잉글랜드의 장미England's Rose〉로 개작했다. 그는 '잉글랜드 장미'(싱싱하고 깨끗한 안색의 아름다운 젊은 여인)와 영국의 국화(적어도 15세기 이래 잉글랜드는 '장미'로 알려져 있었다), '국민의 왕세자비'로서 다이애나의 인기를 연결했다. 아름다운 여인의 때 이른 죽음에 대한 노래로 이미 잘 알려져 있던 그의 노래는 또한 장미를 사랑과 아름다움, 덧없음과 연결하는 오랜 전통에도 의지하고 있었다. 장미 꽃망울은 너무 빨리 활짝 핀다. 잊히지는 않는다 해도 말이다.

빨리 사라져버리는 장미의 습성 때문에 20세기에는 다발을 이루며 많은 꽃을 여러 번 피우는 **플로리분다***Floribunda* 품종들이 인기를 끌었다. 이렇게 여러 번 꽃피는 특성은 폴리안타polyantha와 티 로즈tea rose를 이종교배하여 얻은 것으로 장미의 순간을 더 강렬하고 더 오래 즐기고픈 욕망에 응답한다. 물론 이런 교배종도 다른 장미처럼 덧없기는 마찬가지이다. 플로리분다 잔가지 하나는 생명의 순환 전체를 보여줄 수 있다. 연한 분홍색 꽃망울부터 분첩 같은 꽃잎들을 활짝 연 꽃, 커피 얼룩이 묻고 돌돌 말려 버려진 냅킨 같은 지는 장미, 그리고 앙상하고 야윈 뾰족뾰족한 칼라를 곤두세운 시든 꽃까지. 올드 로즈들과 달리 많은 플로리분다 품종들은 꽃잎이 떨어진 직후에 처음 피었던 꽃들을 싹둑 잘라내고 나면 다시 꽃을 피운다.

"무지개는 나타났다 사라지고 장미는 사랑스럽다."* 장미가 사랑스럽다는 것은 이미 정립된 사실이다. 그러다보니 관습에 도전하려는 사람이 주로 선택하는 꽃도 장미가 되었다. 하드록 밴드 **건스엔로지스***Guns N' Roses*의 상징도 —활짝 핀 진홍 장미들이 매달린, 철사처럼 보이는 가시 돋은 줄기에 싸인 권총 한 쌍— 장미의 전통적 의미에 의지한다. 이 밴드의 이름은 리드싱어 액슬 로즈Axl Rose에서 나왔지만 이름이 지닌 전복적 힘은 이미 정립된 상징에 순응하기를 거부한 데서 나온다. 어쨌거나 이 '총과 장미'

* 워즈워스의 〈송시: 어린 시절을 회상하며 얻은 불멸에 대한 깨달음Ode: Intimations of Immortality from Recollections of Early Childhood〉의 구절.

는 헌신의 상징, 충성의 배지가 되어 수많은 팬들이 달고 다녔다.

새로운 종류의 장미를 찾는 욕구는 늘 있어왔다. 18세기 세계 무역이 팽창하던 시기에 부르봉 로즈Bourbon rose와 중국에서 온 티 로즈의 도착으로 안 그래도 껄끄러웠던 유럽 열강들의 관계에 긴장이 더해졌으나 (여러 요인 중에서도) 이런 세계적 경쟁 관계 덕택에 성공적인 **교배종 티 로즈*Hybrid tea rose***가 등장했다. 광둥에서 온 반구형 장미는 유럽인들에게 친숙했던 통통한 캐비지 로즈나 가냘픈 들장미와는 전혀 달랐다. 달콤한 향수보다는 차에 가까운 희미한 향을 풍겼다. 이들의 부드러운 금색과 두 번 이상 꽃을 피우는 능력은 식물학에 매료된 유럽인들을 흥분시켰다. 다마스크와 월계화China rose의 자연교배종인 부르봉 로즈는 인도양의 부르봉 섬에서 발견되어 프랑스에서 사랑받는 꽃으로 재빨리 자리 잡았다. 프랑스의 장미 재배는 1867년 부르봉 로즈와 티 로즈를 이종교배하고 다시 이종교배하여 최초의 진정한 교배종을 개발했을 때 자부심이 최고조에 달했다. 마침내 거듭해서 여러 번 꽃을 피우는 아름다운 꽃이 '라 프랑스La France'라는 이름으로 출시되었다.

프랑스는 장미를 자기들의 꽃이라 주장한다. 잉글랜드도 장미를 자기들의 꽃이라 주장한다. W. B. 예이츠W. B. Yeats에게 장미는 **아일랜드*Ireland***를 의미했다. 런던에 사는 아일랜드인 부모에게서 태어났으며 당시 유행하던 '세기말' 장미십자회

Rosicrucianism의 신비주의 사상의 영향과 아일랜드의 아름다운 민족주의자 모드 곤Maud Gonne*의 매우 특별한 영향 아래 놓였던 예이츠는 그의 두번째 시집의 제목이기도 한 《장미*The Rose*》의 상징을 중심으로 쓴 이야기들과 시들을 발표했다. 예이츠는 많은 장미 시들로 그의 조국 아일랜드의 "붉은 장미 테두리 밑단"을 수놓았다. 이 붉은 장미 밑단은 아직 바닥에 끌리고 있지만 머지않아 아일랜드의 독립 그리고 궁극의 장미인 모드와의 개인적 결합에 대한 희망으로 들어 올려질 터였다.

예이츠의 장미는 대체로 빨간 편이다. 반면 스코틀랜드의 장미는 하얗다. 버넷 로즈burnet rose라 불리는 로사 스피노시시마 *Rosa spinosissima*(또는 핌피넬리폴리아*pimpinellifolia*)는 **자코바이트 *Jacobite*****의 상징이었다. 흰색 모표로 공개적으로 달리기도 했고, 명분이 사라진 뒤에도 몰래 달고 다니는 사람들이 오랫동안 있었다. 20세기에는 세습 군주제를 혐오했던 사람들도 이 오랜 스코틀랜드의 상징을 보면 깊은 충성심이 일곤 했다. 20세기 스코틀랜드의 시인 휴 맥더미드Hugh MacDiarmid는 세속의 장미에는 관심이 없고 오직 "강렬하고 달콤한 향기를 풍기며 내 마음을 아프게 하는

* 영국에서 태어난 아일랜드 혁명가이자 연극배우, 여성 참정권 운동가. 예이츠와 더불어 아일랜드 문예부흥 운동에 참여했으며 그의 삶과 문학에 큰 영향을 미쳤다.

** 명예혁명 때 프랑스로 망명한 스튜어트가의 제임스 2세와 그 자손을 스코틀랜드와 잉글랜드의 군주로 지지한 정치세력으로 1689년부터 여러 차례 봉기와 실패를 거듭했다.

스코틀랜드의 작은 흰 장미"만을 갈망한다고 했다.

장미는 꽃뿐 아니라 기억도 피워올린다. 우리 뒷마당에 자라는 '**키프츠게이트***Kiftsgate*' 장미를 보면 이 장미의 엄청난 활력에 결국 두 손을 들고 이것을 우리에게 주었던 친구가 기억난다. 그리고 중국에 있는 이 장미의 원산지도 떠오르고, 이 장미가 식물학자 그레이엄 토머스Graham Thomas의 눈에 띄어 이름이 붙여진 글로스터셔의 키프츠게이트 정원도 떠오른다. 전 주인이 심은 호리호리한 유칼립투스는 해마다 7월이면 활짝 핀 크림색 꽃 구름에 덮인 듯 보이는데 걷잡을 수 없이 자라는 '키프츠게이트' 장미가 가장 높은 가지까지 기어오르기 때문이다.

《**꽃말***Language of Flowers*》 또는 '꽃 상징의 알파벳'이라고도 가끔 불리는 빅토리아 시대의 예쁜 선물용 책은 거의 모든 꽃에 의미를 붙였다. '안젤리카Angelica: 영감' '꿀벌 난초Bee Orchis: 근면' '별꽃Chickweed(점나도나물): 소탈함'. 의미가 조금 모순돼 보이는 꽃도 있다. 이를테면 아마릴리스는 '소심함'과 '자부심'을 의미하고, 골든 로드golden rod는 '경계'와 '격려'를 뜻한다. 그래도 장미가 일으키는 혼동에 비하면 아무것도 아니다. 장미의 의미를 다룬 목록은 이론의 여지없이 '장미'를 '사랑'으로 해석하면서 시작하지만 서른일곱번째 변종에 이르면 장미는 세상에서 가장 이해할 수 없는 꽃이 되고 만다. 심지어 같은 종 안에서도 미묘한 차이가 있다. 한 송이 머스크 장미는 '변덕스러운 아름다움'을 뜻하지만 머스크 장미 한 다발은 '매력'을 뜻한다. 이처럼 복잡한 꽃말을 이해하지 못한다면 열렬한 구애자가 상대의 심장을 적중하기 위해 공들여 고른 선물은 과녁을 벗어날 것이다. 사랑하는 사람의 금발을 찬미하거나 금빛 미래를 약속하거나 심지어 결혼반지를 암시하기 위해 노란 장미를 선물로 골랐는데 '질투, 식어가는 사랑'이란 꽃말로 번역될지도 모른다. 빅토리아 시대의 많은 희망찬 꽃다발들이 분명 과녁을 빗나갔을 것이다. 매혹적이며, 황홀한 자태와 냄새, 감촉 덕택에 장미는 말이 필요 없는 사랑의 언어가 되었지만, 직관을 성문화하는 것은 위험한 일이다.

알고 보니 많은 장미 설화에 착각과 오해가 있는 것으로 드러났다. 파리 근처 **말메종***Malmaison*의 정원은 조제핀 황후가 열정적으로 장미를 수집한 곳으로 유명하다. 그녀는 나폴레옹이 나라를 수집한 것만큼이나 열심히 장미를 수집했다. 이 정원은 위대한 보태니컬 아티스트 피에르-조제프 르두테Pierre-Joseph Redouté의 그림으로 영생을 누리고 있다. 사실 제니퍼 포터Jennifer Potter가 쓴 훌륭한 책 《장미*The Rose*》에서 설명한 것처럼 조제핀의 사랑스러운 장미 정원은 그녀의 사후에 장밋빛 렌즈를 통해 기억되면서 더 과장되었다. 르두테의 유명한 작품집 《장미*Les Roses*》에서 딱 두 편의 그림만 조제핀의 정원에서 자라던 장미를 그린 것이었다.

에코가 해석의 열쇠를 조금도 허용치 않음으로써 독자들을 '헷갈리게' 만들기 위해 《**장미의 이름***The Name of the Rose*》을 책 제

피에르-조제프 르두테, 〈홍백 얼룩 장미〉, 1828.

목으로 선택한 것은 적절했다. 그의 소설과 관계없이 장미의 이름은 사람들을 꽤 어리둥절하게 한다. 셰익스피어의 불운한 어린 여주인공은 로미오의 성이 자신의 가문에 해롭듯 자신이 로미오의 가문에 해로운 성을 가졌다는 불행을 아프게 의식하면서 이렇게 도전적으로 선언했다. “장미는 다른 어떤 이름으로 불려도 여전히 향기로울 것이다." 줄리엣에게 중요한 것은 사람이지 이름이 아니었다. 그러나 이후 펼쳐지는 비극은 이름이 얼마나 중요한지를 보여줄 뿐이다. 사실 '장미rose'라는 단어는 워낙 오래되고 널리 퍼져서 다른 어떤 이름도 이 꽃들에는 어울리지 않을 것이다. 이 일반적인 이름은 라틴계와 게르만계, 스칸디나비아계 언어로 뻗어가는 동안에도 철자와 발음에 큰 변화를 거치지 않았다. 물론 장미가 본질적으로 무엇인지에 대해서는 유럽 전역에서 인식을 공유하지만 그렇다고 수많은 별명이 생기지 말라는 법은 없다. 장미의 이름은 종의 물리적 특징을 표현하지만 추가로 덧붙여진 이름들은 품종 개량자나 후원자, 유명인이나 특별한 사건에서 유래하기도 한다. '에나 하크니스Ena Harkness' 장미와 '앤 하크니스Anne Harkness' 장미는 모두 잘 알려진 장미 재배자인 하크니 가문 구성원의 이름에서 나왔다. '팻 오스틴Pat Austin' 장미와 '제인 오스틴Jayne Austin' 장미는 옛 장미 스타일의 모던 로즈를 개발해서 유명해진 데이비드 오스틴David Austin의 가족 이름을 딴 이름들이다. 반면에 '제인 오스틴 로즈Jane Austen Rose'는 소설가 제인 오스틴 서거 200주기를 기념하며 2017년에 부드러운 오렌지색 꽃잎을 펼친 장미다. 너무나 다양한 색깔과 크기를 지닌 너무나 다양한 장미가 있다보니 혼란의 여지가 적지 않다. '에글런타인Eglantyne' 장미를 야생 들장미eglantine와 혼동해서는 안 된다. 사실 에글런타인은 세이브더칠드런Save the Children의 창립자 에글런타인 제브Eglantyne Jebb의 이름을 딴 티 로즈다.

많은 현대 장미의 이름이 셰익스피어 작품에서 나오긴 했지만 셰익스피어 극의 등장인물들이 언급하는 장미들은 당연히 더 오래된 종일 수밖에 없다. 요정의 왕 **오베론***Oberon*은 가장 매혹적인 장미는 "야생 타임이 자라며 / 옥슬립과 흔들리는 제비꽃이 자라고 / 향기로운 머스크 장미와 들장미와 더불어 / 화려한 인동덩굴 지붕에 덮인 언덕"에서 찾을 수 있다는 것을 잘 안다. 브라이어 들장미 덤불로 보호받으며 천연 향기가 나는 티타니아 왕비의 침대는 잠시 사이가 소원해진 남편의 열정적인 갈망을 자극한다. 17세기 영국의 시인 로버트 헤릭이 "흰 천 사이로 살짝 드러난 붉은 장미 한 송이"를 생각했던 것처럼 장미는 배우자가 부재할 때 문득 떠오르는 꽃이기도 하다.

장미 정원에서 보내는 7월의 더운 오후는 진한 **향기***perfume*로 가득하지만 새벽녘 싱싱한 장미를 살짝 스쳐갈 때와 비교할 만한 것은 없다. 예상치 못했던 향이 훅 풍긴다. 심지어 잎을 비볐을 때도 향기가 살짝 난다. 싱싱한 장미 꽃잎은 으깨어 끓여 향기로운 잼을 만들거나 장미꽃잎 샌드위치를 위해 향이 첨가된 버터를 만들 때 쓴다. 얼렸다가 진이나 토닉에 띄우기도 한다. 햇볕에 말린 장미에 소금과 라벤더, 민트, 베르가모트를 섞어 포푸리를 만들어 걸면 여름 향기를 오래 즐길 수 있고 침실과 욕실에서 내셔널 트러스트 숍을 연상시키는 향기를 낼 수 있다.

마르퀴스 헤이라르츠, 〈엘리자베스 여왕 1세〉, 1592.

엘리자베스 1세 여왕*Queen Elizabeth I*은 권력을 유지하는 데 이미지가 중요하다는 것을 잘 알았다. 여왕은 새로운 초상화를 그릴 때마다 보석으로 만든 장미 목걸이를 자주 선택했다. 그녀는 새로운 튜더 로즈*를 왕권 강화에 이용했던 할아버지 헨리 7세의 모범을 잘 따랐다. 엘리자베스 여왕은 장미 도상으로 자신을 에워싸며 튜더 왕조를 홍보했고, 가톨릭교회의 성모 마리아에 대한 숭

* 헨리 7세가 랭커스터 가문의 흰 장미와 요크 가문의 붉은 장미를 결합하여 만든 상징으로 튜더 왕조 시기에 건축을 비롯한 여러 장식에 쓰였다.

배를 새로운 신교 국가의 처녀 여왕인 자신에게 돌리려고 했다. 노년에 그녀는 잉글랜드의 '용감한 들장미'를 칭송하는 시들로 용기를 얻었다. 그녀의 예순두번째 생일에 조지 필George Peele은 모든 사람들에게 그날을 경축하기 위해 "들장미를 다시오 / 붉고 흰 장미 화관을 쓰시오"라고 권했다. 그러니 오베론이 요정의 여왕이 향기로운 머스크 장미와 들장미가 핀 언덕에서 잠든다고 묘사했을 때 그는 티타니아뿐 아니라 엘리자베스 여왕도 찬양하고 있었던 셈이다. 또한 가시로 뒤덮인 들장미는 잠재적 구애자들에게 위험을 경고한다. 순결하고 자립적이며 다소 성숙한 이 들장미는 결코 꺾어서는 안 되는 꽃이었다. 현대의 퀸 엘리자베스 로즈Queen Elizabeth Rose—분홍색에 건강하며 곧은 자태—는 무성한 가시 울타리를 조성할 때 자주 쓰이는데 어쩌면 무엄하다고 할 만하다. 왕실과 장미의 영원한 관계는 리젠트 공원의 퀸스 가든에 자라는 무수히 많은 진한 향의 장미로 더 튼튼해진다. 이 장미들은 원래 국가장미협회의 후원자였던 메리 여왕의 엄격한 관리 아래 심었다. 군주의 이름을 단 장미가 많긴 하지만 '라 렌 빅토리아La Reine Victoria(빅토리아 여왕)'는 프랑스 부르봉 로즈의 일종이며 '프린스 찰스Prince Charles' 도 마찬가지다.

영국의 **장미협회***Rose Society*는 1876년에 창립되었고 법정관리에 들어갈 수밖에 없었던 2017년까지 살아남았다. 처음에 공식적인 설립 목표는 '장미 재배를 장려하고 개선하고 확산하는 것'이었지만 비공식적 목표는 프랑스와 경쟁하는 것이었다. 그 무렵 프랑스는 신중한 이종교배로 무척 탐나는 잡종 티 로즈들을 탄생시켰다. 장미협회는 품종 혁신에 매해 상을 수여하여 영국의 재배자들이 자체적인 모던 로즈를 개발하도록 자극했다. 이 상은 곧 원예가들의 자부심과 땀의 원천이 되었다. 장미들은 성장과 아름다움, 향기, 개화 습성, 병해저항성, 그리고 무엇보다 '전체적인 효과'에 따라 평가되었다. 전문가들은 장미의 많은 속성 하나하나가 특별히 찬양받을 자격이 있지만 완벽한 장미가 지닌 총체적인 완전함이라는 게 있다는 것을 안다. 모든 장미다움을 갖춘 장미를 창조하려는 재배자의 욕망은 곧 상을 받은 장미꽃들이 불안의 온상에서 키워졌음을 뜻한다. 현대의 장미 재배자들은 앨리스의 이상한 나라에 등장하는 불운한 정원사들처럼 처형의 위협에 시달리며 흰 장미를 붉게 칠하느라 종종거리진 않지만 해마다 경진대회를 위해 딱 맞는 장소에서, 딱 맞는 시간에 완벽한 꽃을 키워내겠다는 결심도 그 못지않게 스트레스를 주는 일일 듯하다. 전국 대회를 준비하는 전문 품종개량가든 마을 원예 전시회에서 우승컵을 따려고 결심한 개인이든 그 부담감은 어마어마하다. 영국의 장미 재배자들에게는 특히 비에 저항하는 품종을 찾아내거나 개발하려는 욕구가 강하다. 해마다 6월과 7월이면 영국 전역에 낙관주의가 과거의 기억을 물리치며 퍼지는 탓에 마을 축제나 음악 축제, 가든파티, 크리켓 경기, 결혼식, 자선기금 모금을 위한 달리기 대회가 열리는데 이런 행사들만큼이나 장미들도 비에 망가지기 쉽다. 진딧물을 떼어내고 검은무늬병, 녹병이나 흰곰팡이에 감염되지 않도록 보호하며 소중한 품종을 키워온 자부심 넘치는 정원사들에게는 갑작스러운 집중호우가 무시무시한 재앙일 수 있다. 강풍에 줄기가 휘어지고 큼직하고 완벽하게 피어난 꽃들이 부서져 꽃잎이 폭포처럼 떨어져내린다. 예상치 못한 폭염도 대혼란을 일으킬 수 있다. 떨어진 꽃잎들은 1, 2초간 부드럽게 공기를 떠다니다가 너무나 빨리 땅으로 떨어져버린다. 색이 빠지고 형태가 녹아내리며 결국 잔디밭 위 흰 반점만 남는다.

날씨에 가장 적게 의존하는 정원은 **비밀 정원***Secret Garden*이다. 비밀 정원의 장미들은 온기와 색, 천상의 향기가 늘 한결같은 마음속의 안식처에 산다. 비밀 정원은 더 어리고, 더 화창하던 시절의 기억 속에 있는 정원이고 온전함을 회복할 수 있다는 희망, 행복을 찾을 수 있다는 희망을 간직한 정원이다. T. S. 엘리엇T. S. Eliot은 코츠월드에 있는 어느 고택의 장미 정원을 방문한 뒤 그곳을 떠올리며 깊은 생각에 잠겨 비밀 장미 정원은 "우리가 결코 열지 않은 문을 향해 난 / 우리가 택하지 않았던 길"을 상기시킨다고 했다. 그리고 우리가 선택하고 나서 선택하지 않았더라면 하고 후회하는 것들도 떠올리게 한다고 했다. 이때 장미 정원은 돌연 현재에서 열려서 우리가 낙원으로부터 영원히 추방되었음을 절실히 느끼게 하는, 더 어린 자신의 이미지다. 장미 정원은 후회를 뜻할 수도 있지만 나머지 세상으로부터 숨어 누군가와 함께 느끼는 기쁨을 뜻할 수도 있다. 비밀의 장미 정원은 희미한 장미 향으로 신호를 보내는, 보이지 않는 약속일 수도 있다. 프랜시스 호지슨 버넷Frances Hodgson Burnett의 유명한 책 《비밀의 화원*The Secret Garden*》에서 외로운 여주인공은 저택 안 어딘가에 폐쇄된 정원이 있다는 하녀의 이야기에 매혹되어 그 정원을 찾아내기로 결심한다. 그녀는 마침내 숨겨진 문을 여는 데 성공하고 장미 덩굴과 장미 관목으로 무성한 정원을 찾는다. 하지만 겨울이었기 때문에 잎이나 꽃, 색깔이 없고 그저 "모든 것을 덮고 있는 흐릿한 덮개" 같은 것만 있었다. 정원은 점점 되살아나기 시작했고 "그리고 장미들이 — 장미들이!" 이야기의 모든 것과 모든 사람을 아우르는 변신의 중심이 된다.

에덴 정원의 장미들은 '**가시*Thorn*** 없이' 자랐다는 이야기가 있다. 그렇다면 낙원을 되찾기 위해서 '트랭퀼리티Tranquility'나 '슬리핑 뷰티Sleeping Beauty' 같은 장미를 찾아낼 만한 가치가 있는지도 모른다. 이들은 가시를 아주 조금만 갖도록 개량된 품종들이다. 꽃꽂이용 절화 시장을 위해 생산되는 장미들은 죄 없는 손가락들을 지키기 위해 가시가 제거되기도 한다. 대체로 야생 장미일수록 가시가 더 많다. 나는 가끔 충동적으로 장갑을 끼지 않고 가지치기를 하는데 그럴 때면 손이 온통 긁히고 가시들이 손에 박히곤 한다. 언젠가는 정원에서 보낸 오후가 독 오른 손가락과 응급

실행으로 끝난 적도 있다. 그나마 그 사건에 대해 호의적으로 평가할 만한 것이라곤 병원에 가기 전 우리 아들이 집에서 뜨거운 물에 끓인 옷핀으로 내 감염 부위를 째볼 기회를 누렸고, 그로 인해 의사가 되겠다는 아이의 야망이 더 커졌다는 것밖에 없다.

장미는 고통을 뜻하기도 하지만 평화를 뜻하기도 한다. 새로 형성된 **국제연합***United Nations*의 첫 모임은 제2차 세계대전이 끝나갈 때 열렸다. 세계 곳곳에서 도착한 대사들은 새로 나온 '평화 Peace' 장미를 받았다. 이 평화 장미는 4월에 연합군이 베를린을 장악한 날 미국에서 출시된 품종이었다. 이 큼직한 교배종 티 로즈는 1930년대 프랑시스 메양Francis Meilland이 프랑스에서 개량했던 품종이다. 전쟁이 닥칠 듯하자 그는 앞날을 내다보고 이 장미를 안전히 지키기 위해 꺾꽂이 순들을 해외로 보냈다. 이 사랑스러운 장미의 통통한 봉오리는 가느다란 금박 줄무늬를 보이며 열리다가 차츰 선명한 핏빛 얼룩을 드러내며 여름날 새벽 구름처럼 분홍빛 물결이 일렁이는 금빛의 엄청나게 크고 반짝이는 꽃으로 피어난다. 이들은 새로운 아침을 알리는 장미지만 해마다 계속 봉오리를 열며 되돌아온다. '평화'는 지금 자라고 있는 수많은 품종 가운데 여전히 인기를 누리고 있는 장미다.

보티첼리는 거대한 조개껍데기를 탄 **베누스***Venus*가 비처럼 흩뿌려지는 장미만 빼고는 아무것도 걸치지 않은 채 바다에서 등장하는 모습을 그렸다. 장미는 가톨릭교회에서 순결한 사랑의 구

보티첼리, 〈베누스의 탄생〉, 1485.

현체인 **동정녀 마리아***Virgin Mary*를 나타내는 전통적 상징이기도 하다. 베누스의 숭배자들과 동정녀 마리아 숭배자들이 이상화하는 사랑이 서로 다르다 해도 두 신성한 여성의 형상은 헌신적인 숭배를 강렬히 고취한다. **밸런타인데이***St Valentine's Day*에 내미는 장미도 다양한 사랑을 전달할 수 있다. 내가 어느 겨울에 미국의 한 대학에서 일하다가 발견한 것처럼 말이다. 학생들은 2월 14일을 위해 특별한 리트머스 검사를 고안했다. 각 테이블은 이른바 남몰래 그들을 좋아하는 사람들이 보냈다는 종이 장미로 장식돼 있었다. 장미를 보낸 숭배자들은 그들의 사랑이 정신적인지, 정열적인지에 따라 흰색이나 분홍색, 진홍색 장미를 선택했다. 이날 저녁에는 많은 학생들이 진홍 장미 다발을 행복하게 흔들고 다녔고 더 많은 학생들이 친절한 의도가 담긴 흰 장미 한두 송이를 애써 숨기려 노력했다.

헌신에는 나름의 파괴적 결과가 뒤따를 수 있다. 빨간 장미를 상징으로 쓰는 랭커스터 가문과 흰 장미를 상징으로 쓰는 요크 가문이 왕위 계승권을 놓고 대립했던 **장미전쟁***Wars of the Roses*은 15세기 내내 잉글랜드를 분열시켰다. '*X*'는 교차한 검과 석궁을 의미했었지만 이제는 장미전쟁 때 전투가 벌어졌던 바넷과 노샘프턴, 페리브리지와 타우턴, 세인트 올번스와 헥섬, 튜크스베리, 웨이크필드, 워크솝, 모티머스 크로스에서 전장들을 표시한다. 1485년 헨리 튜더Henry Tudor가 보즈워스 전투에서 리처드 3세를 이기고 빨간 장미와 흰 장미를 그의 특별한 튜더 장미로 통합하면서 이 긴 전쟁은 마침내 끝이 났다. 여러 세기가 지난 뒤 리처드 3세의 유해가 레스터 근처의 주차장 아래에서 발견되었을 때 왕실 장례식을 갖춰 대성당에 재매장되었는데 이때 흰 **요크셔***Yorkshire* 장미가 수놓인 아마포로 그가 요크York 가문의 일원임을 표시했다. 요크셔 주 크리켓팀은 여전히 흰 장미 배지를 당당하게 단다. '하느님의 주God's Own County'라는 요크셔 주 곳곳의 주점 간판과 경축 행사 때 쓰이는 장식용 깃발, 사이클링 클럽, 비계 설치사, 동물구조센터가 자랑스럽게 요크셔 장미를 사용한다. 하지만 요크셔의 하워드 성 정원에는 흰 장미만 아니라 빨간 장미도 있다.

내가 무척 부드러운 줄기로 쭉쭉 뻗어가는 오래된 '**제피린 드**

루앵*Zéphirine Drouhin*'을 처음 만난 것은 내 옛 이웃을 통해서였다. 그녀는 모든 장미를 사랑했지만 특히 그녀의 오두막 문 주변 따뜻한 벽을 타고 자라는 이 장미를 사랑했다. 그녀가 세상을 떠난 뒤 나는 그녀를 위해 이 장미 한 그루를 우리 새집에 심었다. 진분홍 장미들은 해마다 그녀를 기념하며 말없이 피어난다.

폭스글러브

Foxgloves

제미마 퍼들덕은 알을 부화하기 위해 평화롭게 혼자 있을 만한 곳을 찾아 농장 안마당에서 뒤뚱뒤뚱 걸어나온다. 그리고 먼 숲으로 날아 나무들 사이에 '다소 무겁게' 내려앉는다. 둥지를 지을 외딴 안식처를 찾다가 그녀는 폭스글러브*에 둘러싸인 그루터기에 앉아 있는 우아한 신사를 발견한다. 보닛을 쓰고 숄을 두른 제미마는 햄 덩어리 같은 분홍 꽃잎을 층층이 매달고 우뚝 선 이 한 쌍의 꽃 앞에서 왜소해 보인다. 더 관찰력 있는 오리였다면 긴 손가락 모양 꽃들을 보고 이 날카로운 눈매를 지닌 신사의 진짜 정체를 알아차렸을지 모른다. 그러나 제미마는 숲속 깊숙한 곳에 있는 '음

* 디기탈리스속에 속하는 식물로 종 모양 꽃이 많이 달리고 잎은 약재로 쓴다.

울해 보이는' 그의 여름 별장까지 따라가면서도, 그의 트위드재킷 밑으로 끄트머리가 흰색인 숱 많은 황갈색 꼬리가 튀어나온 걸 보면서도 그 폭스글러브 수풀이 여우 서식지임을 깨닫지 못한다. 그 뒤에 이어지는 내용은 익살맞기도 하고 교훈적이기도 하다. 잘 속는 오리는 간신히 달아나고 모래색 콧수염의 교활한 신사는 마땅한 벌을 받는다. 비어트릭스 포터Beatrix Potter는 겉으로 점잖아 보이는 신사들이 알고 보면 그만큼 선하지 않을 수도 있다고 경고하고 있다.

폭스글러브는 초여름 호수 지방에서 풍요롭게 자라기 때문에 비어트릭스 포터는 소리Sawrey의 새집에서 그리 멀리 가지 않고도 개울 옆 얕은 토양에서 고사리 위로 하늘거리거나 돌담 뒤 하늘을 기이한 자주색 불꽃처럼 핥아대며 잘 자라는 그들을 볼 수 있었을 것이다. 폭스글러브는 야생화 가운데에서 가장 찾기 쉽다. 농장 길가에 드문드문 자라거나 덤불이 우거진 가파른 비탈에 아슬아슬하게 서 있거나 풀로 덮인 내리막이나 숲의 공터에서 무리 지어 자란다. 여우들은 관리되지 않은 거친 잡목림에서 가시덤불과 늙은 나무뿌리와 떨어진 가지들이 뒤엉킨 곳에 눈에 띄지 않게 굴을 만든다. 이런 곳들에서 폭스글러브는 가시덤불과 쐐기풀과 치열하게 경쟁하면서도 지지 않고 높이, 무성하게 자란다. 폭스글러브는 토끼 굴들 주변 어수선한 땅에서도 자라는데 그럴 때면 여우들을 위한 식당 표지판 역할을 한다. 아일랜드 시인 셰이머스 히니Seamus Heaney는 그가 자란 데리의 농장에서 키 큰 폭스글러브에 둘러싸인 오래된 우물들과 그곳에서 달아나며 소년을 겁에 질리게 했던 쥐를 기억한다. 소년이 어두운 물을 물끄러미 바라보는데, 쥐가 "물에 비친 그의 모습을 철썩 때렸다".

폭스글러브는 조심스럽게 다가가야 할 꽃으로 늘 알려졌다. 뿌리와 잎, 꽃 모두 독이 있으며 치명적이지는 않지만 불운한 식물 채집자들을 진짜 아프게 하곤 했다. 위험을 피할 줄 모르는 아이들은 작은 자주색 종 모양 꽃을 따서 붙였다 뗄 수 있는 발톱처럼 손가락 끝에 끼우는데 자기들도 모르게 이 꽃의 학명 ―디기탈리스Digitalis, 곧 손가락 같은― 의 의미를 확인해주는 셈이다. '폭스글러브'라는 이름은 여우들이 밤도둑질을 하러 갈 때 그 종 모양 꽃을 발에 얼른 씌울 것 같은 느낌을 주지만, 이 꽃은 다양한 고장에서 '그래니스 글러브granny's gloves(할머니 장갑)' '페어리 글러브fairy gloves(요정 장갑)' '심블 플라워thimble flowers(골무 꽃)'로도 불린다. 스코틀랜드에서는 마녀들이 이 꽃을 좋아한다고 생각해서 예전에 스코티시 보더스 지역에서는 이 꽃을 '위치스 심블witches' thimbles(마녀의 골무)'이라 불렀다. 많은 폭스글러브 꽃은 끄트머리가 아래로 살짝 처지는데 이 또한 마녀와 마법사들이 쓰는 전형적인 뾰족 모자를 떠오르게 한다. 스코틀랜드 작가 캐서린 스튜어트Katharine Stewart는 네스 호에 가까운 북부에서 정원을 만들기 위해 열심히 일하다가 근처 히스 황야에서 키 큰 흰색 폭스글러브 한 포기가 자라는 광경에 가던 길을 멈춘 적이 있었다. 아마 그녀의 정원에서 날아간 씨앗에서 자랐겠지만 그녀에게는 '하나의 신호' 같았다. 그녀는 곧장 산비탈을 가로질러 '마녀의 집이었다고 알려진 곳'으로 갔다. "가슴에 선량함과 아이들에 대한 인내심을 품었다고 알려진" 이 '마녀'에 대한 기억에는 그녀가 작고, 허름하고, 지붕이 새는 초가집에 난방 수단도 거의 없이 혼자 살았다는 것 말고는 섬뜩한 구석이 없었다.

19세기 스코틀랜드 출신의 작가 월터 스콧Walter Scott은 폭스글러브의 더 위험한 명성을 잘 알고 있었다. 그는 대단히 인기 있던 시 〈호수의 여인The Lady of the Lake〉에 "나이트셰이드nightshade와 폭스글러브는 나란히 / 벌과 오만의 상징"이라는 구절을 포함시켰다. 스콧의 폭스글러브와 함께 있는 동료는 위험하다. 나이트셰이드는 그 열매를 탐욕스럽게 먹어대는 사람들에게 치명적인 '벌'을 주는 능력과 유독성으로 악명 높기 때문이다. 〈호수의 여인〉 덕택에 캐트린 호수는 19세기에 트로석스로 몰려든 여행자들에게 가장 인기 있는 하이킹 코스가 되었다. 그곳에 가면 가파르게 비탈진 황야와 탁 트인 숲에서 야생으로 자라는 폭스글러브를 볼 수 있다. 왜 폭스글러브가 오만을 상징하는지는 7월에 무성한 덤불 속 들꽃들 가운데 우뚝 솟아오른 거만한 자태를 보면 확실히 알게 된다. 튼튼한 수상꽃차례는 1.2~1.5미터 높이까지 자라며 화려한 종 모양 꽃을 40개까지도 달고 있다. 폭스글러브는 무신경하게 도전적인 태도로 수많은 구멍들을 과시한다. 활짝 벌린 입속의 길고 창백한 목구멍은 암홍색 반점과 흰 궤양들로 부패한 것 처럼 보인다. 폭스글러브는 죽은 자들의 종deadmen's bells으로 불리기도 한다.

어쩌면 폭스글러브의 입이 건강해 보이지 않기 때문에 약초학자들이 폭스글러브 잎을 궤양과 연주창連珠瘡 치료에 추천했는지도 모른다. 이들은 매우 괴롭고 보기 흉하게 진행되기도 하는 질병이다. 이탈리아에서는 북부의 돌로미테 산맥부터 남부의 칼라브리아(동남쪽의 아드리아 해안은 아닌 듯하지만)까지 야생 폭스글러브가 잘 자라는데 상처를 씻고 싸맬 때 으깬 폭스글러브 잎을 쓴다. 스코틀랜드의 의사이자 골동품 수집가 마틴 마틴Martin Martin은 18세기 초에 웨스턴아일스를 두루 여행하면서 스카이 섬 사람들은 열이 나고 난 다음에 쑤시고 아픈 곳에 따뜻한 폭스글러브를 붙인다고 기록했다. 다른 곳에서는 폭스글러브 잎을 뜨거운 물이나 술에 넣고 끓여서 호흡곤란을 위한 치료제로 쓰는데 물론 너무 많이 쓰면 환자의 호흡이 완전히 멎을지도 모른다. 1822년 〈타임스 텔레스코프Time's Telescope〉에 실린 〈박물학자의 보고Naturalist's Report〉에서 더비셔의 '가난한 계급' 여성들에게 폭스글러브 차가 얼마나 인기 있는지 묘사한 것을 보면 더비셔 사람들은 폭스글러브 차를 기분 전환용으로 마셨던 듯하다. 비용이나 노력을 조금도 들이지 않고도 폭스글러브 잎으로 "기분을 무척 들뜨게 하고, 그

외에도 몸에 보기 드문 효과"를 낼 수 있는 게 분명했다. 제미마 퍼들덕의 신사는 자발적으로 따라온 손님 제미마에게 폭스글러브 차를 대접할 필요조차 없었지만 옛날에 이 차는 요즘으로 치면 상대방 몰래 알코올이나 다른 성분을 첨가한 음료 구실을 했을 것이다.

폭스글러브의 강력한 효능은 여러 세기 동안 관찰되었지만 진짜 치유 효능이 제대로 알려지기 시작한 것은 1785년 식물학자이자 의사인 윌리엄 위더링William Withering이 선구적인 책《폭스글러브에 대한 설명과 몇 가지 의료적 사용법: 수종水腫을 비롯한 다른 질병에 대한 유용한 언급*An Account of the Foxglove, and Some of its Medical Uses: With Practical Remarks on DROPSY and other Diseases*》을 출판한 뒤였다. 이 책은 디기탈리스*의 치료 효능을 다룬 최초의 진지한 출판물이었다. 위더링의 연구는 10년에 걸친 울혈성 심부전의 치료를 바탕으로 하지만 디기탈리스에 대한 그의 관심은 어린 시절을 보낸 슈롭셔 시골 마을의 약초 치료법까지 거슬러 올라간다. 울혈성 심부전—또는 수종—의 치료를 실험적으로 연구하던 그는 이런 증상에 약초 한 줌을 처방해서 놀랄 만큼 긍정적인 효과를 내기도 했던 나이 든 여인을 기억해냈다. 위더링은 그런 효력을 지닐 만한 수많은 약초를 연구했고 결국 이 옛 치료법에서 효력을 낸 약제가 폭스글러브임에 틀림없다고 생각했

* 폭스글러브와 금어초 같은 현삼과의 여러해살이 풀을 가리키기도 하고 폭스글러브의 말린 잎과 씨에서 추출한 약제를 가리키기도 한다.

다. 폭스글러브가 심장박동의 속도에 다른 약초와는 비교가 안 되게 강한 영향을 미친다는 것을 발견했던 것이다. 그는 많은 시험에서 효력을 입증하지는 못했지만 연구를 중단하지 않았고 그가 출판한 책은 곧 중대한 과학적 혁신으로 인정받으며 유럽과 미국 의학계에 반향을 일으켰다. 특효약에 대한 소식이 퍼지자 사람들은 사업 기회를 재빨리 붙잡았다. 코번트 가든의 꽃 판매 노점들이 폭스글러브를 평범한 사람들에게 팔기 시작했고 사람들은 수종을 치료하기 위해 폭스글러브 잎 몇 줌을 팔팔 끓여 사용하곤 했는데 더러는 살아남았다.

위더링은 말린 폭스글러브 잎을 아주 소량의 물과 시나몬과 함께 끓이고 불려 걸러낸 다음 조심스럽게 나누어서 수종으로 고통을 겪는 사람들에게 하루에 두 번 줄 것을 추천한다. 다른 의사들도 실험을 시작해서 사례를 공유하고 비교했다. 머스코비 저택의 브라운 씨는 "심장이 격렬하게 두근거리는" 증상을 겪었는데 네 시간마다 디기탈리스 팅크 한 티스푼씩을 먹고 나서 심장박동이 변화하기 시작하자 복용량을 85그램으로 늘렸다. 갑작스러운 통증으로 밤중에 식은땀을 흘리던 어느 젊은 여성(이름이 기록되지 않았다)은 3주간 매일 디기탈리스 가루 0.2그램을 복용할 것을 처방받았다. 로버트 손턴의 보고에 따르면 두 환자 모두 완전히 회복되었다. 때로는 폭스글러브 꽃을 빻아서 라드에 섞기도 하고 때로는 물에 넣어 끓이기도 했다. 하지만 대개 잎을 말린 다음 물이나 알코올에 넣어 끓여서 약으로 제조했다. 이 약의 혹시 모를 위험에 대한 걱정 때문에 서신을 자주 교환하느라 깃펜들이 부지런히 움직였다. 폭스글러브의 어떤 부분을 써야 안전한지, 복용량을 늘릴지 줄일지, 맥박이 어느 정도까지 오르락내리락해도 괜찮은지를 걱정하는 내용들이었다. 존 키츠는 가이병원에서 의사자격시험을 위해 수련을 받을 때 디기탈리스에 대해 신중하게 기록하는 한편 남는 시간을 이용해 폭스글러브 꽃이 등장하는 소네트를 썼다. 1810년이 되자 다양한 형태의 디기탈리스로 각기 다른 아홉 가지 증상을 치료할 수 있다는 사실이 밝혀졌다. 염증성 질환, 활동성 출혈과 소모성 질환, 전신부종과 수종삼출, 심계항진과 동맥류, 뇌수종, 조증, 경련성 천식, 연주창, 간질이었다. 현대의 최첨단 병원과는 다른 세상의 일처럼 들리겠지만 디기탈리스는 여전히 디곡신digoxin의 형태로 심방세동*과 심부전 치료에 쓰인다. 물론 요즘 의사들은 약 공급을 위해 폭스글러브 잎을 딸 필요는 없다.

요즘 디곡신 생산에 쓰는 폭스글러브는 디기탈리스 이아나타 *Digitalis Ianata*, 곧 그리스 폭스글러브다. 버섯 색깔의 종 모양 꽃들로 제법 크고 화려한 첨탑을 이루는 그리스 폭스글러브는 원산지인 중부 유럽의 들판과 미국의 여러 지역에서 잘 자란다. 자주색 꽃이 피는 친척들과는 달리 이 폭스글러브의 종 모양 꽃은 입

* 심방이 매우 잦고 불규칙하게 수축 운동을 하는 부정맥의 형태.

러스티 폭스글러브.

술이 튀어나와 있고 얼룩이나 반점은 없지만 암홍색 줄이 그어져 있다. 사실, 폭스글러브는 종류가 꽤 다양하다. 1820년대 존 클레어John Clare는 벌의 습성을 연구하다가 "녹슨 철 빛깔의 갈색 폭스 글러브" 둘레를 윙윙대는 "무척 기이한 벌"을 발견했다. 이 꽃은 남유럽의 러스티 폭스글러브rusty foxglove로 18세기부터 이미 영국 정원에 흔한 식물이었다. 클레어가 이 꽃의 색깔을 기록한 것은 어떤 곤충이 어떤 꽃 품종에 특히 끌리는지 알아내려고 애쓰고 있었기 때문이다. 폭스글러브 꽃은 녹슨 철 빛깔의 갈색이나 살구색부터 시베리아 폭스글러브Siberian foxglove, 곧 디기탈리스 시비리카*Digitalis Sibirica*의 옅은 노란색 꽃에 이르기까지 색이 다양하다. 꽃이 더 작고 노란 폭스글러브인 디기탈리스 루테아*Digitalis* *lutea*는 술이 더 적고 덜 퍼지는 종 모양 꽃을 피우는데 남부 유럽과 북서부 아프리카에서 잘 자라지만 더 기온이 낮은 곳에서도 시베리아 폭스글러브보다 잘 살아남는다. 이 모든 우아하고 두드러진 색상의 꽃들은 세월이 흐르는 동안 영국 정원의 화단과 그늘진 구석에 정착했다.

흔한 폭스글러브의 끝으로 갈수록 가늘어지는 키 큰 손가락 꽃들은 들판의 무성한 여름 덤불 위나 그늘진 화단의 키 작은 식물들 뒤에서 눈에 띄기 때문에 벌들을 성공적으로 유혹한다. 방랑하는 벌들에게 자주색보다 매혹적인 색은 없다. 옅은 자주색 종들이 달린 매혹적인 첨탑은 식사하러 오라고 벌들을 유혹한다. 폭스글러브 꽃잎은 밖으로 펼쳐지기 때문에 아주 통통한 호박벌도 들어갈 수 있다. 폭스글러브의 평평한 아랫입술은 천연 헬리포트여서 벌들은 장애물 바로 바깥에 안전하게 착륙할 수 있다. 그러고는 더 작은 곤충들의 접근을 막는 털에도 굴하지 않고 좁은 통로로 북적거리며 들어와 배를 가득 채운다. 금빛 꽃가루에 뒤덮인 만족스러운 벌들은 이제 물러나서 다시 날아올라 다른 폭스글러브로 금빛 꽃가루와 또 다른 식사를 교환하러 간다. 폭스글러브는 조심스럽게 다루어야 할 식물일 수 있지만 지금까지 —그리고 지금도— 생태계에 엄청난 도움을 주었다. 그들은 꿀벌을 먹여 살림으로써 우리 모두를 간접적으로 먹여 살린다.

클레어가 헬프스턴의 자연사를 기록한 지 한 세기가 흐른 뒤

디기탈레스 푸르푸레아 알바.

'야생 정원과 숲 정원 가꾸기wild and woodland gardening' 운동이 영국을 휩쓸었고 폭스글러브가 유행하는 원예 스타일의 정점에 올랐다. 정원 디자이너들은 폭스글러브 군락을 '나무가 우거진 경계 가장자리를 따라' 심으라고 추천한다. 그러면 나무들의 어두운 색조와 대비되어 폭스글러브가 돋보인다. 폭스글러브는 심미적으로 매혹적일 뿐 아니라 자가 파종을 하는 습성 덕택에 과도한 초기 비용을 치르지 않아도 키 크고 뾰족한 수상꽃차례로 정원의 아주 긴 테두리까지 금세 무성하게 만들 수 있다. 2018년 첼시 꽃박람회는 세련된 콘크리트 계단과 기둥 곁에 옅은 색 폭스글러브을 배치해서 고요하고 정갈한 안식처를 창조함으로써 첨탑 같은 이 꽃의 살아 있는 건축 형태가 지닌 영원한 매력을 보여주었다. 폭스글러브는 매우 아름다운 식물이며 정원의 고요한 질서 속에서나 그늘진 여름 숲에서나 늘 생명의 혼란 위로 우뚝 솟아 천국을 가리키는 것처럼 보인다. 가장 흔한 디기탈리스 푸르푸레아 알바*Digitalis purpurea alba*는 1950년대 비타 색빌-웨스트Vita Sackville-West와 해럴드 니컬슨Harold Nicolson이 그들의 유명한 시싱허스트 성Sissinghurst Castle의 하얀 정원*을 창조한 뒤에 수요가 대단히 많았다. 두 사람은 오래된 돌 아치와 새로 조성한 주목 산울타리에 둘러싸인 정원에 오직 하얀색 꽃만 들여놓았다. 이들의 계획이 완성되기까지는 시간이 좀 걸렸지만 처음부터 여름 정원의 뜨거운 색조로부터 동떨어진 서늘한 정원을 창조하기 위해 색을 절제하고 형태를 강조하며 정원을 구성했다. 비타는 '유령 같은 커다란 원숭이올빼미barn owl'가 해질 무렵 그들의 창백한 정원을 휩쓸고 날아가는 모습을 상상했다. 조류 관찰자들은 식물군과 동물군의 색을 맞춘다는 생각이 마음에 들지 않겠지만 어둠 속에서 창백하게 빛나는 하얀 정원은 야간 비행에 딱 맞는 배경처럼 느껴지긴 한다. 원숭이올빼미가 달빛이 비추는 풀밭을 가로질러 숨결처럼 움직인다. 느닷없이 나타났다 사라지는 소리 없는 존재

* 영국의 시인이자 소설가인 비타 색빌-웨스트와 남편 해럴드 니컬슨이 켄트의 시싱허스트 성에 살면서 조성한 정원으로 담과 울타리로 정원 공간을 나눈 뒤 '하얀 방' '수직 방' 등 각기 다른 색깔과 주제를 지닌 여러 개의 정원을 만들었다.

다. 원숭이올빼미가 쥐들이 가득한 너른 들판을 놔두고 울타리 두른 정원에 신경이나 쓸지는 또 다른 문제이다. 생태학적 상상이라기보다는 미학적 상상이니까. 그리고 여기에서 하얀 폭스글러브는 진가를 발휘할 수 있을 것이다. 중세 대성당의 조각된 첨탑만큼이나 품위 있는 형상으로, 울리지 않는 종들이 달린 고요한 첨탑으로.

라벤더

Lavender

더운 초여름 아침, 잉글랜드 심장부를 지나고 있었다. 긴 풀과 카우파슬리를 가장자리에 두른 좁은 길은 촘촘한 산울타리 사이로 굽이굽이 이어졌고 옆에는 버터색으로 익은 보리밭이, 그리고 저 멀리 눈에 보이지 않는 개울 쪽으로 목초지들이 펼쳐졌다. 드문드문 나타나는 금빛 돌집들은 물푸레나무와 참나무 군락만큼 튼튼히 뿌리내린 자연물처럼 보였고 그들의 정원에는 분홍색, 하얀색의 구름 같은 꽃들이 흘러넘쳤다. 특별할 것 없는 길모퉁이를 돌아 내려가니 갑자기 풍경이 달라졌다. 바로 앞에 있는 언덕이 파랗다. 깊은 파랑, 사파이어 같은 파랑, 여름 하늘에서 미묘한 색조를 다 빼내버린 것 같은 파랑. 거대한 라벤더 들판이 지평선을 채운 모습은 침대에서 몸을 뒤척이던 늙은 거인이 아침 햇살을 막기 위해 코발트색 침대보를 어깨 위로 끌어당긴 것처럼 보인다. 지중해가 원산지인 라벤더는 건조한 날씨와 뜨거운 태양이 있는 곳에서 잘 자라기 때문에 영국의 초여름을 항상 잘 버텨내지는 못한다. 그래도 가끔은 봄의 축축한 안개가 5월 무렵 드디어 퇴장하고 나면 싱싱한 초록 봄빛으로 솟아오른 산울타리 나무들이 고화질로 도드라지며 덥고 맑은 6월을 열어젖힌다. 그 무렵에 라벤더 봉오리가 대담한 파랑이나 라일락색, 연한 자주색으로 활짝 열리며 아직 준비되지 않은 주변 곡식들 사이에서 이목을 독차지한다. 그렇게 잉글랜드는 예상치 못하게 프로방스의 뜨겁고 선명한 색깔로 물들기 시작한다.

거트루드 지킬Gertrude Jekyll의 식물 팔레트에서 라벤더는 총애받는 색이었다. 지킬은 20세기 전환기에 정원을 예술 작품으로 만든 뛰어난 원예가다. 그녀는 터너의 그림에서 자신만의 생생하고 살아 있는 색의 흐름을 창조하는 법을 배웠다. 더 옅은 색 꽃들과 제멋대로 자라난 은녹색 로즈마리의 완벽한 동반자이자 빠르게 퍼져가는 파란 개박하와 은회색 램스이어, 파스텔색과 흰색 밤향비단향나무꽃의 상냥한 이웃인 라벤더는 짙은 자주색이나 짙은 파란색의 숱 많은 다발로 금세 변한다. 선명한 오렌지색 한련이나 황갈색 금어초, 노란 장미 꽃밭을 통해 라벤더를 보면 그 어느 때보다 파랗게 보인다. 지킬은 자신에게 변신을 맡긴 400곳이 넘는 정원뿐 아니라 서리의 먼스테드 우드에 있는 자신의 집에도 부드럽고 다채로운 색상의 꽃들을 풍성하게 심고 보색으로 화단을 구성했다. '먼스테드 라벤더Munstead lavender', 곧 라반둘라 앙구스티폴리아*Lavandula angustifolia*는 가는 줄기에 끝이 뾰족한 품종으로, 강한 향과 전형적인 라벤더블루색, 그리고 정력적으로 잘 자라는 습성 때문에 요즘에도 여전히 인기 있다. 먼스테드 라벤더는 관상용 산울타리 중에서 가장 냄새가 좋다. 지킬은 먼스테드 라벤더를 잔디밭과 포장된 통로 사이, 돌계단과 수련 연못 사이, 테라스와 장미 화단 사이 경계를 부드럽게 하는 데 썼고 사철 푸른 특성을 활용해 여름 색깔과 겨울의 칙칙함을 이어주기 위해서도 썼다. 라벤더는 또한 쓸모와 아름다움의 경계, 곧 지킬이 정통했던 '즐거움을 위한 정원이 일하는 정원과 만나는 곳'에서도 잘 자랐다. 라벤더는 코티지 가든cottage garden과 키친 가든kitchen garden에서 늘 인기 있는 식물이었다.* 전원주택의 다년초 화단에서 맨 앞줄을 차지하기 시작했을 때도 그랬다. 라벤더 키우기는 별로 어렵지 않다. 햇볕을 충분히 쪼이고 정기적으로 가지치기만 해준다면 말이다(라벤더 초본은 손질하지 않고 나이 들게 놔두면 다소 줄기가 기다란 나무처럼 돼버릴 수 있다).

라벤더는 매력적인 자태로 평가를 받기 이전에, 오래전부터 그

* 코티지 가든은 꾸미지 않은 듯한 소박한 분위기를 내는 영국의 전형적인 시골 스타일 정원으로 주로 전통적인 꽃들을 심으며 관상용 식물과 식용 식물을 혼합해서 키우는 것이 특징이다. 키친 가든은 정원의 일부에 먹거리로 활용할 수 있는 채소와 허브, 과일나무를 심어 키우는 정원이다.

치유 능력으로 인해 소중히 여겨졌다. 고대 로마의 의사들은 벌레에 물리고 쏘인 자리와 위장 질환, 가슴 통증에 라벤더를 언급했다. 중세 시대부터 라벤더는 기적의 식물로 여겨지며 힘든 몸과 마음을 구원하거나 달래주는 식물로 널리 알려졌다. 범상치 않은 인물이자 다재다능했던 독일의 수녀원장 빙겐의 힐데가르트Hildegard of Bingen는 이를 퇴치하고 편안한 잠을 잘 수 있도록 라벤더를 이용했다. 라벤더 꽃에서 추출한 기름은 의료용 강장제에도 들어갔는데, 처방되는 질병이 꾸준히 늘어갔다. 제인 오스틴의 《이성과 감성*Sense and Sensibility*》에서 메리앤 대시우드가 윌러비에게 거절당해 굴욕감을 느낄 때 그녀에게 주어졌던 '라벤더 물약'은 아마 라벤더 오일로 만든 팅크였을 것이다. 이 소설이 출판되기 한 해 전에 당대의 약초학자 로버트 손턴은 《새 가족 약초 의학서*A New Family Herbal*》에 '라벤더 강장제' 제조법을 실었다. 라벤더 강장제를 만들려면 라벤더 꽃이 몇 파운드 필요하고 여기에 로즈마리와 시나몬, 육두구, 설탕, 자단(또는 홍목*Pterocarpus santalinus*)을 섞어야 한다. 자단이 들어가면 색깔이 꽤 붉어지면서 더 맛있어 보인다. 이 약은 히스테리와 무기력을 비롯한 다양한 신경 증상들에 대단히 좋다고 추천되었다. 손턴의 제조법은 '폴지 드롭스Palsy Drops'나 '레드 하츠혼Red Hartshorn'*이라 불리며 한때 인기를 끌던 약—최대 30가지 약초와 꽃, 향신료를 브랜디와 섞어야 하는 엄청난 혼합물—의 간단한 버전이었다. 여러 세기 동안 라벤더는 다양한 형태로 온갖 질병에 처방되었다. 소화불량부터 간질, 치통, 히스테리, 머릿니, 우울, 손발 저림, 가슴 두근거림, 부종, 현기증, 편두통, 기절, 뱀에 물린 상처에 이르기까지. 또한 아픈 발을 씻는 데도 최고였다. 어쩌면 그래서 영국 시인 에드워드 리어Edward Lear의 기억에 남을 만한 시에 등장하는 조비스카 아주머니는 발가락이 없는 포블에게 '분홍빛이 감도는 라벤더 물'을 마시게 했는지 모른다.

프랑스 과학자 르네-모리스 가트포세René-Maurice Gattefossé는 라벤더 오일이 진통 효과를 지니며 화상 치료에 효과적이라는 사실을 발견했다. 그 후 라벤더 오일은 독가스와 폭발로 부상당한 병사들이 전투 후유증을 몇 주씩 앓기도 했던 제1차 세계대전 동안 엄청난 수요가 있었다. 요즘 밝혀진 바에 따르면 항균 효과는 예전에 생각했던 것만큼 강하지 않지만 라벤더 오일의 상쾌한 향이 아마 치유 과정에 심리적으로 도움을 주었을 것이다. 라벤더가 예로부터 세척과 연결되었다는 것은 중세 이탈리아어로 '씻기'를 뜻하는 '라반다*lavanda*'에서 이름이 유래한 사실에서 분명히 드러난다('푸르스름한'을 뜻하는 라틴어 리베레*livere*에서 나왔다는 설도 있기는 하다). 바로 이런 이유 때문에 라벤더는 참호전에서 상처 입은 이

* '폴지'는 중풍이나 안면마비처럼 신경계 장애의 결과로 나타나는 마비나 떨림 증상을 일컬으며, '하츠혼'은 기절한 사람을 깨우는 자극제로 쓰이는 탄산암모늄을 가리킨다. 예전에 사슴뿔hartshorn에서 채취한 데서 유래했다.

들에게 인기 있었을 것이다. 물론 라벤더가 이를 퇴치한다는 명성 때문이기도 했다. 마음을 안정시키는 깊은 향을 가진 라벤더는 전통적으로 신경을 진정시키고 기운을 북돋고 불면증에 시달리는 사람들을 돕는 데 쓰였다. 또한 전쟁 부상자와 셸쇼크*에 시달리는 사람들, 그리고 이들의 회복을 돕기 위해 애쓰는 사람들을 안심시켜주었다.

제1차 세계대전 야전병원에서 쓰이기 전에도 라벤더는 프랑스에서 여러 세기 동안 중요한 작물이었다. 프랑스 향수 공방이 프로방스의 보라색 들판에 의존하게 된 것은 14세기 처음 조제된 향기가 그라스Grasse 주변에 퍼지기 시작할 때부터였다. 그래도 라벤더는 19세기에 이르러서야 향수 산업을 지배하기 시작했다. 프랑스에서는 여전히 라벤더 향 오 드 콜로뉴eau de cologne**를 여자보다는 남자의 몸단장에 쓰이는 향으로 여긴다. 요즘 영국에서 '프렌치 라벤더French lavender'라 불리는 식물들은 —자주색 파인애플이 폭발하는 것처럼 보이는 꽃들이 환하게 우거지는 라반둘라 스테카스*Lavandula stoechas*와 가느다란 초록 잎 가장자리가 가리비 가장자리처럼 물결무늬를 이루는 것이 특징인 라반둘라 덴타타*Lavandula dentata*— 둘 다 섬 출신이다. 이들은 16세기 중

* 제1차 세계대전에 참전한 일부 군인들에게 나타난 증상으로 전투, 특히 폭격에 장기간 노출됐을 때 느끼는 심한 불안 상태를 일컫는다.

** 달콤한 향이 나는 약한 향수.

반 잉글랜드에 도착했는데 물론 그들의 고향인 이에르 제도와 마데이라 제도, 카나리아 제도는 이곳보다 겨울이 다소 온화하다. 지금은 이곳에 잘 정착하긴 했지만 이들보다 몇 세기 전에 아마 로마인들의 갤리선을 타고 잉글랜드에 도착했던, 끝이 더 뾰족한 잉글리시 라벤더English lavender—다른 말로 라반둘라 앙구스티폴리아*Lavandula angustifolia*—보다는 여전히 덜 튼튼하긴 하다.

라벤더가 대중적 향수로 인기의 절정에 달한 것은 빅토리아 시대이지만 이미 오래전부터 집 안과 사람들을 상쾌하게 하는 데 쓰이고 있었다. 엘리자베스 시대 시인이자 농부인 토머스 터서Thomas Tusser는 라벤더를 바닥에 뿌리거나 다른 다양한 향기로운 약초와 꽃과 함께 항아리에 담아 창턱에 올려놓는 약초로 여겼다. 중세 문학에서는 '라벤더'라는 이름을 세탁부로 등장하는 인물에 붙이기도 했다. 물론 그들의 직업을 나타내는 이름이었지만 이런 작명으로 인해 라벤더와 세탁의 연관성은 더욱 강화되었다. 이후로도 여러 세기 동안 여름철에 침대 시트나 속옷, 테이블보 등에 금방 빤 것 같은 냄새를 내기 위해 라벤더 잔가지들을 썼다. 라벤더 꽃은 자른 뒤에도 오랫동안 강한 향을 유지하기 때문에 말린 라벤더 랜턴을 침대와 양탄자 위에 띄엄띄엄 걸어두면 가을과 겨울의 눅눅함을 가릴 수 있었다(라벤더 랜턴은 라벤더의 줄기를 묶고, 꽃자루를 접어 내려 리본으로 줄기 안팎을 들락거리며 엮어서 만든다). 옷장에 작은 레이스 라벤더 주머니를 매달아두면 옷에서 상쾌한 향도 나고 좀도 막을 수 있다. 요즘 쓰는 라벤더 향 서랍 방향지와 향기 나는 가구 크림과 광택제는 매우 오래된 살림법의 계승이다.

전염병이 발생했을 때 라벤더는 질병을 막기 위해서 또는 질병을 잘 막아내지 못한 안타까운 사람들의 냄새를 감추기 위해서 쓰였다. 그보다 위험이 덜한 시기에는 땀 냄새를 없애는 데 도움을 주었다. 19세기 무렵 여성들은 라벤더 향이 첨가된 목욕물에 몸을 담그고 라벤더 비누로 몸을 씻었다. 신사들은 곰 기름과 라벤더 오일로 머리를 뒤로 넘기거나 금방 면도한 얼굴에 라벤더 워터를 두드려서 발랐다. 파이프에 넣어 피우기 위해 말린 라벤더를 자르기도 했다. 비흡연자들은 건조한 라벤더 줄기 다발을 태워서 살짝 취할 듯한 향으로 공기를 채우곤 했다. 이 모든 방향 제품에 대한 수요는 끝이 없었기 때문에 라벤더 재배는 무척 수익이 높은 사업이었다.

라벤더 밭이 영국의 많은 땅을 채웠던 시절이 있었다. 200년 전 크로이던에서는 7월이면 온 가족이 이 귀중한 식물을 무수히 수확했고 라벤더 향이 짙게 맴돌곤 했다. 라벤더 수확은 덥고 힘들고 가끔 위험한 일이다. 라벤더의 강한 향과 달콤한 꿀은 벌들을 자석처럼 끌어당기기 때문이다. 노스다운스에서는 라벤더 재배가 알맞은 환경에서 오랫동안 가내 산업으로 성장했고 지역 문화의 중대한 특징이 되기도 했다. 미첨은 16세기 이래로 수많은 라벤더 농장이 있어서 생산의 중심지가 된 곳으로, 라벤더 하면 바

영국의 라벤더 밭.

로 연상되는 지명이었다. 최초의 영국 화장품 회사는 1749년 서리타운에서 함께 약초를 재배하고 사업을 벌이던 에프라임 포터Ephraim Potter와 윌리엄 무어William Moore가 창립했다. 이 회사는 라벤더 유행이 정점에 달했던 다음 세기 내내 급성장했다. 영국 향수 회사 야들리는 1873년 그들의 유명한 잉글리시 라벤더 브랜드를 출시했을 때 상승세를 확실히 타기 시작했다. 20세기에는 꽤 많은 이들의 취향이 다른 향기로 돌아섰지만, 잉글리시 라벤더는 독특하고 고풍스러운 향기로 여전히 미국 소비자들의 마음을 끌었다.

1920년대와 1930년대 무렵 주택과 상가 수요가 라벤더 수요를 앞지르면서 영국의 라벤더 산업은 심각하게 쇠퇴했다. 서리의 오래된 농장들이 파헤쳐졌고 차츰 그레이터 런던*으로 흡수되었다. 팽창하는 수도로부터 조금 멀리 떨어진 노퍽은 간신히 라벤더 밭을 유지했지만 1980년대가 되자 영국에서 유일하게 살아남은 상업용 라벤더 생산자는 히첨의 노퍽 라벤더 회사밖에 없었다. 의약과 향수 제조에 필요한 라벤더 수요가 줄고 더 값싼 라벤더의 수입이 늘면서 영국의 전통적인 라벤더 재배 지역을 상징하던 파란 들판은 점점 줄어들다 사라졌고 그와 더불어 풍요로운 지역 문화의 맥도 끊겼다.

1953년 엘리자베스 2세 여왕의 대관식을 축하할 때 허트퍼드셔의 마을 히친은 특별한 이유로 유명세를 탔다. 이 마을의 가장 유명한 상품인 라벤더가 엘리자베스 1세 때부터 경작되었기 때문이다. 19세기 초반 진취적인 약사 에드워드 퍼크스Edward Perks는 아버지로부터 지역 약제사를 물려받은 뒤 포터와 무어처럼 대규모로 라벤더를 심었다. 그가 수확하고 증류하여 만든 '퍼크스 라벤더 워터'는 누구에게나 친숙한 이름이 되었고 그 이후 히친도 미첨처럼 라벤더 밭으로 유명해졌다. 1952년까지도 라벤더는 마을의 정체성에 중요했지만 히친 라벤더의 전성기는 이미 끝난 상태였다. 10년도 안 되는 기간에 하이스트리트의 옛 약국이 헐렸고

* 런던 도심인 시티오브런던과 32개의 자치구를 포함한 영국의 행정구역.

그 자리에 현대적인 울워스* 스토어가 들어왔다. 이 새로운 가게는 옛 약국의 흔적을 완전히 지우지는 못했는지, 문구와 학생 양말, 사탕을 찾는 손님들이 가게에서 이상하게 라벤더 냄새가 난다고 할 때가 있었다. 심지어 크리놀린**으로 부풀린 치마를 입은 빅토리아 시대 부인들이 더는 존재하지 않는 계단을 오르는 모습을 보았다는 사람들까지 있었다. 그러나 소비 습관과 소비자 취향만큼 예측 불가능한 것도 없다. 이제 울워스 스토어는 지나간 과거가 되었고 라벤더는 떠오르는 트렌드가 되었다.

라벤더 농장들은 다시 번창하고 있으며 농부와 약사들만이 아니라 사방에서 온 사람들을 환영하고 있다. 그 뜨거운 여름 아침 잉글랜드 심장부에서 내가 들렀던 라벤더 들판에는 분명 사람들이 가득했다. 밀려드는 파란 꽃의 바다에 사람의 형상이 드문드문 보였다. 도처에서 인어처럼 머리들이 쑥 올라왔다. 감청색 산비탈을 배경으로 완연한 여름 색에 둘러싸인 가족의 사진을 완벽한 각도에서 찍기 위해 애쓰는 사람들이 분명했다. 짙은 황색 드레스를 입고 양팔을 펼친 어느 젊은 여인은 EU 깃발에 동그랗게 늘어선 나머지 별들로부터 빙글빙글 돌면서 떨어져나온 별처럼 보였다. 영국의 라벤더 들판은 이제 여행 코스로 확실히 자리 잡았다. 여행자들은 히친뿐 아니라 글로스터셔나 켄트, 노퍽, 서머싯, 서

* 미국과 유럽, 호주 등에 매장이 있는 소매점 체인.

** 19세기에 스커트를 부풀게 하기 위해 입었던 닭장이나 종 모양 버팀대.

리, 요크셔의 전문 농장에도 들를 수 있다. 마차와 차, 자전거를 탄 여행객들이 라벤더가 줄지어 핀 따뜻한 시골길 사이를 지나는 남프랑스의 프로방스 루트에 대한 영국의 응답이랄 수 있다. 프랑스에서 라벤더를 수확하는 7월 후반과 8월 말 사이에는 수많은 지역 축제들이 열린다.

이 숨겨진 감각의 향연에는 뭔가 유혹적인 구석이 있다. 그 어떤 작물도 라벤더처럼 파란 구둣솔 같은 가지들이 길고 곧은 줄무늬를 그리며 자라지 않는다. 일단 완전히 자라고 나면 어디에서 하나가 끝나고 다른 하나가 시작되는지 뚜렷이 구분할 만한 표시가 없다. 진한 파란색 '먼스테드'부터 더 옅은 색 '블루 아이스'까지, 어두운 보라색 '히드코트'부터 분홍색 '로던'이나 흰색 '알바'나 '아크틱 스노'까지 다양한 품종들이 솔기 없는 선으로 이어지고 서로 대비를 이루며 이상하게 항해를 연상하는 무늬를 창조하면서 들판 전체로 퍼진다. 더 자세히 살펴보면 반듯하게 대칭적인 반구형 식물들이 보인다. 가느다란, 옅은 초록 줄기에서 꽃들이 조심스럽게 폭발한다. 완벽하게 균형 잡힌 마스카라 봉마다 아주 작은 꽃들이 무리 지어 달려 있는데 하나씩 작은 연보라색 횃불로 피어난다. 더운 바람이 꽃 사이로 일렁이며 지날 때면 놓칠 수 없는 향이 아지랑이처럼 솟아오른다. 진짜 강렬한 라벤더 향이 훅 피어오를 때는 꽃 한 송이를 따서 아래쪽에 있는 작은 털을 문지를 때다. 라벤더가 우리에게 아무리 친숙하다 해도 숨겨진 강렬한 향이 터져나올 때면 여전히 우리를 깜짝 놀라게 하는 힘이 있다.

예전에 라벤더 산업은 몸을 숙여 줄기를 손으로 꺾으며 일사병과 수차례의 벌 쏘임을 감수해야 하는 일이었지만 요즘 농부들은 특별 고안된 라벤더 수확기를 이용할 수 있다. 사슴벌레처럼 이가 달린 튼튼한 철제 칼들이 장착된 이 수확기는 촘촘하게 줄지어 자란 라벤더 밭을 통과하며 꽃들을 베어내 집어삼킨 다음 뒤편의 키 큰 트레일러로 토해낸다. 잘린 라벤더는 증류소로 들어간다. 순수하고 연성인 빗물을 덥혀 수증기로 라벤더 줄기의 기름샘을 터뜨려 에센셜 오일을 추출한다. 이 과정은 지중해의 라벤더 재배자들을 수천 년간 먹여 살린 관행과 크게 다르지 않다. 요즘 영국 라벤더 산업에서 새로운 현상은 관광객과 유행성이다. 폴지 드롭스나 라벤더 머릿니 연고가 부활할 것 같지는 않지만 라벤더는 현대 주방에 새로운 팬층을 형성했다. 요즘은 요리할 때 라벤더를 온갖 용도로 쓰는 게 유행이다. 바삭한 머랭에 넣어 라벤더 파블로바pavlova*를 만들기도 하고, 설탕에 갈아넣어 라벤더 비스킷으로 굽기도 하며, 램 촙**을 굽기 전에 비벼넣기도 하고, 파스닙***을 굽기 위해 특별한 무언가를 첨가할 때도 쓴다. 지난 9월 피렌체

* 달걀 흰자에 설탕을 넣어 거품을 낸 뒤 오븐에 구워내는 머랭에 크림과 과일을 얹어 만드는 디저트.

** 어린 양고기의 갈비 부분.

*** 당근 모양의 크림색 뿌리채소로 달콤한 맛이 나며 수프와 스튜에 넣어 먹거나 삶거나 구워 먹는다.

의 산마르코 야시장에 갔더니 회청색 꽃들이 달린 마른 라벤더 줄기 다발들 아래에 '프로방스 라벤더'라고 딱지가 붙은 큼직한 씨앗 자루들이 있었다. 요즘 가장 인기 있는 미국산 진은 싱싱한 라벤더 꽃을 증류주에 담가 불린 것이다. 한편 싱싱한 잔가지와 말린 꽃은 더 새로운 혼합주를 위한 식물 가니시로 수요가 있다. 요즘 라벤더는 유행을 선도하면서도 여전히 더 오래되고, 더 소박한 생활방식과 연결되길 좋아하는 요리사와 애주가, 소비자 들을 매혹한다.

중국에서는 밸런타인데이라고 할 수 있는 칠석 때 젊은 연인들이 라벤더를 점점 더 많이 찾고 있다. 칠석은 음력 7월 7일로, 견우와 직녀의 별자리 신화를 기념하는 날이다. 두 사람은 한 해 딱 하루, 까치들이 놓은 은하수 다리를 건너 만날 수 있는 몇 시간만 빼고는 영원히 헤어져 있다. 전통적으로 이날은 신혼부부들이 사랑의 징표를 교환하는 날인 한편 결혼하지 않은 여성들은 자신들의 여성적인 매력을 과시하며 이성을 유혹하려고 하는 날이다. 요즘 젊은이들은 문자 메시지와 부케를 보내거나 어쩌면 라벤더 들판에 함께 갈 가능성이 훨씬 많을 것이다. 베이징에는 '블루 드림랜드'라는 라벤더 테마 파크가 있고, 상하이 충밍 섬은 라벤더와 왜가리 낭만공원을 뽐낸다. 근처 식당들은 라벤더 크리스피 덕crispy duck 같은 요리가 포함된 정찬을 홍보한다. 더 모험심 있거나 더 부유한 사람들은 작은 보라색 곰 덕택에 이제 세계적으로 유명한 라벤더 중심지가 된 호주의 태즈메이니아 섬까지 멀리 여행을 갈지도 모른다.

태즈메이니아 섬 나보울라의 오래된 브라이드스토 라벤더 농장의 진취적인 주인들이 남아도는 말린 라벤더를 집어넣어 라벤더 향이 나는 라일락색 테디베어를 만들 때만 해도 그 인형이 세계적으로 유명한 보비 더 베어Bobbie the Bear가 되리라고는 생각하지 못했다. 아름다운 중국 여배우 장신위가 이 작은 보라색 테디베어를 안고 있는 사진을 인터넷에 올리자 비슷한 모양의 라벤더 곰 인형을 찾는 수요가 치솟았다. 심지어 시진핑 주석과 부인도 태즈메이니아를 방문했을 때 보비 베어를 선물 받았다. 급성장하던 태즈메이니아의 사업은 한동안 중국에서 제조된 짝퉁 곰들 때문에 위협을 받았다. 그래서 브라이드스토 농장은 '라벤더 베어 프로덕션'을 만들어 보비 베어를 어린이를 위한 방송 시리즈물의 스타로 만들었다. 시리즈물에서 보비 베어가 벌이는 얌전한 모험 가운데에는 트랙터를 몰면서 사람들에게 라벤더 수확하는 방법을 보여주는 것도 있다.

라벤더 테디 베어는 옛 전래 동요, 〈라벤더는 파랑 딜리 딜리, 라벤더는 초록Lavender's blue dilly dilly, lavender's green〉의 추억을 자극할지 모른다. 이 노래는 잠 못 드는 아기들을 평화롭게 잠들도록 도와서 여러 세대의 초보 부모들에게 위안을 주었다. 그러나 원래 이 짧은 시는 그다지 순수하지 않았다. 17세기에 처음 출판되었을 때 〈라벤더는 파랑〉(또는 〈디들, 디들Diddle, Diddle〉)은 어른들을 위한 사랑 시로, 상당히 노골적인 메시지를 전달했다. 이 노래의 초기 버전에서 익숙한 구절은 이렇게 이어진다.

> 누군가 말하는 걸 들었어, 디들 디들,
> 내가 여기로 온 이후
> 당신과 내가, 디들 디들
> 함께 자야 한다고.

라벤더 베개는 당신을 그냥 꿈나라로 보내기 위한 것만은 아닌 듯하다.

라벤더 하면 작은 레이스 주머니나 나이 지긋한 아주머니를 떠올리는 사람들에게는 이 모든 것이 다소 놀라울 것이다. 라벤더가 나이 든 부인들의 동반자가 된 것은 적어도 18세기부터였다. 윌리엄 셴스톤William Shenstone의 시에 등장하는 무시무시한 여선생과 라벤더로 가득한 그녀의 정원으로 판단하건대 말이다. 하지만 이런 이미지를 각인시킨 사람은 아마 찰스 디킨스Charles Dickens였을 것이다. 그의 나이 든 여성 인물들은 라벤더색 드레스를 좋아하는 경향이 있고 초기 작품인 《보즈의 스케치*Sketch by Boz*》에서 크롬프턴 자매의 집은 마치 부패를 막으려고 하는 듯 '강한 라벤더 향'을 뚜렷이 풍긴다. 빅토리아 여왕도 라벤더를 좋아했는데 그녀가 세상에서 가장 유명한 노년 여성으로 차츰 변하는 동안 라벤더의 이미지는 점점 더 노부인들과 연결되었다.

1901년 빅토리아 여왕이 죽은 이듬해 머틀 리드Myrtle Reed가 발표한 《라벤더와 오래된 레이스*Lavender and Old Lace*》라는 소설에서 여주인공은 아주머니의 다락방에서 오래된, 한때는 하얐던 신부의 혼숫감을 우연히 마주치고는 라벤더 냄새에 거의 압도당한다. '라벤더와 오래된 레이스'는 구식이 된 것, 고상하지만 조금 오래된 것, 소중하게 간수된 것, 간혹 조금 감상적인 것까지 의미했다. 윌리엄 메이크피스 새커리William Makepeace Thackeray는 "얼마나 나이가 들었든 간에" 모든 여성들이 자신의 웨딩드레스를 "마음 깊은 곳의 벽장에 라벤더와 함께 싸서 몰래 간수"하는 게 아닐까 생각했다. 라벤더는 노처녀들의 전유물로 여겨지기도 했다. '노처녀의 정원'에서 아주 잘 자라는 식물로 말이다. 라벤더는 미국의 극작가 조지프 케셀링Joseph Kesselring이 살인 미스터리를 패러디한 작품 《비소와 오래된 레이스*Arsenic and Old Lace*》에 딱 어울리는 식물이었다. 집에서 만든 술로 나이 든 남자들을 독살하며 시간을 보내는 브루클린의 두 노처녀 자매는 1939년 브로드웨이에 파장을 일으켰다. 그 뒤 프랭크 캐프라Frank Capra가 감독하고 캐리 그랜트Cary Grant가 두 자매의 불운한 조카로 출연한 영화로 세계적으로 유명해졌다. 성공한 영화는 대중의 인식을 바꾸기도 하지만 품위 있는 배우 주디 덴치Judi Dench와 매기

스미스Maggie Smith가 등장하는 보라색 포스터들은 대중의 머릿속에 라벤더를 특정 연령의 독신 여성들과 확실히 연결해주었다. 〈라벤더의 여인들Ladies in Lavender〉— 그들이 라벤더가 아니라면 다른 무엇의 여인들이 될 수 있었을까?

미국의 작곡가 콜 포터Cole Porter는 1929년 브로드웨이 뮤지컬 〈웨이크 업 앤드 드림Wake Up and Dream〉에서 '소량의 라벤더'*를 타고난 유명한 제비족에 대한 노래 가사에 살짝 욕구 불만인 나이든 여성이라는 상투적 인물을 재미있게 등장시켰다. 가난에 허덕이는 젊은 남자가 '관능적이기보다는 부유한' 부인들을 선호한다는 것은 흔한 이야기이지만 〈아임 어 지골로I'm a Gigolo〉의 인기는 남성 동성애자들이 '소량'의 라벤더를 갖고 태어난다는 생각을 퍼뜨리는 데 기여했을 것이다. 1950년대 매카시의 시대가 되자 이는 더 이상 무해한 농담이 아니었다. 공산주의와 관련 있다고 의심받은 사람이 누구든 탄압받았던 사실은 무척 잘 알려져 있지만 남성 동성애자들도 '라벤더 청년'이라 경멸스럽게 불리며 박해받은 것이 최근에야 알려졌다. 붉은 피가 끓어오르던 전후 미국 남성들에게 라벤더가 너무 멀리 떨어진 색깔이었던 탓인지, 라벤더 오 드 투알레트의 향기가 감춰져 있던 프랑스에 대한 반감을

* 뮤지컬 〈웨이크 업 앤드 드림〉에 나오는 노래인 〈아임 어 지골로〉의 첫 구절 '나는 유명한 지골로, 라벤더를, 천성에 소량의 라벤더를 타고났지'에 나오는 표현으로 여기에서 라벤더는 동성애 성향을 암시적으로 나타내기 위해 쓰였다. '지골로'는 주로 돈 많고 나이 든 여성들의 댄스 파트너나 연인 역할을 하는 남성을 일컫는다.

자극했던 탓인지, 아니면 '라벤더 공포lavender scare'*가 또 다른 뿌리에서 자라난 것인지 분간하기는 힘들다. 무엇이 사실이든 간에 특정 부류의 사람들에게 라벤더는 분명 요주의 대상이었다. 특정 연령대 독신 여성을 위한 꽃이기는커녕 따뜻한 담벼락에 무성히 자라는 이 감미로운 향기의 꽃은 편견에 대한 저항의 상징으로 선택되기도 했다. 1980년대 에든버러에는 레즈비언과 게이들을 위한 서점이 '라벤더 메너스Lavender Menace(라벤더색 위협)'라는 간판 아래 문을 열었다. 이 서점이 발행하는 계간 소식지 〈라벤더 레즈비언 리스트Lavender Lesbian Lists〉는 '레즈비언과 발칙한 여성들'을 대상 독자로 삼는다—'부인'들은 대상에 없다.

그러나 '라벤더와 노년 여성'이라는 연령차별적이자 성차별적인 연상은 보이는 것만큼 단단히 뿌리내리지는 않았다. 만년에 혼자 지내는 것이 이제 더 이상 동정이나 두려움, 말없는 경멸의 대상으로 여겨지지 않게 되면서 라벤더는 독립과 회복력의 신호로 널리 찬양받게 되었다. 편견에 대해서라면 알 만큼 알고 있던 도로시 파커Dorothy Parker는 재치 있는 시, 〈라벤더색 비단옷을 입은 작고 늙은 여인The Little Old Lady in Lavender Silk〉에서 단정한 노처녀 아주머니들에 대해 널리 퍼진 편견을 조롱했다. 시에서 이제 막 일흔일곱 살이 되었고 "내가 곧 젊음을 잃게 될 터"임을 인정

* 제2차 세계대전 이후 미연방정부가 국가 안보에 위협이 된다는 이유로 수천 명의 동성애자 공직자와 군인들을 해고하거나 사임을 강요하면서 시작된 동성애 탄압.

할 준비가 된 작고 늙은 여인은 지금까지 자신의 삶을 평가하기로 한다.

그래, 물론 과거를 돌이켜보면 의기소침해지겠지만
그리고 할 수 있는 한 선언은 피하겠지만
난 말하겠어, 내 생각에 (내 기억이 옳다면)
남자보다 더한 재미는 없다고!

도로시 파커는 인생의 많은 위대한 생존자처럼 작고 늙은 여인이 언제나 늙었던 것은 아니며 어쨌든 나이에는 나름의 자유가 따르기 마련이라는 것을 너무나 잘 알았다.

어떤 날씨에도 색을 유지하고 여러 해 동안 향기를 간직하는 '감미로운 라벤더'의 능력 덕택에 라벤더는 세상이 어떤 시련을 퍼붓든 오래도록 굴하지 않는 저항의 상징이 되었다. 라벤더는 화단 가장자리에 어울리거나 더 화려한 꽃들 사이에 녹아드는 것처럼 보이지만 누구에게도 지지 않는 저력을 갖고 있다. 여러 시대에 걸쳐 라벤더는 무척 잘 견디며 적응력 좋은 식물로 증명되었다. 중세의 구급상자와 엘리자베스 1세 시대의 화려한 장식 정원에 등장하기도 했고 우아한 시골저택의 잔디밭을 가득 채우기도 했으며 20세기 전환기의 편안한 코티지 가든 스타일과 21세기의 흐트러짐 없는 기하학적 조경 정원에 영감을 주기도 했다. 전통적으로

이 꽃을 노화와 연결했던 것은 사실 라벤더에 길고 건강한 삶의 비결이 담겨 있음을 뜻한다.

질리플라워

Gillyflower

질리플라워*라는 이름을 들으면 더운 여름과 톡 쏘는 향, 선명한 색과 무리 지어 핀 꽃들이 생각난다. 그리고 사진 속에도 담기지 않은, 잊혀가는 오래전 기억 속의 허물어지는 담장과 정신없는 현대의 삶에서 비켜나 숨어 있는 정원이 떠오른다. 찰스 라이더**는 제2차 세계대전 이전의 옥스퍼드를 되돌아보면서 여름 학기—뱃놀이와 소풍, 대학 무도회의 계절—에 그의 방 창 밑에 자라던 질리플라워를 기억했다. 그 무렵 학생들은 시험과 이력서에 대한 걱정으로부터 놀랄 만큼 자유로웠던 것 같다. 적어도 《다시 찾은 브

* 카네이션이나 스톡, 꽃무를 비롯해 향기가 강한 몇몇 꽃 식물을 널리 이르는 속명으로 gilliflower로 쓰기도 한다.

** 영국의 소설가 에벌린 워Evelyn Waugh의 소설 《다시 찾은 브라이즈헤드》의 주인공.

라이즈헤드*Brideshead Revisited*》를 통해 아름답게 되살려낸 분홍빛 초상화에서는 그렇다. 질리플라워는 초여름의 정수인 것처럼 보인다. 기온이 올라 날씨가 계속 따뜻해져서 외투 없이, 모자 없이, 우산 없이 내키는 대로 나가는 게 즐거워질 때쯤 말이다. 게다가 1920년대에는 자외선 크림과 벌레 퇴치제, 병에 든 생수, 선글라스 같은 것으로 무장할 일이 없었다. 질리플라워의 향기는 사람들을 집 밖으로, 화창하고 태평한 자유로 나오도록 유혹했고 활짝 열린 창으로 여름을 실어 날랐다. 그런데 당신은 질리플라워를 어떻게 상상하는가?

질리플라워는 현대 정원 안내서의 색인에 실리는 일이 드물다. 어쩌면 공식적으로 인정된 식물종의 다른 이름으로 등장할 수는 있다. 왕립원예협회는 '질리플라워'를 스톡stock의 속명으로 소개하지만 패랭이꽃pink을 '질리 플라워gilly flower'로 부르기도 하며, 가는동자꽃ragged robin을 '쿠쿠 질리 플라워cuckoo gilly flower'로, 꽃무wallflower를 '월 질리플라워'와 '노랑 질리플라워'로 부르기도 한다고 언급한다. 《옥스퍼드 영어사전》은 범위를 훨씬 더 넓혀서 '아프리칸' '캐슬' '클로브' '데임스' '잉글리시' '가든' '마시' '모크' '퀸스' '로그스' '시' '스톡' '스트라이프트' '터키' '워터' '윗슨' '윈터'를 질리플라워의 다양한 종류로 나열할 뿐 아니라 '질리플라워 애플'과 '질리플라워-그래스'*까지 언급한다. 이처럼 무척 다양한 종과 거대한 꽃의 집합체를 아우르고 있으니 사실 '질리플라워'가 그냥 '꽃'을 뜻하는 말이 아닌지 의문을 품게 될지 모른다.

꽃에 관해 무언가 궁금할 때면 나는 엄마에게 물어보곤 했다. 엄마는 망설이지 않고 이렇게 대답했다. "질리플라워는 꽃무**란다." 엄마의 이름이 질리Gilly다보니 그 의견이 평소보다 훨씬 더 권위 있게 들렸다. 사랑받는 식물 지식의 풍요롭고 훌륭한 보고인 《현대 약초 의학서*Modern Herbal*》의 지칠 줄 모르는 저자 모드 그리브Maud Grieve 부인도 같은 의견이었다. '질리플라워'는 꽃무와 동의어라고 말이다. 꽃무는 《옥스퍼드 영어사전》에서도 질리플라워와 동의어로 여겨지는 주요 식물이고, 그 모든 아종 질리플라워의 당황스러운 목록보다 훨씬 위에 있으니 꽤 만족스럽게 동의할 만한 의견이다. 그래서 나는 지금부터 마주칠 모든 꽃무를 질리플라워라 생각할 것이다. 찰스 라이더가 1층 방에서 향기 짙은 사프란 아지랑이 너머로 물끄러미 보았던 것이 오렌지색과 적갈색 여름 꽃무들이었다고 상상하겠다. 어쨌든 꽃무는 '숙녀의 선택을 받지 못한 모든 신사'들처럼 무도회가 열리는 날 기숙사를 비워줄 것을 요청받은 이 젊은 1학년생의 상황과도 잘 어울린다. 하지만 《옥스퍼드 영어사전》에 따르면 질리플라워로 여겨지는 꽃이 꽃무만은 아니라는 게 문제다. 질리플라워라는 단어는 스톡과 패랭이

* 사초과의 여러해살이풀로 관상용식물로 재배되며 카네이션-그래스라고도 불린다.

** 꽃무를 뜻하는 월플라워wallflower는 무도회에서 상대가 없이 혼자 있거나 파티나 사교모임에서 잘 어울리지 못하고 혼자 있는 사람을 일컫기도 한다.

꽃도 가리킨다. 왕립원예협회를 비롯한 상당히 많은 다른 전문가도 그렇게 말한다. 제프리 그리그슨은 1958년《영국 남자의 플로라*The Englishman's Flora*》를 편찬하면서 질리플라워를 스톡으로 간주했고 30년 이상 흐른 뒤 리처드 메이비는《플로라 브리태니커》를 만드는 방대한 작업을 할 때 클로브 핑크clove pink, 곧 디안투스 카리오필루스*Dianthus caryophyllus*를 "튜더 '질리플라워'"로 부르며 "정향* 냄새 나는 패랭이꽃과 카네이션의 주요 선조"로 여겼다. 가족애를 생각해서라도, 스톡과 패랭이꽃을 진짜 질리플라워를 찾는 과정에서 제쳐둘 수 없다. 그래도 조금은 신비로운 질리플라워라는 이름을, 쉽게 알아볼 수 있는 한 가지 꽃에 붙이지 못하는 것에는 이상한 만족감이 있다. 질리플라워 하면 떠오르는 다양한 식물의 꽃잎들처럼 이 이름은 부드러운 여러 층의 느낌을 간직한다.

이 영원한 불확실성이 어떻게 생겼는지를 알려주는 몇몇 독창적인 설명이 있다. '질리플라워'는 어쩌면 '정향'을 뜻하는 고대 프랑스어 지로플girofle이나 질로프르gilofre에서 유래해 영어로 넘어와 질로퍼gillofer, 질로플라워gilloflower, 질리플라워gillyflower로 변했는지 모른다. 향신료 정향을 가리키는 영어 단어 '클로브clove'는 못 같은 씨를 뜻하는 클루 드 지로플clou de girofle에서 나와 차

* 정향나무의 꽃봉오리로 맛과 향이 강하고 살균력이 있어 말려서 향신료와 약재로 쓴다.

츰 지금의 단어로 변한 반면 지로플이나 질로프르는 따로 질리플라워로 발달해 클로브 핑크나 카네이션, 스톡, 꽃무를 비롯해 정향 같은 향기를 풍기는 식물을 가리키게 되었다. 그럴듯하게 들리는 이야기이지만 다른 가능성도 있다. 정원 역사가이자 중세 연구가 존 하비John Harvey는 오히려 '질리플라워'가 스페인어에서 꽃무와 스톡을 모두 가리키며, 아랍어의 알-카이리al-khairi에서 수입된 알렐리alhelí에서 유래했을 것이라 제안했다. 그렇게 해서 향기로운 구름이 질리플라워의 수수께끼 같은 과거에 다시 내려앉는다. 질리플라워는 꽃무의 형태든, 스톡이나 패랭이꽃의 형태든 중세 이래 영국에서 자랐으므로 그 이름의 뿌리를 국내에서 찾는다 해서 놀랄 일이 아니다. 섭정기* 카네이션시럽 조리법에 '클로브 줄라이 플라워Clove July-flowers'가 필요한 걸 보면 존슨 박사**가(일반적으로 국산을 선호했던) 내린 결론처럼 질리플라워는 꽃 피는 계절을 따라 이름을 붙인 것인지도 모른다. 그렇다 하더라도 이런 주장은 질로프르, 질로퍼, 질리보gillyvor라는 이름으로 불리던 더 이른 시기의 질리플라워에 쉽게 접목되지 않는다. 어원이 어떻든 질리플라워가 향신료 향을 풍긴다는 데는 의심의 여지가 거의 없

* 조시 4세가 즉위하기 전 부왕을 대신해 섭정 통치하던 1811~1820년까지의 시기.

** 18세기에 활발하게 활동했던 영국의 시인이자 평론가 새뮤얼 존슨Samuel Johnson을 가리킨다. 《영어사전*A Dictionary of the English Language*》을 편찬했고 셰익스피어 전집을 출판했으며 17세기 이후 영국 시인들의 생애와 작품론을 정리한 10권짜리 《영국시인전*Lives of the English Poets*》을 집필했다.

다. 어떤 지역에서는 그런 꽃이 꽃무이고 다른 지역에 가면 스톡이나 패랭이꽃이 된다. 이 장은 독자들이 자신들이 생각하는 질리플라워를 그려보도록 꽃의 이미지를 묘사하지 않고 시작한다.* 그것이 카네이션이든, 스톡이든, 꽃무이든, 아니면 과감하게 아예 다른 식물을 상상해보든 말이다.

한 사람에게는 꽃무인 것이 다른 사람에게는 패랭이꽃이고, 또 다른 사람에게는 스톡이다. 우리가 떠올리는 여름의 색은 개인적인 동시에 지역적이다. 예를 들어 링컨셔 사람들에게 질리플라워는 오렌지색과 금색, 황갈색, 빨간색으로 화단을 환하게 하거나 돌틈에서 활짝 피어나는 생기 넘치는 꽃이다. 이 따뜻하고 환한 색상은 20세기 초기 화가 조지 테일러George Taylor를 강하게 매혹했다. 오목한 그릇에 흘러넘칠 듯 꽂힌 꽃무들을 그린 그의 두터운 유화들은 링컨의 어셔 아트 갤러리에 걸려 있다. 그러나 이 꽃들은 많은 지역에서 쉽게 자라며 얕은 토양에서도 살아남고 직사광선이 하루 여섯 시간 이상 내리쬐는 곳에서 잘 자란다. 암석 정원과 울타리 정원과 뜰에 흔히 자라며 채석장이나 폐허, 황무지에서 불쑥 자라나기도 한다. 다년초 화단에서 조심스럽게 재배되기도 하고 영국 남해안의 석회절벽 꼭대기나 지중해의 뜨거운 바위를 따라서 자라는데 그 모습이 자주색과 연보라색이 섞인 손질

* 이 책의 원서인 영어판은 각 장이 꽃 그림으로 시작하는데 질리플라워 그림 자리만 공백으로 남겨두었다.

하지 않은 적갈색 앞머리처럼 보인다. 이들은 '캐슬-질리플라워 castle-gillyflower'로, 허물어져가는 수도원 벽이나 오래된 흙벽의 갈라진 틈에서 쏟아져나오는 것처럼 자란다. 작가 월터 스콧은 스코티시 보더스에 있는 할아버지 집의 부서진 탑에서 솟아난 꽃무를 애틋하게 기억한다. 질리플라워라 부르지는 않았지만 말이다.

꽃무는 있을 것 같지 않은 장소에 단단히 매달려 있는 능력 때문에 집요함으로 명성을 얻었고, 변하지 않는 사랑을 암시하게 되었다. 로버트 헤릭의 시 〈꽃무는 처음 어떻게 생겼고, 왜 꽃무라 불리게 되었는가How the Wall-flower came first, and why so called〉는 이 꽃의 유래에 대해 낭만적 신화를 들려준다. "활기차고 쾌활한 아가씨"가 너무나 정열적으로 사랑에 빠져서 비단 줄을 이용해 갇혀 있던 감옥벽을 타고 올라갔으나 안타깝게도 비단 줄이 무게를 버텨내지 못했다. 줄이 끊어지며 그녀는 죽음으로 곤두박질쳤고 그 뒤 금색 꽃무로 변신했다. 헤릭이 다른 시에서 첫 키스를 '젤리 플라워Gelly flower'에 비유한 것으로 보아 그의 상상 속 씨앗 보관함에 꽃무와 질리플라워는 각기 다른 통에 보관돼 있는 모양이다. 반면에 윌리엄 모리스William Morris는 그의 시 〈황금의 질리플라워The Gilliflower of Gold〉에서 꽃무를 중세 마상시합을 위한 꽃으로 그렸다. 노란 꽃 속의 주홍색 심장은 탐스러운 빨간 꽃무의 꽃잎처럼 피에 대한 생각을 종종 불어넣었다. 모리스의 시에서 결연한 기사는 "빨간 얼룩의 노란 꽃들 / 질리플라워 꽃밭에 고개

숙여 인사하는" 그의 귀부인을 생각하며 시합에 나선다. 그는 적수와 싸우기 위해 달려나가며 지금 들으면 어이없게 들리는 후렴을 웅얼거린다. "하! 하! 아름다운 노란 질리플라워." 19세기 섬유와 가구, 시, 그림 창작자들에게 질리플라워는 산업과 대량생산의 근대 국가에서 다시 찾길 갈망하는 고귀하고 투지 넘치며 대단히 활기 넘치는 세상의 정수를 표현하는 꽃이었다.

지나간 시대를 늘 상기시키는 질리플라워는 누군가에게는 매혹이지만, 또 다른 사람에게는 그저 과거일 뿐이다. 몬머스 거리*의 헌 옷 가게에 버려진 코트들은 '월플라워'라 불렸는데 아마 옷걸이에 걸린 채로 있다보니 한때 환했던 색깔이 다소 바랬기 때문일 것이다. 질리플라워는 신비로운 과거를 불러내기도 하지만 중고나 구식을 뜻할 수도 있다. 하지만 19세기 영국 시인 존 클레어는 《양치기의 달력*The Shepherd's Calendar*》에서 '고풍스러운 꽃들'로 풍요로운 전원의 초상을 창조하면서 질리플라워를 6월의 아름다운 풍경으로 꼽았다. 그의 시에서 "감미로운 향을 풍기는 홑겹의 꽃무"가 "흰색과 자주색 질리플라워"와 나란히 있는 것으로 보아 그는 꽃무와 스톡 두 가지를 함께 모아놓은 동시에 구분했다는 것을 짐작할 수 있다. 스톡은 꽃무와 마찬가지로 브라시카에*brassicae*, 곧 배춧과 식물에 속하며 시와 정원에서 자연스럽게 어

* 18~19세기 중고 옷 가게들이 즐비했던 런던의 거리.

울리는 친구들이다. 한편으로 어쩌면 그는 카네이션을 묘사하고 있었는지도 모른다.

카네이션이나 패랭이꽃, 클로브 질리플라워는 종종 얼룩덜룩하다. 흰색과 보라색이나 빨간색, 적갈색 줄무늬의 장미 모양 꽃을 피우는데 꽃잎은 활짝 펼쳐지고 톱니처럼 오돌토돌하게 잘린 모습이다. 으깬 딸기를 섞은 천연 요구르트 색으로 피기도 하지만, 사실 '패랭이꽃pink'이라는 이름은 '분홍pink'색의 명칭보다 더 먼저 있었고, 어쩌면 꽃잎 가장자리의 가느다란 지그재그 모양을 가리키는 이름이었을 수도 있다.* 야생 카네이션이나 클로브 핑크는 일반적으로 심홍색이어서 강한 향기 때문만이 아니라 식품 착색제로도 가치가 있다. 엘리자베스 1세 시대 사람들은 이 꽃을 '솝스-인-와인Sops-in-wine'**이라 불렀는데 웨이퍼처럼 얇은 빵 조각같이 음료에 둥둥 뜨기 때문이다. 20세기 초반이 되자 이 꽃들의 전형적인 색과 형태는 술보다는 깡통에 담긴 연유와 만족스러운 젖소들을 더 쉽게 연상시켰다. 시애틀 근처 '카네이션 유제품 공장'의 승승장구 덕택이었다. 빨간 카네이션은 소비에트의 상징도 되었다. 나는 1980년대 후반 여전히 레닌그라드라 불리던 상트페테르부르크의 광장에 거대한 인조 카네이션이 승전기념일을

* pink에는 옷이나 종이 등을 '오톨도톨한 톱니나 물결 모양으로 자르다'라는 뜻이 있다.

** 클로브 핑크를 달리 부르는 이름으로 와인에 넣은 빵조각을 뜻한다. 꽃잎을 술에 담가 풍미를 더하던 관습에서 나온 이름이다.

기리며 높이 걸렸던 것을 기억한다.

카네이션 꽃잎은 홑겹이나 두 겹, 여러 겹으로 펼쳐지며 몇몇은 워낙 불룩하게 부풀어올라서 꽃밥이 완전히 감춰진다. 그런 까닭에 인조 꽃 장식 공예에 열심인 사람들에게 카네이션은 매력적이다. 촘촘하게 모은 티슈나 빨간 종이 냅킨으로 꽃 형태를 쉽게 만들 수 있기 때문이다. 겨울 동안 진짜 꽃을 얻기가 힘들 때 손으로 만든 빨간 카네이션은 밸런타인데이 선물로 무난할 것이다. 요즘 카네이션 생화는 거대 산업 작물로, 캘리포니아와 케냐, 네덜란드, 남아메리카, 스페인에서 대규모로 재배된다. 콜롬비아는 마약 거래를 퇴치하기 위해 평화로운 원예 산업을 권장했고 이제 세계 최대 생산국에 속한다. 1930년대에는 세계 '카네이션 수도'인 콜로라도의 덴버가 거대한 온실에서 재배한 카네이션을 조지 6세의 대관식에 공급했다. 카네이션은 잘랐을 때 놀랄 만큼 오래가고 깃털처럼 가벼워서 세계 곳곳에 도매로 운송된다.

빨강, 분홍, 하양 카네이션은 기말 시험을 보러 가는 옥스퍼드 학생들의 검은 재킷과 펄럭이는 학사복을 장식하기도 한다. 이들은 남성 예복의 전통적인 장식이긴 하지만 요즘에는 패션을 신경 쓰는 신랑들에게 장미가 더 인기 있는 것 같다. 카네이션은 오스카 와일드가 선택한 꽃으로 유명하다. 하지만 그가 자랑스럽게 달았던 것은 줄기만큼이나 초록색인 꽃이었다. 달고 있는 사람의 성별에 관계없이 용인되는 이 초록 카네이션은 특별 행사를 위한 꽃

카네이션을 달고 있는 오스카 와일드.

이었다. 그리고 와일드에게는 그의 우아한 존재로 빛나는 자리라면 모든 행사가 특별했다.

셰익스피어를 무척 잘 알았던 와일드는 《겨울 이야기》에서 카네이션이 질리플라워와 함께 "계절의 가장 아름다운 꽃"으로 찬양되었다는 것을 의식하고 있었다. 여기서 말하는 계절이란 양털 깎는 계절, 곧 초여름이었다. 페르디타*는 질리플라워를 '얼룩졌다'고 묘사했고 이들이 가끔 '자연의 사생아'라고 불린다고 언급했

* 《겨울 이야기》의 주인공.

으므로 그녀가 질리프라워를 정원에 들이길 조심스러워하는 것이 이해할 만하다. 여기에서 셰익스피어는 인간 세상과 오래된 꽃의 왕국을 빗대고 있다. 금지된 이종교배에 대한 편견을 지닌 인간 세상과 질리플라워의 자연 잡종, 곧 디안투스 카리오필루스 *Dianthus caryophyllus*가 다양한 색깔과 줄무늬, 매혹의 난장판을 만들어낸 꽃의 왕국을 말이다.

야생 클로브 핑크는 꽃무만큼이나 벽에서 잘 자란다. 두 식물 모두 원래 정복자 윌리엄William the Conqueror*을 위해 성을 지으려고 노르망디에서 수입한 돌 틈에 씨앗으로 숨어 영국해협을 건너 온 것 같다. 이들 역시 질리플라워 못지않게 망루와 총안을 꽃으로 환하게 뒤덮기 때문에 혹시 질리플라워가 뒤섞여 있을지 모를 꽃 무리에서 진짜를 골라내는, 안 그래도 어려운 일이 한층 더 어려워진다. 꽃무는 튼튼하고, 대체로 줄기가 목질인 반면 클로브 핑크의 줄기는 우아하고 정교한 배관시스템과 더 닮았다. 부드러운 원기둥 하나하나가 다음 원기둥과 긴 초록색 윙너트**로 고정된 듯 끼워 맞춰지고 식물이 자랄수록 작은 파이프들의 크기가 작아지면서 각도가 점점 벌어진다. 꽃망울은 수류탄처럼 매끄럽고 단단하게 모여 있다가 분홍색과 흰색, 복숭아색과 아이스크림색,

* 11세기 노르망디 공국의 윌리엄 대공으로 영국 원정을 벌여 헤이스팅스 전투에서 앵글로색슨계의 마지막 잉글랜드 왕 해럴드 2세의 군대를 패퇴시키고 윌리엄 1세로 왕위에 올랐다.

** 돌리기 쉽게 날개 같은 부분이 달린 너트로 나비 너트라고도 한다.

'늙은 스톡'이라고도 불리는 마티올라 인카나.

짙은 보라색과 크림색, 자주와 진홍, 연보라색을 살며시 폭발하며 꽃을 피운다.

화단에서 스톡은 카네이션과 패랭이꽃보다 분명 더 높이 솟는다. 특히 곁가지들을 다듬어주고 본가지가 더 크고 더 강하게 자랄 수 있도록 해준다면 말이다. 건강한 스톡 화단은 6월부터 9월까지 깃털 먼지떨이들이 모여 있는 것 같은 다채로운 색상의 화려한 장신구처럼 꽃들이 피어 있다. 스톡 질리플라워, 마티올라 인카나*Matthiola incana*는 '늙은 스톡hoary stock'이라는 다소 덜 매력적인 이름으로도 불리는데 질기고 거친 질감의 줄기 때문이다. 이들은 원래 그리스 남부와 지중해 지역에서 유래하긴 했지만 영국 남해안의 토착식물이랄 수 있다. 계속되는 맑은 여름날에 가장 톡 쏘는 향을 퍼트리는 것은 밤향비단향나무꽃 또는 저녁 스톡night-scented or evening stock인 마티올라 비플로라*Matthiola biflora*이다. 그리고 이 질리플라워 종류는 세계 곳곳에 퍼져 있다. 밴쿠버 섬의 부차트 가든 한복판의 성큰 정원Sunken Garden*에는 분홍색과 라일락색, 자주색, 흰색 스톡이 엄청나게 무리 지어 바다 공기에 향기를 퍼트린다. 뉴질랜드 크라이스트처치 식물원에서는 무럭무럭 자라는 자주색 스톡 화단이 천사상들을 에워싸고 있다.

스톡이 진짜 명성을 얻기 시작한 18세기에 가장 귀하게 대접받던 종류는 빨간색과 자주색 꽃이 피는 품종(케이란투스 코키네우스 *Cheiranthus coccineus*)이었다. 이 꽃은 원예업 동업자로 무척 성공한 조지 런던George London과 헨리 와이즈Henry Wise가 사우스켄싱턴의 브롬프턴 파크에 있는 자신들의 묘목장(지금 국립 역사, 과학, V&A 박물관이 있는 자리에 있던)에서 육종한 것이었다. 이 브롬프턴 스톡은 유럽 곳곳에서 유명해졌고 영국과 프랑스가 전쟁을 되풀이하며 긴장된 관계에 있던 시기에 두 나라의 관계 개선에 작은 도움을 주었던 것으로 보인다. 19세기 초반 영향력 있는 조경 디

* 부차트 가든을 구성하는 정원 가운데 하나로 지면보다 한 단계 내려간 낮은 지형에 꾸민 정원 형태를 일컫는다.

자이너로서 이스트 서식스의 브라이턴 앤드 호브를 변신시키기 위해 많은 일을 했던 헨리 필립스Henry Philips는 해외 여행을 처음 하는 동료와 함께 노르망디를 다소 힘들게 여행했다. 이 떠름한 여행자의 마음에 드는 것이라고는 하나도 없었다. 프랑스 수프는 '묽고' 콩은 '달달'하며 포도주는 '시큼'하고 커피는 '씁쓰름'하며 여자들은 '거무스름'하고 페티코트는 '너무 짧으며' 길은 '너무 직선'이고 숙소는 '더럽고' 말은 '알아들을 수 없었다.' 그러나 그의 불행한 프랑스 바캉스를 구원한 것은 스톡으로 가득한 정원을 우연히 발견한 일이었다. 그 정원을 보자 그는 고향 서식스를 떠올렸다. 이 꽃들이 지로플리에 드 브롬프턴Giroflier de Brompton이라는 말을 듣자 그는 즉시 샴페인을 주문해 정원의 주인과 가족들과 함께 마시고는 가던 길을 계속 갔다. 눈을 반짝이며 단추 구멍에 질리플라워 잔가지 하나를 꽂고 가는 그에게는 삶의 새로운 격언이 생겼다. '브롬프턴 스톡에게 감사를.'

지역적 특색이나 이름이 무엇이든 질리플라워는 바닥으로 퍼져가거나 벽에 매달리거나 곧게 자라면서 어떤 정원이든 풍성하게 만든다. 질리플라워는 더 오래된 세상의 꽃이다. 보다 정확히 말하면 일상의 삶이 국가 표준 못지않게 지역의 기준에 따라 움직이는 세상들의 꽃이다. 날씨 변화는 특히 시골 공동체에 강한 영향을 미치므로 꽃이 피는 계절에 따라 식물의 이름을 짓는 일은 완벽하게 논리적이다. 이런 사고방식은 속명이나 지역명에 흔적을 남기는데, 그렇게 보면 어원에 관계없이 스톡이나 카네이션을 '줄라이 플라워July Flower'라 부르는 것을 이해할 만하다. 17세기에 컬페퍼는 꽃무가 7월에 피기도 한다고 언급했다. 질리플라워는 식물의 습성 또한 끊임없이 변하며, 요즘 우리에게 정상으로 보이는 것이 우리 선조들에게는 깜짝 놀랄 일이었을 수도 있음을 상기시킨다. 오래전부터 있던 꽃의 이름은 지역의 이야기와 믿음, 세상을 이해하는 방식에 대한 기억을 담고 있기도 하다. 꽃무나 카네이션을 질리플라워라 부르는 것은 무지가 아니라 친근함의 표현이다.

예부터 질리플라워라는 꽃의 정체성은 향기와 연결되는데 이는 현대의 방식과는 다른 분류법이다. 현대 식물 분류는 식물의 구조를 토대로 한다. 이를테면 꽃받침과 꽃잎의 수, 수술과 암술대, 꽃받침과 꽃부리의 모양, 줄기의 길이와 잎을 관찰한다. 색깔과 질감이 중요한 식물 표지가 될 수 있지만 향기는 묘사하기가 힘들어서 특별히 강할 때만 언급될 뿐이다. '질리플라워'라는 이름이 강렬한 냄새를 풍기는 다양한 꽃들을 아우른다는 생각은 린네의 식물분류법 이전에 꽃을 생각하던 오래된 방식으로, "꽃과 식물이 제일 잘하는 일은 공기를 향기롭게 하는 것"이라고 했던 프랜시스 베이컨Francis Bacon 같은 사람들이 공감할 만하다. 질리플라워는 시각과 청각뿐 아니라 후각의 세상에, 다중감각 경험의 세상에 속한다. 이들은 우리를 강렬한 경험으로 이끌며 기억 속에 영원히 자리한 향기의 힘을 확실히 증명한다. 어린 시절의 첫 기억은 후각적일 때가 많으며 마찬가지로 독특한 냄새는 사라진 것들을 생생하게 떠오르도록 자극하기도 한다. 질리플라워가 진짜 의미하는 것은 특정 식물종이 아니라 반쯤은 잊힌 어린 시절의 세상과 닿기 힘든 곳에 있는 시간들이다. 질리플라워는 모든 사람이 기억하고 싶고, 다시 머물고 싶지만 그다지 또렷이 떠올리지는 못하는 정원에서 자란다. 질리플라워는 환하게 불을 밝히면서도 이상하게도 어렴풋하게 우리 마음에 놓여 있다. 우리가 여전히 진짜 질리플라워를 찾기를 갈망하는 것은 놀랍지 않다. 잃어버린 시간이 있는 울타리 정원으로 가는 열쇠를 약속하는 식물이니 말이다.

피나무 꽃

Lime Flowers

최근에 옥스퍼드의 트리니티 칼리지 예배당을 복원할 때 300년 동안 누적된 마모와 먼지, 겹겹이 발린 도료와 광택제가 그린링 기번스Grinling Gibbons의 조각에서 벗겨져나갔다. 세월이 조금씩 제거되는 동안 나무 조각의 형상들이 환해졌고 그가 원래 구상했던 완벽한 꽃잎과 줄기, 잎이 또렷해졌다. 너무나 섬세해서 빛이 꽃잎을 통해 비치는 것까지 볼 수 있는 이 금빛 꽃 장식 조각은 피나무lime tree* 목재로 만들어졌다. 피나무 목재는 튼튼하고 매끈하고 결이 곱고 놀랍도록 가단성이 좋아서 오랫동안 나무 조각

* 피나무속*Tilia*에 속하는 낙엽성 나무로, 하트 모양 잎사귀를 지녔으며 보통 20~40미터까지 자란다. lime tree, linden, basswood 라는 속명으로 불리며 우리말로는 피나무, 보리수, 참피나무로 옮겨진다.

영국 옥스퍼드 트리니티 칼리지 예배당에 있는
그린링 기번스의 나무 조각 작품.

가들의 사랑을 받았던 재료이다. 기번스의 조각에는 섬세한 튤립과 백합, 데이지, 덩굴, 잎들이 새겨져 있는데 네덜란드 정물화만큼이나 세심하게 관찰되었다. 이 나무 꽃들은 어떤 의미에서 모두 피나무 꽃이다. 신중하게 통제된 형태의 풍요로운 꽃 장식 사이에 별과 물망초 형상의 전형적인 피나무 꽃송이들이 있는데 이는 아마 이 위대한 나무 조각가가 자신에게 소중한 원재료를 제공한 나무에 바치는 찬사일 것이다. 한여름 피나무—또는 보리수linden tree—에 꽃이 필 때면 아주 작은 하얀 섬유들이 흐릿하게 폭발하며 퍼져나가는 모습이 판유리가 여러 줄로 금이 가는 것처럼 보인다. 이처럼 활기차게 쏟아져나오기 직전 둥근 봉오리가 열릴 무렵에 꽃받침들이 동그란 고리처럼 펼쳐지다가 가늘어지면서 별 모양이 된다. 기번스는 예술을 통해 이 꽃들을 영원히 남기면서 식물이 거치는 삶의 순환도 포착한 셈이다. 봉오리에서 꽃이 피었다가 씨로 변하면 씨들은 결국 어린 나무가 될 테고 성숙한 나무로 자라 언젠가는 아름다운 나무 조각으로 변할 테니 말이다.

피나무는 영국과 유럽, 미국 곳곳의 도로와 오솔길, 공원과 숲에서 흔히 볼 수 있다(그리고 피나무, 보리수, 참피나무basswood, 티윌tilleul, 틸리오tiglio, 그리고 학명인 틸리아*Tilia*로 다양하게 불린다). 완만하게 퍼져가는 원뿔 형태의 키 크고, 부드럽고, 통통한 이 초록 나무는 초여름 무성한 활엽수들 틈에서 더 화려한 몇몇 수종만큼 눈에 띄지는 않는다. 이들의 우아한 몸통과 가지는 무수히 돋아나는 잎들로 금세 뒤덮인다. 피나무 잎사귀는 교과서에 끄적거린 낙서처럼 좌우가 비대칭인 하트 모양이다. 다른 점이 있다면 연인들 이름의 첫 글자가 빈칸으로 남겨졌다는 것이다. 어쩌면 해독할 수 없는 룬문자 같은 희미한 선들이 잎을 뒤덮고 있을지도 모른다. 하지만 이런 세세한 모양이 눈에 들어오는 것은 가까이서 보았을 때뿐이다. 멀찍이 떨어진 나무들의 열병식에서는 이런 모습이 뚜렷이 보이지 않는다. 6월에 일렁이는 나뭇잎들이 갑자기 연초록색으로 밝아지는 정도가 눈에 띌 뿐이다. 가지가 잔가지들로 갈라지는 끄트머리에 연하고 날씬한 잎 모양 포엽bract*들이 돋아 활 모양으로 밖으로 휘면서, 줄기에서 예각으로 튀어나온 아주 작은 꽃봉오리들로 빛이 들이치고 신선한 공기가 순환할 수 있도록 해준다. 그 모습이 마치 인용부호와 별표와 괄호 들이 소나기가 되어 밤사이 어딘가에서 떨어져내린 것처럼 보인다. 피나무 꽃망울들은 침묵과 생략을, 말해질 뻔했던 것들을 귀띔한다. 피나무의 여름 비밀들은 여러 줄로 매달린 점, 점, 점들로 멈춘다. 한여름의 절정에, 여름밤이 멀리 물러나고 여름 태양의 온기가 뜨거움으로 바뀔 무렵 초승달과 버터색 꽃송이 문양이 반복되는 망토들이 느닷없이 펼쳐지며 눈부시게 아름다운 장관을 이룬다.

꽃들이 너무 작아서 풍성한 숲이나 알록달록한 꽃들이 가득한 정원에 그다지 큰 영향을 미치지 못하리라 생각한다면 이들의 진하고 달콤한 향기에 곧 마음이 바뀔 것이다. 빅토리아 시대 시인 매슈 아널드Matthew Arnold는 길게 자란 풀밭에 누워 "바람에 스치는 피나무가 / 향기를 내뿜고 향기로운 꽃비를 / 사각사각 떨어뜨리는" 한여름의 진한 바람에 실려 학자 집시Scholar Gypsy**의 잃어버린 세상으로 가볍게 날아갔다. 독특한 향기만큼 강력하게 기억을 자극하는 감각도 없고, 피나무만큼 기억을 환기시키는 향을

* 변형된 잎의 하나로 꽃이나 꽃차례의 아래쪽에 돋아나 꽃을 감싸거나 받쳐준다.

** 매슈 아널드의 시 〈학자 집시〉에서 언급되는 전설 속 인물로, 원래 옥스퍼드 학생이었으나 집시를 따라 세상을 방랑하며 집시의 지식을 배웠다는 이야기가 전해진다.

내뿜는 나무도 드물다. 마르셀 프루스트Marcel Proust의 《잃어버린 시간을 찾아서*À la recherche du temps perdu*》의 도입부에서 차에 살짝 적신 작은 가리비 모양 마들렌 과자의 맛은 화자의 마음에 오래전 그의 아주머니가 주었던 피나무 꽃차*에 적신 과자의 기억을 불러일으킨다. 그리고 그 기억과 더불어 그의 어린 시절 정원과 공원과 강에 있던 모든 꽃에 대한 기억을 넘쳐흐르게 한다. 말린 피나무 꽃을 끓는 물이 담긴 컵에 넣어 우리면 진정 효과가 있는 향기로운 음료가 된다. 피나무 꽃차, 또는 프랑스에서 불리는 대로 티욀tilleul은 불안과 가슴 두근거림, 불면증, 소화불량 같은 신경 증상을 치유하는 오래된 치료법이며 주로 위로와 다정한 보살핌과 연결된다. 히스테리 발작을 겪는 사람들은 피나무 꽃을 우린 뜨거운 물에 오랫동안 몸을 푹 담그도록 권장한다. 독일에서 피나무 꽃은 오랫동안 사랑, 특히 금지된 사랑과 연결되었다. 유명한 중세 노래 〈피나무 아래Unter der Linden〉에서 연인들의 밀회를 나눈 유일한 흔적은 피나무의 향기로운 잎사귀 아래 땅에 떨어져 으깨진 꽃들뿐이다. 이처럼 피나무하면 연상되는 관능적인 은밀함 때문에 새뮤얼 테일러 콜리지Samuel Taylor Coleridge가 〈이 피나무 그늘 내 감옥This lime-tree bower my prison〉이라는 시에서 자신의 외로움을 쓸쓸하게 그렸을 때 그 외로움이 한층 더 강렬하

* 피나무 꽃차를 뜻하는 프랑스어 tilleul은 보리수차 또는 보리수 꽃차로도 옮겨진다.

게 느껴진다.

늦은 7월 뜨거운 오후에 피나무 꽃이 이리저리 날리는 런던 중심부 그린 파크의 공기는 진하고 감미로운 향기로 가득하다. 이들의 향은 알아차리기는 쉽지만 말로 표현하기는 쉽지 않다. 조지프 콘래드Joseph Conrad는 좀체 사라지지 않지만 뭐라 표현하기 힘든 피나무 꽃의 힘을 잘 알고 있었다. 그가 수수께끼 같은 등장인물 세뇨르 오브라이언*의 목소리에 "어딘지 모르게 살짝 아일랜드인 같은 무한히 다정한 콧소리가 섞인 억양, 피나무 꽃처럼 미묘하고 손에 잡히지 않는 어떤 것"이 있다고 썼을 때 말이다. 사실 이 꽃들은 그들만의 목소리를 가진 것처럼 보이기도 한다. 작은 꽃망울들이 더 많이 터질수록 잔잔한 웅얼거림도 점점 더 커진다. 처음으로 풍성하게 꽃망울을 터트린 꽃송이는, 꿀을 간절히 원하며 가는 줄기 위에서 버둥거리는 훨씬 더 크고, 더 어둡고, 더 촘촘하게 솜털이 난 벌에 종종 완전히 가려지기도 한다. 천상의 향기를 풍기는 피나무 꽃송이를 향한 벌의 애정은 이미 잘 알려진 사실이다. 로마 시대의 작가들도 해마다 피나무를 향한 벌들의 행렬을 잘 알고 있었다. 유럽과 미국의 양봉업자들은 가치가 높은 피나무 또는 보리수 또는 참피나무의 꿀, 또는 미엘레 디 틸리오miele di tiglio를 공급하기 위해 여전히 벌집 주위에 피나무를 심곤 한

* 조지프 콘래드와 포드 매덕스 포드Ford Madox Ford가 함께 써서 1903년에 출판한 소설 《로맨스*Romance*》의 등장인물.

피나무 꽃.

다. 전통적으로 피나무 꽃은 가장 훌륭한 꿀의 공급원으로 여겨졌다. 이 순금색 꿀은 결정화되고 색이 밝아질수록 맛이 더 강해진다. 그 달콤함과 빛깔은 벌들이 분주한 여름 순례로 실어 나른 것이다.

피나무를 뜻하는 영어 라임트리lime tree를 들었을 때 초록 열매나 톡 쏘는 감귤류 과일의 맛이나, 아주 매운 피클을 먼저 연상하는 사람이라면 이처럼 풍요로운 달콤함에 놀랄 것이다. 라임트리에는 많은 비밀이 있지만 가장 큰 비밀은 라임이라 불리는 감귤류 과일을 생산하는 나무들과는 관계가 없다는 것이다. 피나무 *Tilia*를 영어로 라임트리로 부르는 전통은 아마 청각 오류의 결과일 것이다. 피나무를 뜻하는 게르만어의 린덴linden이 '린드lind'나 '라인line'이 되었을 때 영국 사람들의 귀에 이 단어가 '라임'처럼 들렸던 것이다. 피나무의 연초록색 여름 엽포를 관찰하면서 진이 담긴 잔에 떠 있는 라임 조각을 떠올릴 사람도 있겠지만 그 작고 동그랗고 덜 익은 레몬 같은 과일은 완전히 다른 식물종에서 나온다. 이 열매(그리고 괴혈병으로부터 자유로운 영국 선원들을 일컫는 '라이미limey'*라는 별명)의 원천은 키트루스 라티폴리아*Citrus latifolia* 곧 페르시아 라임이다. 감귤류 나무들은 오스트레일리안 라임부터 키 라임, 카피르 라임, 페르시아(또는 타히티) 라임과 랑푸 라임에 이르기까지 다양한 갈래들이 세계 곳곳에 퍼져 있는 큰 가족이다. 이 나무들 중 무엇 하나도 영국의 라임트리(피나무)와 먼 관계조차 없다. 하지만 라임 열매가 열리는 많은 나무들도 나름대로 예쁜, 흰 별 같은 꽃을 피운다. 그들과 이름이 비슷한 유럽의 피나무들이 피우는 크림색 작은 꽃송이들보다는 더 크고 덜 은밀해 보이는 꽃이다. 콜리지의 조카 헨리는 1825년 서인도제도를 방문했을 때 그곳의 몬트세랫 섬과 고향 데번에 자라는 꽃과 열매, 나뭇잎의 차이에 충격을 받았다. 그곳 자연의 초록은 잉글랜드의 초록과는 상당히 달랐다. 곧 그 섬의 과수원들은 영국에 라임 열매와 라임 주스를 공급하는 주요 공급원으로 자리 잡았다. 요즘 사람들이 말하

* 19세기 영국인 선원들이 괴혈병을 예방하기 위해 라임 주스를 마셨던 것에서 비롯된 표현.

는 '라임 초록lime green'은 감귤류*citrus* 나무에서 자라는 열매에서 나왔지만 피나무의 더 옅은 색 봉오리와 엽포를 떠올리면 안 될 이유는 없다.

엉겅퀴

Thistles

스코틀랜드에서 엉겅퀴를 마주치지 않고서는 멀리 가기 힘들다. 기차를 타고 에든버러에 도착하는 사람이라면 웨이벌리 스텝스 꼭대기에 이르기 전에 아마 적지 않은 엉겅퀴를 발견할 것이다. 반대 방향으로 홀리루드나 에든버러 성을 향해 간다면 로열마일Royal Mile*은 온통 보라색 꽃이 그려진 티타월과 티셔츠, 머그잔, 엽서로 북적인다. 엉겅퀴 비스킷과 엉겅퀴 차도 살 수 있는데 질감에 비해 맛이 좋다고 한다. 《스코츠맨Scotsman》 신문 상단에는 엉겅퀴가 당당하게 자리를 차지하고 있다. 스코틀랜드의 국화가 무엇인지는 물어볼 필요도 없다. 정수리에 솔이 많은 동그란 머리

* 에든버러 구시가지에서 에든버러 성부터 홀리루드 궁전까지 이어지는 길.

를 보면 무슨 꽃인지 금방 알아볼 수 있다. 어쩌면 파인애플로 착각할 수 있으려나? 그러나 파인애플은 이곳 북부의 수도에서 있을 법하지 않은 선택이다. 그런데 이 삐죽삐죽한 야생화의 끈질긴 매력은 무엇일까?

정원 안내서는 대체로 엉겅퀴를 잡초 중에서도 가장 끈질긴 잡초로 취급한다. 엉겅퀴가 얼마나 쉽게 씨앗을 뿌리는지, 악랄하게 뾰족한 잎과 기가 막힐 정도로 길고 곧게 뻗은 뿌리를 제거하기가 얼마나 어려운지에 대해 겁을 준다. 이 야생화의 부정적 이미지는 인류사의 초창기까지 거슬러 올라간다. 적어도 구약성경에 따르면 그러하다. 아담과 이브가 금단의 열매를 먹은 뒤 땅은 '가시나무와 엉겅퀴'를 내도록 저주 받았다고 한다. 이것으로도 충분하지 않았는지 욥이 예견한 고난 가운데도 밀 대신에 엉겅퀴가 자라리라는 표현이 있고 신약성경에서는 그리스도가 제자들에게 사람의 진짜 품성을 알아보는 법을 알려주면서 엉겅퀴를 불쑥 언급한다. "그들의 열매로 그들을 알지니 가시나무에서 포도를, 엉겅퀴에서 무화과를 따겠느냐?" 대개 어떤 자연현상이든 성경에서 좋지 않은 인상을 남겼다면 어려운 유산을 물려받은 법이다. 그런데 엉겅퀴는 그런 역경을 딛고 승리를 거뒀으니 존경받을 만하다.

로버트 번스는 엉겅퀴를 위해서 제 할 일을 했다. 〈워초프 저택의 아내에게To the Guidwife of Wauchope House〉는 그의 유품에서 재발견되어 그가 세상을 떠난 직후 발표된 시로, "보리 사이에 / 활짝 퍼진 거친 가시 엉겅퀴"를 찬양하는 내용이다. 물론 대부분의 농부들은 그렇게 급속히 퍼지는 잡초를 보리밭에서 제거하기를 조금도 주저하지 않겠지만 번스는 스코틀랜드의 '소중한 상징'을 살리기 위해 낫을 치웠다고 자랑스럽게 말했다. '가시 엉겅퀴burr thistle'는 스코틀랜드 에어셔에서 서양가시엉겅퀴spear thistle(*Cirsium vulgare*)를 부르는 이름이다. 잉글랜드 남부 곳곳에서는 '멧돼지 엉겅퀴boar thistle'라고도 불리는데 야생 멧돼지의 등에 엉겅퀴 같은 거센 털이 나기 때문이다.

애국적인 스코틀랜드인들이 엉겅퀴에 느끼는 애정은 월터 스콧 경에 의해 더 커졌다. 그는 번스의 시에 매혹되었을 뿐 아니라 이미지 메이킹의 장인이었다. 스콧은 1822년 조지 4세가 에든버러를 공식 방문했을 때(하노버 왕가가 그처럼 평화로운 제안을 하기는 처음이었다) 홀리루드 궁전까지 가는 대행진의 길을 가시투성이 머리의 목화 엉겅퀴cotton thistle(*Onopordum acanthium*)가 둘러싸도록 했다. 그러나 이런 민족적 상징은 결코 낭만주의의 발명품이 아니었다. 엉겅퀴는 15세기 제임스 3세 통치기부터 스코틀랜드 동전에 등장했다. 시인 윌리엄 던바William Dunbar는 1503년 제임스 4세와 마거릿 튜더Margaret Tudor의 결혼을 축하하기 위해 쓴 우화적인 시 〈엉겅퀴와 장미The Thrissil and the Rois〉에서 스코틀랜드와 잉글랜드의 훈훈해지는 관계를 찬양한다. 한 세기 뒤 엘리자베스 1세가 후계자 없이 사망한 뒤 그녀의 친척인 스코틀랜드의 제임스 6세가 잉글랜드를 통합함으로써 잉글랜드의 제임스 1세이자 스코틀랜드의 제임스 6세가 되었다. 그가 새로 주조한 동전의 한쪽에는 장미가, 다른 쪽에는 엉겅퀴가 새겨져 있었다. 나중에는 자코바이트 동조자들이 장미를 자신들의 상징으로 쓰면서 이렇게 명확하게 분리된 상징 체계가 다소 모호해지긴 했다. 한편 잉글랜드는 스코틀랜드와 잉글랜드의 연합 왕국이라는 더 큰 맥락에서 엉겅퀴를 포용하기 시작했고 동전과 왕실 예복에 엉겅퀴가 돋아나는 것을 장려했다. 자코바이트들도 엉겅퀴를 아주 좋아했다. 가장 오래되고 가장 고귀한 엉겅퀴 기사단Most Ancient and Most Noble Order of the Thistle—잉글랜드의 가터 기사단Order of the Garter에 비견되는 스코틀랜드의 기사단—은 1687년 잉글랜드의 제임스 2세(스코틀랜드의 제임스 7세)가 창립했는데 홀리루드 궁전에 있는 이 새로운 기사단 예배당은 이듬해 왕이 종교적 이유로 폐위될 때 파괴되었다. 엉겅퀴 기사단은 1703년에 앤 여왕이 즉위하면서 부활했지만 다시 두 세기가 지난 뒤에야 기사단의 상징을 곳곳에 배치한 웅장한 시슬(엉겅퀴) 예배당Thistle Chapel이 에든버러의 세인트 자일스 성당에 문을 열었다.

스코틀랜드에서 엉겅퀴는 결코 천한 잡초가 아니라 아주 오래된 귀족 가문들을 상징하며 이들의 방패와 머리에 쓰는 작은 관을 에워싸고 있다. 그렇다고는 해도 엉겅퀴의 매력은 끈질기게 민주적이다—번스는 이를 무척 잘 알고 있었다. 엉겅퀴는 조심스럽게 재배할 필요가 없고 최악의 날씨도 버텨내며 아주 황폐한 토양에서도 튼튼하고 질기게 자라는 꽃이다. 자기 땅을 빼앗으려 하는 것들에 끈질기게 저항하며 자기 땅을 집요하게 지킨다. 엉겅퀴에 대한 초기 전설은 이 식물이 가시가 많은 특성을 이야기에 활용했다. 스코틀랜드를 약탈하려고 작정한 바이킹이 엉겅퀴를 밟고 너무 놀란 나머지 비명을 내질러 침략 계획이 들통 나는 바람에 주민들이 깨어나 스코틀랜드를 지켰다는 것이다. 많은 좋은 이야기들이 그렇듯 이 이야기도 역사적 사실과는 거의 관계가 없지만 스코틀랜드인의 정체성에 호소하는 덕택에 뿌리를 내리고 성장했다. 엉겅퀴의 타고난 방어력은 전쟁의 은유로 끈질기게 쓰였다. 엉겅퀴 가시를 창이나 칼에 빗대든, 철퇴나 화살촉, 총검이나 폭탄에 빗대든, 또는 더 평화로운 시절에는 골프채나 축구화에 박힌 못으로 그려지든 말이다.

시인 휴 맥더미드로 더 잘 알려진 크리스토퍼 머리 그리브Christopher Murray Grieve에게 스코틀랜드의 꽃 엉겅퀴는 스코틀랜드의 정체성을 다면적으로 성찰할 만한 소재였다. 그의 위대한 시 〈술 취한 남자가 엉겅퀴를 보다A Drunk Man looks at the Thistle〉는 스코틀랜드에 대한 고정관념을 짐짓 이용하는 한편 내부에서 바라본 스코틀랜드의 복잡성을 드러낸다. 엉겅퀴의 가시만큼이나 다양한 측면들이 존재한다. 스코틀랜드 예술가 캘럼 콜빈Calum Colvin은 2017년 마지막 몇 주에 걸쳐 왕립 스코틀랜드

아카데미에서 방문객들이 지켜보는 가운데 휴 맥더미드의 새로운 초상을 창작했는데 현대적 삶의 잡동사니를 모아 구성한 인상적인 헌사였다. 특정 각도에서 보면 맥더미드의 두 눈은 엉겅퀴 단지에 꽂힌 담배 파이프 한 쌍에 집중하는 것처럼 보인다. 시인은 엉겅퀴를 보고, 관객은 엉겅퀴를 바라보는 그를 보는 한편 엉겅퀴를 바라보는 시인을 바라보는 화가를 인식한다. 이 재치 있는 구성은 현대 스코틀랜드 문화의 잡다한 특성과 키치와 소비주의, 과거에 대한 부채, 우연처럼 보이는 것과 신중하게 계획된 것을 담고 있다. 한편 작품 속 엉겅퀴는 의미 있는 잡동사니들에 둘러싸여 있지만 홀로 도드라진다. 현대의 민족국가를 구성하는 많은 개인과 사물들은 어떤 식으로든 집단적으로 인식 가능한 정체성을 형성한다. 엉겅퀴는 많은 곳에서 자라므로 스코틀랜드 사람들은 세상 어디를 가든 고국의 상징을 마주칠 것이다. 모든 스코틀랜드인이 엉겅퀴로 가득한 정원을 원하는지는 —진짜 그런 스코틀랜드인이 있기나 한지는— 전적으로 별개의 문제다.

엉겅퀴는 긴 장갑과 쇠스랑, 제초제를 써서 강제로 제거하거나 아니면 대개 조심스럽게 다루어진다. J. H. 크로퍼드J. H. Crawford는 빅토리아 말기에 발표한 책 《스코틀랜드의 야생화*Wild Flowers of Scotland*》에서 스코틀랜드의 엉겅퀴를 찬양하며 동네 아이들이 가시 돋은 껍질을 벗겨내 "보라색 가운을 두른 꽃"을 "미식가의 즐거움으로" 먹는다고 묘사했다. 들나물을 먹거리로 캐는 사람이라면 이 묘사가 그다지 설득력 있게 들리지 않을 것이다. 조니 잼벌라야Johnny Jambalaya의 요리책에는 쐐기풀과 민들레, 별꽃을 재료로 쓰는 요리가 많이 등장하며 엉겅퀴도 몇 쪽에 걸쳐 다루긴 한다. 하지만 엉겅퀴는 분명 그가 애용하는 재료는 아니다. 그는 서양가시엉겅퀴의 꽃봉오리를 구이로 요리하면 좋다고는 하지만 엉겅퀴 잎은 물에 푹 담갔다가 잘 끓이지 않는 이상 매우 쓰다. '엉겅퀴 비리야니' '엉겅퀴 스트로가노프' '양고기와 엉겅퀴 스튜' 같은 용감한 조리법들이 더러 있지만 "급할 게 없는 사람들"을 위한 요리이다. 엉겅퀴의 그 모든 가시를 제거하려면 손이 무척 많이 가기 때문이다.

물론 꽃에 대한 찬양은 꽃의 영양과 맛과는 별개이다. 어떤 꽃이 환영받는지 아닌지를 궁극적으로 결정하는 것은 겉모습과 자연적 습성이다. 다듬지 않은 잔디밭에 숨은 키 작은 엉겅퀴는 사람들의 눈길을 끌 만한 것이 별로 없지만 서양가시엉겅퀴나 큰엉겅퀴milk thistle 같은 키 큰 친척들은 근사한 장관이 될 수 있다. 화려한 보라색 왕관을 쓴, 조각상 같은 이 식물의 위엄은 존 러스킨의 세밀한 식물 관찰화인 〈팻 피티Fat Fitie〉에 잘 포착돼 있다.

엉겅퀴가 다른 곳보다 스코틀랜드 화단에만 더 무성하거나 화려하게 무리 지어 있길 좋아하는 건 아니다. 버킹엄셔에 있는 우리 집에서 몇 백 미터만 가면 가시와 깃털들이 뒤엉킨 무성한 화단이 있다. 이 화단에는 엉겅퀴가 두 종 이상 있다. 두툼한 체형의 서

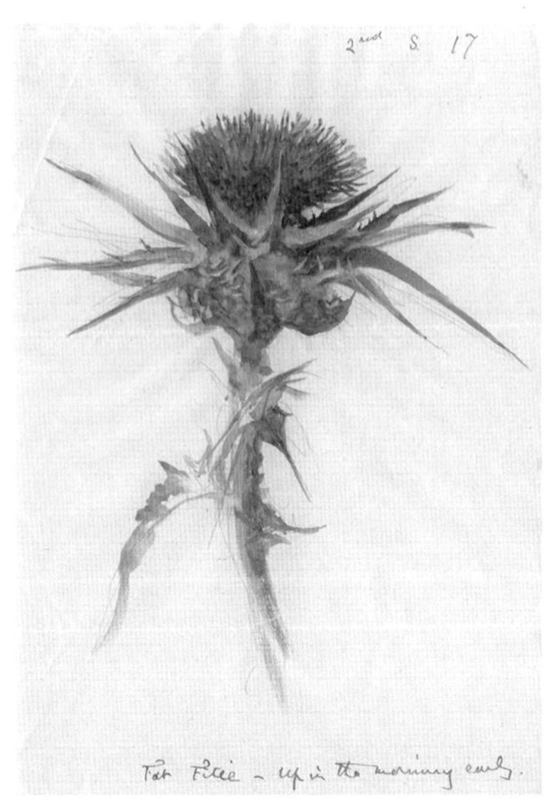

존 러스킨, 〈팻 피티〉, 1874.

양가시엉겅퀴들 양쪽에 그보다 더 가늘고, 호리호리한 초록 식물이 자란다. 가느다란 체형의 엉겅퀴는 라일락색 머리에 바늘 같은 잎을 지녔고 서양가시엉겅퀴는 활짝 펼친 잎에 가시철사로 덮인 가로등 기둥 같은 줄기를 지녔다. 이들의 통통한 봉오리는 복어떼처럼 몸을 부풀렸다가 결국 겉과 속을 뒤집듯 진한 자주색 내장들을 내뿜는다. 엉겅퀴의 꽃은 나머지 부분만큼이나 가시투성이로 보이지만 조심스럽게 만져보면 삐죽삐죽한 가는 섬유들이 고급 쿠션만큼 보드랍다. 나는 서리에도 굴하지 않고 뾰족뾰족하게 자란 옅은 청록색 엉겅퀴들이 봄에 방목된 어린 소떼 때문에 망가진 것을 보고 속상해했던 적이 있다. 하지만 쓸쓸한 갈색 줄기들로 변해버리고 만 엉겅퀴들은 6월이 되자 몇몇이 다시 솟아났다. 엉겅퀴는 매우 튼튼한 식물이지만 꽃이 위풍당당하게 피고 나면 곧 솜털로 녹아 공기에 실려 떠나간다. 엉겅퀴의 부드러운 씨앗은 민족 영웅시보다는 동화에 더 어울린다. 황금방울새가 재빨리 채어 가지만 않으면 엉겅퀴의 솜털은 바람에 실려 날아간다. 그토록 무해해 보이는 씨앗에서 싹틀 위대한 가시투성이 식물에 대해 조금도 경고하지 않으면서.

해바라기

Sunflowers

넓고 둥근 얼굴에 환하고 텁수룩한 갈기를 지닌 이 꽃의 사자에 누군들 마음이 흔들리지 않을 수 있을까? 해바라기sunflower 꽃봉오리는 태양을 향하며 태양이 가장 밝은 방향을 따라 움직인다. 큼직한 초록 잎들은 자꾸자꾸 나오는 스페이드 에이스 카드처럼 믿기지 않게 긴 줄기 위아래로 돋아난다. 해바라기 큰 꽃 하나는 한 송이 꽃이 아니라 노란 주변화ray flower*의 후광을 두른 아주 작은 갈색 낱꽃floret**들의 무리로, 살아 있는 부케에 훨씬 가깝다. 이 작은 꽃들은 한 쌍의 달팽이 껍데기 문양이 반대 방향으로 서로

* 국화나 해바라기처럼 여러 꽃이 머리 모양으로 모여 한 송이 꽃으로 보이는 두상꽃차례에서 가장자리에 달리는 작은 꽃.

** 두상꽃차례에서 하나하나의 작은 꽃을 이르는 말.

같은 무늬를 그리며 겹쳐지는 것처럼 한 번은 이쪽으로, 다른 한 번은 저쪽으로 완벽한 피보나치수열*로 나선형을 그린다. 이들은 차츰차츰 씨앗으로 단단해져서 멋쟁이새와 황금방울새, 방울새, 박새, 진박새, 푸른박새를 비롯해 앞으로 닥칠 길고 빈한한 겨울을 위해 저장고를 보충하고 싶은 새라면 누구에게든 향연을 베푼다. 황금 왕관을 쓰고 후한 선물을 가득 안은 채 잔디밭과 화단, 키가 더 작은 꽃들을 내려다보는 해바라기는 분명 정원의 왕이라 할 수 있지 않을까?

모든 사람이 해바라기를 보고 감동하지는 않는 모양이다. 왕립원예협회는 다양한 표현을 동원해서 흔한 해바라기(헬리안투스 안누스*Helianthus annuus*)를 "거칠고 단순한 잎"이 달린 "키 크고 투박한 식물"로 묘사하며 "아이들을 위한 식물"로 추천한다. 모종삽 전사들이 언제든 들춰볼 수 있는 실용적인 안내서를 쓴 헤세이욘 Hessayon 박사는 해바라기를 "투박한 식물 거인"이라 표현하며 자존심 있는 정원이라면 더 작은 품종을 위해 배제하는 게 좋다고 조언한다. 그의 말이 일리가 있는 게 여름이 끝나갈 때면 해바라기 머리가 조금 무거워 보이기 시작한다. 금색 갈기가 듬성해지기 시작하고, 이제는 지나치게 넓어 보이는 얼굴이 씨앗의 무게를 이기

* 이탈리아 수학자 피보나치가 자연현상을 관찰하며 발견한 수열. 처음 두 항을 1과 1로 한 후 그다음 항부터는 바로 앞의 두 항을 더해서 만드는 수열(1, 1, 2, 3, 5, 8, 13…)로 꽃잎의 개수, 해바라기 씨의 배열, 태풍과 허리케인, 달팽이 껍질 문양에서 발견할 수 있다.

지 못하고 땅을 향해 기울어지기 시작한다. 그러나 헤세이욘 박사의 반감은 해바라기의 타고난 활력과 더 관계있는 것 같다. "이 매머드들은 아이들과 경쟁자들이 존재하는 한 자란다"라는 진저리치는 결론으로 보건대 말이다. 이 거대한 꽃은 확실히 아이들에게 인기가 있다. 검정-하양 줄무늬 씨앗은 무척이나 풍족해서 아이들이 집어서 심기가 너무 쉽기 때문이다. 게다가 프로펠러 같은 잎이 달린 초록 새싹이 금세 돋아나서 씨를 심으면 진짜 싹이 난다는 것을 증명해 보인다. 조금 지나면 새싹은 어린 정원사보다 키가 더 자라고 마법의 콩나무 줄기처럼 빨리 자란다. 물론 훨씬 친근한 거인이기는 하다. 십여 개의 씨를 심고 나서 어느 씨앗이 가장 긴 줄기로 자랄지, 아니면 가장 큰 왕관을 쓸지 알아맞히는 게임을 할 수도 있다. 도중에 실망할 수도 있다는 걸 감안해야 한다.

거대한 해바라기를 키우는 즐거움은 결코 어린 시절에만 한정되지 않는다. 2015년 9월, 더럼 주에 있는 헷Hett의 정원에서 60년간 해바라기들을 키워온 여든세 살의 프레드 깁슨Fred Gibson이 우승을 차지한 그의 해바라기들 옆에서 왜소해 보이는 모습으로 전국 언론에 등장했다. 여름에 햇빛이 많지 않았는데도 불구하고 꽃들이 기하급수적으로 자라며 3.3미터가량 치솟았다고 한다. 그래도 전해 여름, 독일의 카르스트에서 9미터 넘게 자라는 바람에 지역 소방대를 동원해 키를 재야 했던 세계에서 가장 큰 해바라기와는 적수가 되지 못했다. 이렇게 큰 해바라기는 예외적인 사례들이지만 평범한 해바라기도 높이 1.8미터까지 자랄 수 있고 꽃잎을 포함한 꽃의 지름이 30센티미터 정도 될 수 있다. 정원 담장을 따라 한 줄로 늘어선 해바라기들은 다른 많은 꽃들이 잠시 쉬고 있는 8월을 늘 환하게 밝혀준다. 해바라기는 크기와 활력 덕택에 널리 인기를 얻지만 진짜 정원사가 보기에 너무 쉽게 —너무 크게— 자라는 식물은 선택할 만한 게 아니다. '투박한' 해바라기는 오랫동안 코티지 정원에서 사랑받는 꽃이긴 하지만 어쩐 일인지 어떤 정원들(더 정확히 말하자면 정원사들)의 섬세함에는 위협이 된다.

무척 순진한 얼굴을 한 꽃치고 해바라기는 놀랄 만큼 상반된 반응을 일으킨다. 사람들은 언제나 꽃의 의미를 발견—또는 부여—하지만 해바라기는 의미를 부여하기가 유독 힘들었다. 해바라기는 아메리카 대륙의 토착종이기 때문에 유럽의 여러 주요 신화가 탄생한 고대 그리스나 중동에는 전혀 알려지지 않았던 꽃이다. 그러나 태양을 사랑하는 이 꽃이 대서양을 건너 도착하자 고대의 고전이나 성경에 따라 의미가 부여되었다. 학명 헬리안투스 *Helianthus*는 유럽인들이 해바라기의 가장 두드러진 특징을 어떻게 인식했는지 반영한다. '꽃*anthus*'이 '태양*helios*'을 따라가는 굴광성heliotropism을 지녔을 뿐 아니라 해바라기의 금색 꽃은 햇빛과 분명 비슷해 보인다. 그래서 해바라기는 아폴론을 숭배하는 옛이야기에 등장할 만한 완벽한 식물 같았다. 원래 신화에서 아폴론을 숭배하는 꽃은 제비꽃과 더 흡사한데도 말이다. 오비디우스는 레우코테아의 이야기를 들려준다. 젊은 님프 레우코테아는 불운하게도 태양의 신 아폴론의 집착에 불을 질렀고, 그 뒤 아폴론은 그를 헌신적으로 찬미하는 물의 요정 클뤼티에를 소홀히 했다. 아폴론은 레우코테아의 어머니로 변장해서 그녀의 은밀한 방에 들어가 그녀에게 접근함으로써 자기도 모르게 클뤼티에를 분노케 했다. 클뤼티에는 레우코테아의 아버지에게 사실을 알렸고, 격노한 아버지는 레우코테아를 산 채로 매장하라고 선언한다. 아폴론은 슬픔에 잠기고 클뤼티에는 평생 그를 동경하다가 결국 꽃으로 변해 태양을 좇아가는 벌을 받았다. 조지 프레더릭 와츠George Frederic Watts는 테이트 갤러리에 소장된 빼어난 청동상에서 몸이 대부분 사라지고 오직 머리와 가슴과 어깨만 남은 클뤼티에가 끝까지 아폴론을 동경하는 해바라기가 되어가면서 고통으로 몸을 비트는 순간을 포착했다.

해바라기의 유명한 굴광성, 곧 태양을 바라보며 동에서 서로 천천히 회전하는 습성 때문에 해바라기는 정절과 기독교적 헌신의 상징으로 변하기도 했다. 17세기 결혼 초상에서 해바라기는 사랑과 복종의 상징으로 가끔 등장했다. 일류 초상화가였던 바르톨로메우스 판 데르 헬스트Bartholomeus van der Helst가 그린 〈해바라기를 들고 있는 젊은 여자A Young Woman Holding a Sunflower〉는 흰 옷을 입은 젊은 여자가 오른손으로 자신의 심장을 가리키는 한편 왼손으로는 해바라기를 높이 들어올린 모습을 보여준다.

바르톨로메우스 판 데르 헬스트,
〈해바라기를 들고 있는 젊은 여자〉, 1670.

많은 씨앗을 약속하는 해바라기는 충실한 복종과 다산을 암시하며 어쩌면 세속적인 부의 획득까지도 의미했을 것이다. 19세기 후반 《해바라기*Sunflowers*》라는 제목에, 아츠 앤드 크래프츠Arts and Crafts* 스타일의 금박 식물 문양으로 아름답게 제본된 어린이 책

* 19세기 후반 시인이자 예술가인 윌리엄 모리스를 주축으로 영국에서 시작된 수공예 혁명. 산업혁명으로 인한 기계화와 획일적인 대량생산에 대한 저항으로 일어났으며 이후 장식예술과 디자인에 많은 영향을 미쳤다. 덩굴과 꽃, 잎 같은 자연물이 우아하게 대칭을 이루며 소용돌이치는 듯한 문양이 대표적이다.

에서 작가 G. C. 게지G. C. Gedge는 빅토리아 시대 소녀들의 딜레마를 탐색한다. 이야기는 "사촌 메리에게, 나는 해바라기야"라고 쓴 편지로 시작한다. 이 편지를 쓴 젊은 여성은 도시의 환한 흥분에서 떨어져나와 시골에서 은둔 생활을 하게 된 자신의 처지를 한탄한다. 종교책자협회에서 출판한 이 책에서 편지를 받은 메리가 자기 사촌 같은 소녀들은 어쩌면 세속적 쾌락의 '태양'을 숭배할지 몰라도 자신은 아주 다른 이유로 해바라기 같은 삶을 살겠다고 결심하기까지는 그리 오래 걸리지 않는다. 메리에게 해바라기는 "하느님과 눈을 맞추며 살아가는 기독교인"을 뜻한다. 교훈은 분명하다. 해바라기에 공감하는 것은 올바른 길을 따라가는 것을 뜻한다. 물론 메리의 사촌처럼 도시의 불빛을 마음속으로 좋아하는 독자도 있겠지만 말이다.

기독교 신앙인들에게 태양을 따라가는 꽃은 복종과 종교적 헌신을 뜻했다. 한편 우울하거나 장래를 비관하는 사람에게는 가망이 없거나, 대상을 잘못 택한 헌신을 뜻했다. 더 물질적인 것에 가치를 두는 사람에게는 부와 지위를 연상시켰다. 이런 꽃들은 전통이 기이하게 섞이도록 영감을 주기도 하고 몇몇 다른 요소들을 아우르기도 하는 법이다. 신 같은 동시에 신의 추종자이기도 한, 크고 둥근 얼굴의 이 위풍당당한 식물에 대해서 상당히 상반된 해석이 열려 있었다.

유럽에서 재배된 최초의 해바라기는 마드리드의 왕립식물원에서 한자리를 당당히 차지했던 것으로 유명하다. 해바라기는 신세계의 경이로움이자 펠리페 왕의 당당한 지위의 상징이었다. 스페인 정복자들은 중앙아메리카에서 무럭무럭 자라는 해바라기를 우연히 마주쳤을 때 꽃마저 금빛인 땅에 경탄했다. 이 꽃들이 얼마나 경이로웠는지 그 씨앗을 주머니에 채워 스페인으로 들고 왔고 해바라기는 빠른 속도로 자라나서 다른 모든 반짝이는 전리품들과 어깨를 나란히 했다. 해바라기는 놀라운 키와 색깔, 습성 때문에 위엄 있는 분위기를 풍겼고, 한 번도 이런 꽃을 본 적이 없는 사람들을 경탄케 했다. 강렬한 태양빛을 발하는 왕관을 쓴 머리는 왕처럼 신성함이 가득한 듯 보였다.

뛰어난 플랑드르 화가 안토니 반 다이크Anthony Van Dyck는 찰스 1세의 우아한 초상화로 유명하다. 후원자였던 찰스 1세는 왕실 초상화를 더 많이, 더 크게, 더 웅장하게 그리도록 끊임없이 요구했던 것처럼 보인다. 반 다이크가 다른 것을 그릴 시간이 있었다는 사실이 놀라울 정도다. 왕립 아카데미가 최근에 다시 모은 찰스 1세의 놀라운 미술 소장품에는 반 다이크의 자화상이 두 점 있는데, 각각 해바라기가 하나씩 등장한다. 먼저 그린 1632년 초상화에서 화가는 자기 머리만큼 숱이 많은 금색 꽃잎을 두른 웅장한 해바라기 옆에서 포즈를 잡았다. 한 손으로는 자기 자신을, 다른 손으로는 꽃을 가리키고 있는 모습이 마치 경건한 기독교 신앙과 왕에 대한 충성을 상징하는 그 꽃과 자신을 동일시하는 것처

안토니 반 다이크, 〈해바라기가 있는 자화상〉, 1632~33.

럼 보인다. 새로 임명된 궁정 화가에게는 아주 적합한 그림일 것이다. 그렇다 해도 화가의 조금 비밀스러운 표정에는 그 이미지가 보기보다 더 복잡할 수 있음을 암시하는 뭔가가 있다. 어쩌면 영국에서 비교적 드문 식물이던 그 해바라기는 왕실 정원에서 슬쩍 가져온 것이 아닐까? 아니면 그는 자신의 새로운 역할에 대해 어떤 염려가 있었던 게 아닐까? 큼직한 해바라기는 그의 얼굴 바로 옆에, 거울처럼 서 있다. 거울은 물론 자화상에 필요한 물건이지만 또한 허영의 상징으로 여겨지기도 한다. 같은 해 왕실이 주문한 〈대작The Greate Peece〉* 의 어마어마한 규모로 보건대 반 다이크는 찰스 1세의 자기 집착을 만족시키는 일에 그다지 마음이 내키지 않았을지 모른다. 하지만 어쩌면 점점 커지는 자신의 자만심에 대한 불안감 같은 것도 있지 않았을까? 자화상의 노란 해바라기 때문에 화가의 목에 걸린 금줄이 더 두드러진다. 이 그림을 그리기 이전에 찰스 1세가 그를 기사로 임명하면서 선물한 것이었다. 이처럼 노골적인 총애와 물질적 부는 어쩌면 은밀한 속박의 표시였을 것이다. 이후 1640년에 그린 자화상에서 귀신에 홀린 듯 캔버스 밖을 응시하는 화가의 얼굴은 불안으로 주름이 져 있다. 화가의 포즈는 첫번째 자화상과 거의 같지만 해바라기는 그림에서 물러나 그림을 동그랗게 감싸는 도금 액자틀의 일부로 화가의 위에서 빛을 내뿜고 있다. 그는 더 이상 해바라기를 잡고 있지 않지만 해바라기에 휩싸여 있다. 이 자화상을 완성한 1년 뒤 찰스 1세가 스코틀랜드의 적들과 전쟁을 시작했을 때 반 다이크는 마흔의 나이에 세상을 떠났다. 그가 그토록 여러 번 그림으로 그렸던 군주의 마지막 운명을 목격하기에는 너무 이른 죽음이었다.

베르사유의 넓은 지붕에는 반짝이는 해바라기 바구니와 왕관이 번갈아 장식되어 아폴론의 광선을 루이 14세의 웅장한 궁전으로 끌어들이고 있다. 스카이라인을 배경으로 윤곽을 드러내며 땅

* 찰스 1세와 헨리에타 마리아 왕비, 두 자녀를 그린 대형 초상화.

에서는 거의 보이지 않는 이 금빛 형상들을 보면 세상에서 가장 키 큰 해바라기를 키우려는 시도들이 다소 부질없어 보인다. 르 투르느솔*Le tournesol*(해바라기)은 태양왕을 위한 명백한 모티브였다. 그의 방대한 소장품에 있는, 이를테면 라파엘로의 빼어난 〈카스틸리오네 초상화〉 같은 훌륭한 그림들 몇몇은 세심하게 조각한 해바라기들로 장식되어 있다. 1715년 루이 14세가 사망한 뒤에도 오래도록 프랑스의 장인들은 해바라기를 왕실과 시간의 흐름을 나타내는 상징으로 사용하며 뱅센 도자기 시계 같은 비범한 작품들을 창조했다. 꽃병으로 착각하기 쉬운 이 작품은 도자기 꽃들 한복판의 금빛 해바라기 안에 동으로 만든 시계 문자판이 들어 있다. 나폴레옹의 패배로 마침내 지위—와 왕실 소장품—를 든든하게 만든 뒤 1819년 섭정왕자*는 이 해바라기 시계가 영국으로 건너오는 것을 흡족하게 여기며 환영했다. 그로부터 30년 전인 1789년, 프랑스 군주제를 단두대로 보낸 혁명이 시작된 해에 위대한 네덜란드의 꽃 화가 파울 테오도르 판 브뤼설Paul Theodor van Brussel은 그의 수많은 〈화병에 담긴 꽃들〉 그림 가운데 하나에 해바라기를 포함시켰다. 이 그림에서 해바라기는 줄기가 부러진 채 꽃꽂이에서 고개를 떨군 모습이다.

날마다 일어나는 해바라기의 회전은 시간의 영원한 움직임과

* 조지 4세가 즉위하기 전인 1811년부터 1820년까지 조지 3세를 대신해 섭정을 펼치던 시기에 그를 부르던 호칭.

운명의 바퀴를 떠올리게 한다. 윌리엄 블레이크William Blake의 《경험의 노래*Songs of Experience*》에 실린 시 하나는 이렇게 시작한다. "아! 해바라기, 시간에 지쳐 / 태양의 걸음을 세는구나." 이 수수께끼 같은 시에는 기독교 신앙과 고대 신화 속 갈망, 똑딱이는 시계에 관련된 전통들이 뒤섞여 있다. 블레이크의 가여운 해바라기는 끊임없는 갈망으로 이제 지쳐버린 충실한 숭배자이다. 시에서 "욕망으로 시든" 젊은이와 "눈빛 수의를 걸친 창백한 처녀"는 각자 무덤으로 간다. 그들이 무덤에서 "일어나서" "열망한다"는 구절이 있지만, 이 표현이 구원의 길로 향하는 기독교인의 영혼을 암시하는지, 잘못된 생각으로 육욕을 부정하고 불만족스럽게 죽은 사람들을 가리키는지는 확실치 않다. 해바라기가 유럽에 도착한 이후 이 꽃이 등장하도록 수정된 클뤼티에에 대한 고전 신화가 어쩌면 블레이크가 그린 해바라기의 양면성에 영향을 미쳤는지 모른다. 해바라기는 가끔 종교적 상징으로 묘지에 심겨 죽음의 어둠 위를 밝히는 빛을 약속하지만, 삶의 덧없음을 상기시키며 '카르페 디엠carpe diem(현재를 즐기라)'을 대신하기도 한다. 일반적인 해바라기는 보통 1년생이다. 가을에 시들었다가 씨앗이 비옥한 땅에 떨어졌을 때만 다시 솟아난다.

무덤에 자라는 해바라기의 모습은 홀로코스트 생존자인 사이먼 비젠탈Simon Wiesenthal에게 무척 어두운 의미를 지녔다. 전쟁이 끝난 뒤 해바라기를 볼 때면 집단 수용소에서 보낸 비참한 여러 달을 떠올렸다. 수용소에서 그는 독일군 묘지 위로 해바라기들이 "행진을 하는 병사처럼 곧은 자세로" 삐죽 솟아 있는 모습을 보았다. 비젠탈은 처형된 자신의 동족에게 가해진 잔학행위와는 대조적으로, 해바라기로 환하게 밝혀 경의를 표하는 죽은 나치들의 무덤에 분개했다. 금발의 해바라기는 그의 마음속에서 어느 독일 병사에 대한 기억과 뗄 수 없는 것이 되었다. 그 독일 병사는 죽어가면서 자신의 반유대주의 잔학행위를 용서해주길 빌었다. 비젠탈의 끔찍한 기억은 독일인 병사의 임종 고백과 환하게 빛나던 해바라기, 용서를 해줄 수 없었던 그 자신의 무능력에 대한 증오로 더 끔찍해졌다.

해바라기는 어두운 생각을 하기 쉬운 사람들에게 더 밝은 관점을 제공하기도 한다. 1888년 2월 빈센트 반 고흐Vincent Van Gogh가 파리를 떠나 프로방스로 갔을 때 그는 진노랑으로 빛나는 세상을 발견했다. 광활한 해바라기 들판이 프랑스 중부와 남부 곳곳에, 오늘날의 모습 그대로 물결치는 거친 금색 담요같이 펼쳐져 있었다. 반 고흐는 선명한 색상에 신이 나서 흰 꽃이 피는 과수원과 적갈색 오두막 지붕, 청록색 강, 진홍색 양귀비를 그렸다. 금색 해바라기는 아무리 그려도 질리지 않았다. 그는 남프랑스에 예술가들의 정착촌을 만들길 꿈꾸었고 고갱 같은 친구들이 그와 합류해서 지중해의 햇살 아래 캔버스와 색의 경계를 더 밀어붙이기를 바랐다. 고갱을 환영하기 위해 반 고흐는 '파랑과 노랑의 교향악'

반 고흐, 〈해바라기〉, 1888.

을 창조할 계획으로 작업실을 '큼직한 해바라기들'만으로 장식하려 했다. 캔버스가 하나씩 하나씩 오렌지색, 크롬 황색, 암갈색으로 입혀졌다. 반 고흐는 해바라기가 얼마나 빨리 시들어버리는지 잘 알았기 때문에 다급했다. 광기 어린 창작으로 기진맥진해진 고흐는 그를 해바라기의 화가로 그린 고갱의 초상화가 자신을 미친 사람으로 묘사했다고 생각해 화가 났고 면도날로 고갱을 위협했다. 나중에 그는 자신의 귀를 잘랐다. 반 고흐는 1888년 9월까지 해바라기 그림 네 점을 완성했고 2년 뒤에 세상을 떠나기 전에 추가로 몇 점을 더 작업했다. 동생 테오에게 보내는 편지에서 "그림들이 꽃처럼 시든다"고 슬프게 말하긴 했지만 그의 〈해바라기〉 연작은 오늘날 가장 많이 사랑받고 가장 높이 평가되는 그림에 속한다. 1987년 이 연작에 속하는 그림 한 점이 그때까지의 모든 예술 경매 기록을 깨며 거의 4천만 달러에 팔렸다. 요즘 우리는 이 엄청나게 값비싼 해바라기가 찍힌 티셔츠와 펜, 커피 세트, 안경집을 살 수 있다.

반 고흐에게 영감을 준 풍경을 보려고 프로방스로 순례를 떠난 사람들에게 해바라기의 색깔은 그의 때 이른 죽음 때문에 더 강렬해 보일 수 있다. 그러나 지금도 그 자리에 있는 광활한 금빛 들판은 그 유명한 화가를 위한 것만은 아니다. 해바라기는 러시아나 중국, 아르헨티나, 인도에서처럼 프랑스에서도 씨앗의 금빛 기름과 풍부한 영양 때문에 재배된다. 전세계적으로 기후가 적당하고 관개시설이 잘 정비된 곳에서는 이 눈부시고 들쑥날쑥한 머리의 태양들이 수천 그루씩 잘 자란다. 검정과 하양 줄무늬가 있는 뾰족한 고열량 씨앗은 날것으로 먹거나 염장하거나 구워 먹을 수 있다. 과자로 구울 수도 있고 아침 시리얼에 섞거나 샐러드 위에 뿌리거나 으깨서 빵과 케이크를 만들 때 쓸 수도 있다. 독일에서는 해바라기씨와 호밀로 구운 특별한 종류의 호밀빵—조넨블루멘케른브로트sonnenblumenkernbrot—이 꽤나 맛있다. 으깬 검정 씨앗에서 나온 기름은 비타민과 미네랄이 가득하며 그 자체로 요리에 꼭 필요하다. 해바라기씨유를 올리브유의 가난한 친척쯤으로 여기는 주방도 있긴 하지만 이 기름은 가격이 덜 비싸면서 더 널리 구할 수 있고 초콜릿 퍼지 케이크의 맛을 내는 데 요긴하다. 해바라기씨유는 디자인팀과 마케팅팀의 일손도 덜어준다. 과자의 상표나 포장에 꽃만 그려넣어도 그 화사한 노란색이 눈길을 끌기 때문이다.

해바라기씨유가 중요하게 여겨지며 생산되기 시작한 것은 1930년대이다. 어느 정도는 스페인 내전으로 인한 결과이고, 내전이 올리브유 교역에 미친 영향 때문이었다. 1970년대가 되자 동물지방과 콜레스테롤에 대한 건강 걱정 때문에 해바라기 마가린 생산이 치솟았다. 세계 최대의 해바라기씨유 생산국은 우크라이나로, 해바라기가 여러 해 동안 주요 작물이었다. 표트르 1세의 많은 유산 가운데 하나가 동유럽에 대규모 해바라기 재배를 시작한 것이다. 해바라기의 원산지로 여겨지는 미국은 세계 해바라기씨 산업에서 8위를 차지할 뿐이다. 해바라기 한 송이는 씨를 2천 개나 생산할 수 있기 때문에 작은 투자로도 고수익을 올릴 수 있는 작물이다. 세계에서 가장 가난한 나라들에 속하는 아프리카의 부룬디에서는 새로운 해바라기 농업 프로젝트가 더 안정된 미래를 창조하도록 돕고 있다. 해바라기씨는 대단히 영양가 높은 식량을 제공하며 노란색 꽃은 섬유 염색에 쓸 수 있다. 요즘에는 해바라기씨유가 바이오연료로 개발되고 있으므로 미래를 내다봤을 때 해바라기 재배에는 진정한 가능성이 있다. 해바라기씨유가 화석 연료를 대체할 진정한 재생가능 에너지가 된다면 세상은 노란 거인 꽃들의 들판으로 가득할 테고 유정油井은 어느 날 쓸모없는 유물이 될지도 모른다.

양귀비

Poppies

클로드 모네Claude Monet의 유명한 그림 〈양귀비 들판Les Coquelicots〉에는 눈부신 햇살 속에서 허리 높이까지 자란 진홍색 양귀비 들판을 우아하게 걸어가는 사람들이 있다. 작은 소년은 산비탈 아래쪽 길게 자란 풀 위로 거의 보이지 않는데, 오른손에는 붉은 양귀비 다발을 들고 있다. 양귀비는 소년의 밀짚모자에 두른 띠만큼이나 붉다. 길게 자란 풀의 초록빛 속에서 진홍색이 두드러지는 것처럼 멀리 오렌지색 둥근기와 지붕이 파란 하늘을 배경으로 돋보인다. 보색과 빛으로 표현한 자연의 조화이자, 평범한 날의 특별함을 찬미하는 그림이다. 개양귀비field poppy, 파파베르로에아스*Papaver rhoeas*는 흔한 양귀비로도 불리는데 모네가 살며 작업했던 프랑스의 탁 트인 들판에서 야생으로 자란다. 영국에

클로드 모네, 〈양귀비 들판〉, 1873.

서 흔히 볼 수 있고, 유럽 곳곳에서, 멀리 중동과 북아프리카에서도 볼 수 있다. 아이들은 이 환한 여름 꽃에 특별한 매력을 느낀다. 가느다란 줄기에 무겁게 매달려 점점 부풀어오르는, 호기심을 자극하는 털 달린 주머니의 비밀을 발견했을 때 말이다. 작은 손가락으로 주머니를 벗겨 열면 초록 주머니에서 빨간 속치마가 한 겹씩 풀려 드러난다. 건드리지 않고 가만히 놔두면 봉오리들은 완벽하게 동그란 컵 모양으로 하나씩 벌어지다가 유리처럼 투명한 옅은 진홍색 꽃잎이 한 쌍씩 짝을 이루며 넓은 십자가형으로 완전히 펼쳐진다. 가느다란 음영선이 그어진 환한 선홍색의 가늘고 기다란 줄무늬들은 꽃의 가운데에 이를수록 화려한 진홍색이 되다가 연초록 씨방과 노랑머리 수술대 밑으로 사라진다. 꽃잎을 모으고 시든 양귀비꽃은 몇 시간 안에 색이 어두워지며 쪼그라든다. 그리고 완벽한 꽃잎 형태를 잃고는 철사 같은 줄기 꼭대기에 말라서 응고된 피 얼룩처럼 형태 없이 걸린다.

존 러스킨에게 파파베르 로에아스는 꽃 중의 꽃으로, 햇빛처럼 숨김없고 '내부 비밀'이나 '조잡함'이 없는 꽃이었다. "비단과 불꽃"의 꽃, "천국의 제단에서 떨어진 타오르는 석탄처럼 멀리 있는 들풀 가운데에서도 눈에 띄는, 사방으로 완벽한 테두리를 지닌 진홍 컵" 같은 이 꽃에는 '평범한' 것이라곤 없었다. 이처럼 흠 없는 완벽함은 데생 화가에 적지 않은 도전을 안겨주지만 양귀비는 순수한 빨간색과 여름 몇 달 동안 갑자기 어디에나 보이는 특성 때문에 즉흥적인 인상주의 그림의 완벽한 소재였다. 반 고흐는 양귀비꽃을 무대 중심과 주변에 그렸다. 그의 그림에서 양귀비는 꽃병에서 엉클어져 있거나 나비들 뒤에 서 있거나 초록 들판을 빨간 점으로 물들이고 있다. 그와 동시대를 살았던 오스트리아 화가 구스타프 클림트Gustav Klimt의 손에서 이 진홍색 원반은 초록색과 흰색, 파란색, 자주색의 형태와 패턴 가운데에서 이상한 검정색 점들과 더불어 순색pure color의 추상표현을 구성했다. 반면에 미국의 모더니스트 조지아 오키프Georgia O'Keeffe는 꽃은 가까이에서 크고 선명하게 보일 때 가장 흥미롭다고 생각했다. 그녀의 매혹적

반 고흐, 〈양귀비 들판〉, 1890.

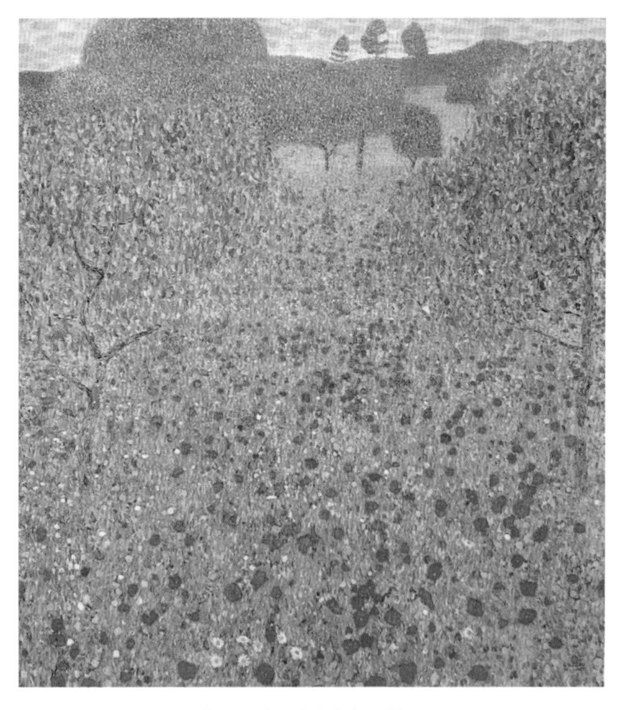

구스타프 클림트, 〈양귀비 들판〉, 1907.

인 그림들은 전통적으로 다소 조심스러운 거리에서 묘사되던 식물의 여러 부분을 확대해서 표현한다. 오키프의 〈붉은 양귀비Red Poppies〉는 광란의 1920년대가 내뿜던 모든 에너지를, 크롬 황색과 카드뮴 레드색의 꽃잎 여러 겹이 물결치며 깊고 어두운 둔덕을 둘러싸고 부풀어오르는 모습으로 표현했다.(양귀비가 갑자기 화실의 스타가 된 것은 이상한 일이지만 사실 화가들은 수십 년간 양귀비에 의존해왔다. 양귀비 씨앗에서 추출한 양귀비 기름이 물감건조제로 쓰였기 때문이다.)

오키프의 대담한 그림에 등장하는 것은 유럽의 섬세한 들꽃이 아니라 큼직한 털양귀비Oriental poppies(파파베르 오리엔탈레*Papaver orientale*)로, 두드러지게 어두운 점무늬가 가운데에 있는 선명한 빨강을 스카프처럼 두르고 있다. 거의 모든 대륙마다 자생하는 양귀비와 고유한 색깔들이 있다. 캘리포니아 양귀비Californian poppies(에스크스콜지 칼리포르니카*Eschscholzia californica*)는 폭발적인 밝은 노란색과 오렌지색, 금색으로 여름 화단을 열광시킨다. 캘리포니아의 앤털로프 밸리는 적어도 한 해에 몇 주 동안은 온통 오렌지색으로 물든다. 명랑하고, 태평하며, 솜털 달린 이 꽃들이 햇빛 환한 캘리포니아 주에 워낙 잘 어울리다보니 이들의 공식 학명이 에스토니아 외과의사 요한 프리드리히 에슈숄츠Johann Friedrich Eschscholtz에게서 유래했다는 사실을 알면 놀랄 수도 있다. 그는 1815년 러시아의 환태평양지역 탐사 여행 동안 캘리포니아 해안지대의 금빛 들판을 관찰했다. 한랭한 북부의 가혹한 환경에 자라는 양귀비는 드물지만 연노란색과 흰색, 오렌지색의 북극 양귀비Arctic poppies(파파베르 크로케움*Papaver croceum*)가 초목이 자라지 않는 바위와 나무가 자라지 않는 자갈들 틈에 피어 있는 모습을 여전히 볼 수 있다. 알프스 양귀비Alpine poppies(파파베르 알피눔*Papaver alpinum*)는 작은 양귀비로, 색은 비슷하지만 꽃이 훨씬 작다. 중동에서 유래한 훨씬 더 크고 태양을 사랑하며 가뭄 저항성이 있는 아편 양귀비opium poppies(파파베르 솜니페룸*Papaver somniferum*)는 색이 비교적 옅고 힘이 빠져 보이지만 모란처럼 하늘하늘한 분홍색이나 진보라색, 반투명한 연보라색, 파란색으로 돌연 피어날 수 있다. 심지어 가운데에 하얀 무늬가 있고 진홍 꽃잎 네 장이 달려서 '덴마크 깃발Danish flag'이라는 이름으로 불리는 품종도 있다. 요즘에는 매우 다양한 색깔과 무늬의 양귀비를 구할 수 있기 때문에 잘 계획된 화단은 국제연합 회의에서 펄럭이는 깃발들의 도열 같다. 물론 캘리포니아 양귀비는 본성으로나 습성으로나 격식을 덜 차리는 꽃이니 충만한 햇살 속에서 흔들리는 게 가장 잘 어울린다. 우리 이웃에 살던 은퇴한 조산사는 나이가 들어 더 관리하기 쉬운 거처로 이사를 가야 했을 때 방갈로를 선택했다. 방갈로 앞문 옆에 중심이 어둡고 깊은, 큼직한 빨간 털양귀비 무리가 자라고 있었기 때문이다. 그녀는 도착하자마자 새 정원 곳곳에 양귀비 씨앗을 뿌렸다. 1년쯤 지나자 주택 단지 작은 구석에서 마치 화산이 폭발해 화염과 시커먼 바위, 용암을 쏟아내는 것처럼 보였다.

프라하 근처 들판에서는 더 밝은 라일락색, 자주색, 흰색 아편 양귀비들이 재배된다. 체코공화국이 블루 포피 시드blue poppy seed*의 주요 생산국으로 세계 수요의 3분의 1을 공급하기 때문이다. 중부 유럽의 빵집들은 양귀비 씨를 많은 빵과 과자에 섞거나 뿌린다. 양귀비 씨앗 페이스트리 롤은 헝가리의 크리스마스와 폴란드의 결혼 피로연에서 대접한다. 오스트리아와 독일에서 만드는 케이크 몬쿠헨Mohnkuchen의 뚜렷한 줄무늬는 얼룩덜룩한 씨앗을 우유와 꿀, 세몰리나**와 섞어서 만든 거친 질감의 층 때문에 생긴다. 양귀비 씨는 인도 요리에도 관례적으로 들어가는 재료로, 감자와 함께 튀기거나 차파티 속에 넣거나 닭고기 코르마에 섞는다. 요즘 미국에서 (다소 조심스럽게) '브레드시드 포피breadseed poppy'라 불리는 아편 양귀비의 씨앗은 머핀과 팬케이크, 레몬 시드 케이크에 맛과 촉촉함, 기분 좋게 오도독거리는 느낌을 더할 뿐 아니라 요리와 샐러드 드레싱에 기존 재료를 대체할 기름의 공급원이기도 하다. 그러나 몇몇 나라에서는 중요하게 여겨지는 요리 재료가 다른 나라에서는 깊은 의혹의 대상이 되기도 한다. 운 나쁜 비행기 승객이 옷에 떨어진 양귀비 씨 몇 개를 미처 알아차리지

* 아편 양귀비 씨앗으로 헤이즐넛과 비슷한 맛이 나며 소스와 빵, 페이스트리, 샐러드 등에 쓴다.

** 작고 단단한 알갱이를 지닌 밀가루로 파스타, 푸딩 등의 재료로 쓰임.

못한 죄로 아편 검사를 통과하지 못해 체포되었다는 소식들이 있었다. 한 스위스 여행자는 런던 히스로 공항에서 롤빵을 먹었다가 재수 없게도 아랍에미리트에서 4년 형을 선고받았다. 양귀비 씨앗은 사우디아라비아와 싱가포르, 대만에서도 금지된다.

제약 산업에서 중요하게 여기는 것은 양귀비 씨앗이 아니라 꽃잎이 떨어지고 씨앗이 만들어지기 전에 남겨진 불룩한 꼬투리에 담긴 우유 같은 흰 즙이다. 아편 양귀비는 강력한 알칼로이드와 모르핀, 코데인의 원천으로서 늘 수요가 많았다. 아편 양귀비는 기원전 4천 년에 고대 메소포타미아에서 이미 경작되고 있었다. 이 식물에 사람을 나른하게 하는 특성이 있다는 것은 고대에 널리 알려져 있었다. 로마 농부들은 졸리게 하는 이 식물들을 힘든 일이 끝나는 추분 전에는 심지 말라는 충고를 들었다. 아편 양귀비의 학명 파파베르 솜니페룸은 최면 효과에서 비롯됐고 속명 아편 opium은 고대 그리스어의 오포스ὀπός(채소즙)에서, 이 식물의 귀중한 파생물 모르핀은 고대 꿈의 신 모르페우스에서 나왔다. 아편 양귀비는 고전 신화에서 오래된 잠의 신 힙노스의 동굴 옆에 풍성하게 피는 꽃이었다. 그 주변을 레테 강이 잔잔히 흐르며 잠을 부르고 망각을 일으킨다. 진한 양귀비 향이 고요함 속에 가만히 떠 있는 동안 어떤 목소리도, 부스럭거림도, 개 짖는 소리도, 새 소리도 별 하나 없는 이곳의 어둠을 흐트러뜨리지 못한다. 이 어두운 동굴에서 꿈의 신들인 모르페우스와 포베토르, 판타소스가 나와

서 침대 곁에 머물며 남모르는 두려움과 욕망의 형상과 색깔 들로 빛 없는 밤을 채운다. 힙노스의 꽃들은 워낙 강렬해서 이들의 마법 아래 깊이 잠든 이들은 다시 깨어나지 못할 수도 있다.

아편 양귀비의 말린 즙은 조심스럽게 다루면 극심한 통증과 불면증을 덜어줄 수 있었다. 존슨 박사는 생의 마지막 해에 잠자리에 들기 전 '양귀비를 복용'함으로써 힘든 증상들을 가라앉히고 아무 방해도 받지 않고 밤잠을 잘 수 있었다. 18세기 영국에서는 인도와 중동에서 수입된 아편을 의료용 팅크 형태로 널리 구할 수 있었다. 아편을 알코올과 섞어서 만든 아편 팅크나 '켄들 블랙 드롭' 같은 것들이다. 아편은 진통제로만 쓰인 것이 아니라 설사와 호흡기 질환, 기침을 치료하는 데도 추천되었다. 결국 아주 긴 전쟁이 되고만 영국-프랑스 전쟁이 1793년에 발발하자 이전부터 꾸준했던 영국산 진통제 수요가 국가적 차원으로 긴급하게 확대되었다. 이듬해 아편 양귀비 밭이 영국에서 최초로 경작에 성공했다. 뒤이어 바로 생긴 엔필드의 대규모 농장에서 사업적 재능이 있던 토머스 존스Thomas Jones는 양귀비즙을 추출하는 최고의 방법이 아이들에게 랜싯*으로 아편 꼬투리를 질러 똑똑 떨어지는 우유 같은 즙을 모으는 일을 시키는 것이라 결정했다. 이처럼 효율적인 생산에는 많은 이득이 있었다. 노동 비용과 비싼 수입품 의존을 줄일

* 양날의 끝이 뾰족한 의료용 칼.

수 있었고, 전시 해상 봉쇄에도 의료물자를 계속 공급할 수 있었다. 뿐만 아니라 이 생산 방법은 토머스 존스 씨를 무척 부유하게 만들어주었다. 그는 아동 노동자의 복지 같은 건 조금도 생각하지 않았던 듯하다. 다행히 영국에서 아편은 전면적인 가내 공업이 되지 못했는데 양귀비가 습하고 바람 부는 날씨를 싫어했기 때문이기도 했다.

인도와 중동의 아편은 약제상으로, 뒤이어 19세기에는 아편굴로 쏟아져 들어왔다. 통증과 고통을 겪을 때가 많았던 새뮤얼 테일러 콜리지는 이질 발작을 덜기 위해 처방되었던 약에 중독되었고, 그 이후 훨씬 더 큰 고통을 겪었다. 아편을 복용하여 꾼 꿈은 그의 시 〈쿠블라 칸Kubla Khan〉의 유명한 파편적 상상과 〈잠의 고통The Pains of Sleep〉에 묘사된 악마 같은 밤의 공포의 재료였다. 의료용 양귀비는 늘 두 얼굴을 지녔다. 하나는 고통으로부터의 행복한 해방을 약속하는 얼굴이고 다른 하나는 위험하도록 달콤한 중독의 얼굴이다. 단테이 게이브리얼 로세티Dante Gabriel Rossetti가 세상을 떠난 아내 엘리자베스 시덜Elizabeth Siddall에게 바친 유명한 그림이자 지금 테이트 갤러리에 있는 몽환적 느낌의 〈축복받은 베아트리체Beata Beatrix〉의 최초 작품에는 흰 양귀비가 그녀의 팔에 작은 독사처럼 놓여 있다. 그 모습은 그녀가 고통 없는 망각의 세계로 들어갔음을 나타내는 듯도 하고, 그녀를 죽인 아편 팅크를 상기시키는 듯도 하다.

단테이 게이브리얼 로세티, <축복받은 베아트리체>, 1864~1870.

콜리지의 젊은 숭배자 토머스 드 퀸시Thomas De Quincey는 견디기 힘든 치통을 완화하기 위해 소량의 아편을 샀다가 '멋진 쾌락의 심연'으로 끌려들어가고 말았다. 《어느 영국인 아편중독자의 고백*Confessions of an English Opium Eater*》에서 그는 여러 쪽에 걸쳐 양귀비에 의존한 쾌락을 묘사한 뒤 심각한 무기력과 끝없는 불안, 무시무시한 정신병적 경험 같은 '아편의 고통'을 인정했다. 약물로 인한 강렬한 정신적 혼란은 상상력이 풍부한 표현을 약속하는 동시에 부정하는 것 같았다. 시인이었을 뿐 아니라 자격을 갖춘 의사이기도 했던 존 키츠는 아편 양귀비가 일으키는 공상 효과와 진정 효과를 모두 알고 있었다. 그의 〈성 아그네스 전야The Eve of St Agnes〉에서 마들렌은 자신의 침실 벽장에 숨은 침입자를 알아차리지 못한 채 홀로 있는 방에서 옷을 벗고 "아편으로 나른한 잠의 온기가 / 그녀의 진정된 팔다리를 내리누를" 때 의식으로부터 멀리 떠내려갔다. 그의 〈가을에게To Autumn〉 부치는 시는 "양귀비 향기로 졸고 있는 / 거두다 만 이랑에서, 깊이 잠든" 가을의 깊은 고요를 묘사한다. 이 시의 양귀비는 잉글랜드 시골의 흔한 양귀비 같지만 그 '향기'에는 더 불길한 무언가가 있다. 수확하는 사람은 아직 일을 끝내지 못했고 가을이 부른 잠은 망각의 전주곡이다. 양귀비가 불러일으키는 매혹과 거부감은 《오즈의 마법사 *The Wizard of Oz*》에 선명한 색채로 표현되어 있다. 에메랄드 시티가 눈에 보이는 곳에서 도로시가 갑자기 멈춰 팔을 뻗고 하품을 하더니 쏟아지는 잠을 이기지 못해 매혹적인 진홍색 꽃 들판으로 쓰러지는 장면 말이다.

　모르핀은 현대 의학에서 여전히 가장 강력한 진통제에 속하지만 중독의 위험 때문에 신중한 감독하에서만 처방된다. 모든 진통제 가운데 가장 강한 다이어모르핀*은 드물게 쓰지만 아편 양귀비의 가장 위험하며 중독적인 부산물인 헤로인은 세계 곳곳에서 사람들의 삶을 망가뜨리고 있다. 대니 보일Danny Boyle의 유명한 영화로 많은 관객을 만난 어빙 웰시Irving Welsh의 소설 《트레인스포팅*Trainspotting*》은 대단히 창조적이지만 끔찍한, 서로 연결된 이야기들의 연작으로 현대 영국의 젊은이들에게 마약이 미치는 영향을 가감 없이 묘사한다. 언론은 세계 곳곳에서 마약과 관련된 비극들을 꾸준히 보도한다. 2017년 멕시코에서는 마약 범죄 조직들 사이의 경쟁으로 25,000건이 넘는 살인이 일어났다. 결국 전 멕시코 대통령 비센테 폭스Vicente Fox가 양귀비 재배 합법화를 요구하기에 이르렀다. 그러나 멕시코산 헤로인의 최고 시장인 미국은 합법화보다는 금지를 강조한다.

아편 양귀비 재배는 무척 수익이 높은 사업이다. 콜롬비아와 멕시코의 외진 산악지대에서 농부들은 수십 년 동안 이 세계적으로 귀중한 작물을 키워 고수익을 얻었다. 아프가니스탄에서 최근 일어난 분쟁의 중심에도 아편 양귀비가 있다. 아프가니스탄은 세계의 불법 양귀비 가운데 3분의 2가 재배되는 곳이다. 영국 군인들은 처음에 헬만드 지방의 분홍과 하양, 연자색 꽃들이 자라는 들판을 파괴했다가, 이 대단히 귀중한 작물을 둘러싼 문제들이 불거지자 파괴를 중단했다. 아프가니스탄 정부는 불법 헤로인 거래를

* 헤로인을 지칭하는 전문용어로 의학에서 외과시술에 동반되는 통증이나 암 환자의 통증 완화 등을 위한 진통제로 쓰인다.

억제하라는 다양한 압력을 받고 있지만 불안한 환경에서 살아남기 위해 씨름하는 사람들에게 적절한 정책을 찾아야 하는 복잡한 문제를 풀기가 쉽지 않다. 어쩌면 불법 마약거래 금지로 극단주의자들의 자금줄을 끊을 수는 있겠지만 전쟁으로 파괴된 지역에 널리 퍼진 고통이 더욱 심해질지도 모른다. 그리고 가난과 분노의 결합은 테러리스트 모집의 강력한 동인이 될 수 있다. 세계적인 모르핀 수요 덕택에 합법적 양귀비 재배는 전쟁을 겪고 난 국가의 잠재적 안전선이 되기도 한다. 아프가니스탄 아편 분쟁은 이 유혹적인 식물을 둘러싼 국제 분쟁의 길고 불행한 역사의 최신 에피소드일 뿐이다. 19세기 내내 영국은 중국과 대규모 무역 분쟁을 벌였고 다양하게 사용되고 지탄받았던 인도산 아편은 '아편 전쟁'이라 알려진 분쟁의 핵심 요소였다.

이처럼 골치 아프고 국제적인 이력을 지닌 아편 양귀비가 씨앗 카탈로그와 원예용품점에서 푸크시아fuchsia, 델피니움delphinium, 풀협죽도와 나란히 소개되는 모습을 보면 꽤 당황스럽다. 이를테면 왕립원예협회 웹사이트의 아편 양귀비 키우기에 대한 충고는 기이할 정도로 평범하다. "물이 잘 빠지는 토양에 대체로 하루 여섯 시간 이상 직사광선이 비추거나 살짝 그늘진 곳에서 키우기 쉽다… 가지치기는 필요하지 않지만 씨앗이 필요 없다면 시든 꽃은 잘라낸다… 대개 문제가 없지만 진딧물의 공격을 받을 수 있다." 정원은 예부터 세상의 골칫거리로부터 도망치는 안식처였지만 세상에서 가장 자극적인 식물로 꼽히는 식물을 이렇게 전파하다니 놀라운 일이다.

현대 영국 정원은 여러 대륙에서 건너온 환한 양귀비 품종들로 요란하지만, 21세기 경작 농업은 다양한 색깔을 섞는 일에 예전보다 덜 개방적인 편이다. 마담 모네와 그녀의 어린 아들이 〈양귀비 들판〉에서와 같은 스타일로 현대의 들판을 통과해갈 기회는 거의 없을 듯하다. 요즘 패션이 모자와 긴 드레스, 숄과 양산과 멀어졌기 때문만이 아니라 이 유명한 이미지는 농부들이 잡초를 성공적으로 제거하지 못하던 시대에 속하기 때문이다. 모네와 러스킨과 반 고흐의 시절에는 양귀비들이 초록이나 금빛 들판을 진홍 바다로 변신시키곤 했다. 그러나 이제 이런 자연의 무정부 상태는 더 이상 허용되지 않는다. 현대의 잘 관리된 보리밭이나 밀밭에서는 똑같은 머리들이 수염을 맞대고 서 있다. 높은 효율성으로 비료를 주고 곡물을 수확하는 거대한 농기계가 지나가도록 남겨둔 길을 제외하고 말이다. 그러나 들꽃은 풍요로운 생태 다양성을 유지하는 데 꼭 필요하며 양귀비도 예외가 아니다. 서유럽 전반에서 현재 감소하고 있는 희귀한 벌인 포피 메이슨 비poppy mason bee, 오스미아 파파베리스*Osmia papaveris*는 둥지를 짓는 데 양귀비 꽃잎이 필요하다. 이 벌은 신중하게 파낸 굴에서 진홍색 옷에 쌓인 것처럼 얼굴을 내밀곤 한다.

다행히도 흔한 양귀비 씨앗은 짓궂게 여기저기 떨어져 스스로 자라므로 들판 가장자리와 산울타리 둘레에 정착해서 티끌 하나 없는 금빛 들판을 다채로운 색상의 얼룩덜룩한 틀로 에워싼다. 요즘 재정난에 처한 지방 의회가 풀을 깎지 않고 방치한 도로변에서 건초 목초지를 향해 퍼져가기도 한다. 긴축 재정이 풍요로운 자연에게 예상치 못한 기회를 제공한 셈이다. 이처럼 깎지 않고 놔둔 도로변 풀들이 운전자의 시야에는 별 도움이 안 될지 몰라도 크게 감소한 나비와 벌을 되살리는 데는 도움이 된다. 개양귀비, 파파베르 로에아스는 꽃가루를 옮기는 곤충들에게 무척 상냥한 식물에 속한다. 무엇보다 빈약한 토양과 험한 땅에서도 잘 자라기 때문이다. 집의 전면이 뜯겨져나가고 벽지를 바른 방 구석구석이 드러나고 남아 있는 가재도구가 비바람에 노출되고 앞문 계단으로 이어지던 작은 길이 진흙탕 속으로 사라진 철거 현장에서 양귀비들은 가장 먼저 솟아나는 식물들 가운데 하나이다. 건축 부지나 버려진 농장 안마당, 어수선한 주차장, 큰 도로 건설장은 진홍 양귀비들이 점점이 피어나 번성하는 곳들이다.

그 어떤 곳도 제1차 세계대전의 플랑드르 전장만큼 어지럽지는 않을 것이다. 양귀비는 사람들이 죽은 곳에서 자라났다. 고국을 위해 복무하도록 불려간 어린 청년들은 한때 곡물밭과 과수원이던 곳에서 자라는 붉은 꽃들에 강렬한 인상을 받았다. 아이작 로젠버그Isaac Rosenberg는 〈참호의 새벽Break of Day in the Trenches〉이라는 시에서 참호 앞부분에 쌓인 흙에 자란 양귀비 한 송이를 꺾어 귀에 꽂으려고 뻗은 손 위로 쏜살같이 달려간 쥐를 묘사한다. 이 '국제적인' 쥐는 평범한 들판을 지옥 같은 황무지로 만들어버린 국가 간의 불화에도 아랑곳하지 않고 연합군과 독일군 참호를 오갈 수 있었다. 독일 소설가 에리히 마리아 레마르크Erich Maria Remarque는 1917년 아이작 로젠버그와는 반대편인 플랑드르 전선으로 파견되었다. 전쟁이 끝나고 10년이 지난 뒤 발표한 소설 《서부 전선 이상 없다*Im Westen nichts Neues*》에도 마찬가지로 쥐와 양귀비가 등장한다. 아이작 로젠버그의 시는 주변에 벌어지는 일들을 제대로 설명하지 않고 끝을 맺기는 하지만 그는 꽃을 통해 언어를 발견한다.

> 사람의 혈관에 뿌리내린 양귀비들이
> 지고, 또 진다
> 그러나 내 귀에 꽂은 내 양귀비는 안전하다
> 먼지로 조금 하얘졌을 뿐

로젠버그는 1918년 4월 1일 아라스 전투에서 28세로 사망했다. 전쟁은 일곱 달 반이 지난 뒤 결국 끝이 났다.

제1차 세계대전을 지나면서 양귀비의 의미가 더 넓어졌다. 수백만 청년들의 목숨을 빼앗은 전쟁이 끝나자 양귀비는 설명할 길 없이 짧은 삶, 고향에서 멀리 떨어진 곳에서 죽은 젊은 남자들의 이미지가 되었다. 존 루이스-스템펠John Lewis-Stempel은 자연과 제1차 세계대전을 잘 그린 《양귀비가 흩날리는 곳*Where Poppies Blow*》에서 수레국화와 데이지를 비롯해 수많은 야생화가 참호 사이에서 잘 자랐기 때문에 "양귀비가 기억의 꽃으로 떠올라야 할 절대적인 필연성은 없다"고 썼다. 그러나 개양귀비가 영국 병사들에게 특별한 의미를 지녔던 것은 분명하다. 양귀비는 전쟁이나 그들의 지도자에 대한 저항의 상징만은 아니었다. 그들 자신의 삶의 이미지, 곧 '짧고, 용감하고, 눈부신' 삶의 이미지로서도 의미를 지녔다. 하지만 돌이켜보았을 때 훨씬 분명한 점은 이 활기찬 1년생 식물이 금세 피었다 지는 것이 누구의 의지대로 되는 게 아니라는 점이다.

양귀비는 서부전선의 참호전 이전에도 여러 세기 동안 젊은 나이의 죽음과 연결되었다. 사실 시인들이 전쟁에 대해 성찰하기 시작했을 때부터 잠깐 피었다 지는 이 꽃은 너무 빨리 눈을 감은 어린 청년들과 연결되었다. 《일리아드》에서 호메로스는 젊고 아름다운 트로이 왕자 고르기티온의 죽음에 대해 쓰면서 "비에 꺾인 활짝 핀 양귀비가" 땅으로 떨어지듯 쓰러졌다고 묘사했다. 이후 시인들은 호메로스의 뒤를 망설임 없이 따라서 이 빨간 꽃의 보편적 언어를 이해하고 심화시켰다. 호메로스의 가슴 아픈 직유는 로마 시인 베르길리우스의 에우리알로스를 위한 탄식에서도 메아리친다. 젊은 전사 에우리알로스의 피로 덮인 완벽한 팔다리와 축

처진 머리는 폭우에 꺾인 양귀비를 떠오르게 했다. 고전에 익숙하든 아니든 갑작스런 비의 폭격으로 완벽한 꽃잎이 누더기가 되고 핼쑥해진 양귀비 무리를 보면 진홍색 군복의 대대가 전장에 쓰러져 있는 모습을 떠올리는 게 당연하다. 때때로 양귀비 꽃은 허물어지고 시들기 전에 꽃받침에 눈물이 가득 고인 것처럼 보이기도 한다. 양귀비는 잠과 통증 완화와 늘 연결되다보니 사별을 당한 사람들에게 더 큰 의미가 있다. 피투성이의 때 이른 죽음 앞에서 양귀비의 빨간 꽃잎이 떠오를 수도 있지만 양귀비 꽃을 보면서 고통이 사라진 방해받지 않은 잠을 떠올리며 위안을 느낄 수도 있다. 부드러운 여러 겹의 양귀비 꽃잎은 층층이 놓인 얇은 직물 같다. 활짝 펼쳐져 지친 —부상당한— 육신을 잠으로 감쌀 준비가 되어 있는 듯하다. 셰이머스 히니는 네 살에 자동차 사고로 죽은 동생 크리스토퍼에 대한 감동적인 비가에서 너무 빨리 멈춰버린 삶을 강렬히 상징하는 이 꽃을 끌어다 쓰며 아기침대 같은 관에 누워 있는 작은 소년의 관자놀이에 있던 "양귀비 같은 멍"을 회상했다.

1915년 12월 "줄줄이 서 있는 십자가들 사이 / 양귀비가 흩날리는 플랑드르 들판에서"로 시작하는 시가 〈펀치Punch〉의 크리스마스판에 발표된 이래 양귀비는 어디에서나 쓰러진 청춘의 상징으로 쓰였다. 캐나다 군의관 존 매크레이John McCrae는 2차 이에퍼르 전투*에서 전사한 전우의 죽음에 답하여 시를 썼다. 이 시는 제1차 세계대전을 소재로 한 시 가운데서 가장 인기 있었고 지금도 여전히 깊은 울림을 전한다. 파센달러 전투**를 기념하기 위해 2017년 7월 벨기에 메닌 게이트***에서 열린 기념 행사에서 영국의 영화배우 헬렌 미렌Helen Mirren이 매크레이의 시를 낭송하고 나자 자리에 모인 모든 사람들 위로 양귀비 꽃잎이 비처럼 떨어졌다. 웨스트민스터 사원의 촛불 켜진 무명용사의 묘는 1년 내내 추모의 양귀비들에 에워싸여 있고 해마다 11월이면 사람들의 옷깃과 전쟁 기념비가 양귀비 꽃으로 장식된다.**** 이런 기념 의식을 처음 추진한 사람은 미국의 인도주의 운동가 모이나 마이클Moina Michael이었다. 그는 프랑스 북부의 광활한 묘지를 보고 마음이 깊이 흔들렸고 전사자들과의 신의를 지키겠다는 매크레이의 약속을 실천하기로 다짐했다. 제1차 세계대전이 끝나자 사람들은 11월에 양귀비를 사기 시작했고 크리스마스에 양귀비로 집을 장식했다. 1921년 조지 5세가 정전 기념일에 전사자 기념비에 놓은 화

* 제1차 세계대전 동안 벨기에 플랑드르 지방의 이에퍼르에서 1915년 4월부터 5월까지 일어난 전투로 독일군이 독가스를 처음 사용하여 무수히 많은 사상자를 냈다.

** 파스샹달 전투라고 표기되기도 한다. 벨기에의 이에퍼르에서 1917년 7월부터 11월까지 벌어진 전투로 3차 이에퍼르 전투라고도 불린다. 제1차 세계대전 동안 이에퍼르에서 벌어진 다섯 번의 전투 가운데 가장 길고 처참한 참호전이 벌어진 전투로 전쟁의 광기와 무차별 살육의 대명사로 여겨진다.

*** 제1차 세계대전 도중 이에퍼르 지역에서 전사했으나 유해를 찾지 못한 영국과 영연방 병사들을 기리는 기념비로, 병사들이 전선으로 가기 위해 지나던 관문에 세워졌다.

**** 영연방 국가들이 제1차 세계대전 종전일인 11월 11일에 주로 기념하는 추모일 remembrance day은 양귀비 날poppy day이라 불리기도 한다.

관에는 플랑드르 양귀비도 들어 있었다—이후로도 줄곧 그러했다. 제1차 세계대전 이후 몇 년 동안에는 많은 여자 아기들에게 포피Poppy라는 이름이 붙여졌는데 결코 아버지가 되지 못한 사별한 아들들과 형제들, 자기 아이를 다시 보지 못할 남편들과 아버지들을 기억하는 이름이었다.

사람들은 11월에 음산하고 축축한 날씨 속에서도 계절과 어울리지 않는 양귀비를 여전히 달고 화환을 놓으며 붉은 비와 진창을 기억한다. 어쩌면 오래된 목가적 욕구가 이런 추모의례의 형식에 들어 있는 것일까? 양귀비는 피었다가 곧 흩날려가지만 이듬해면 새 꽃들이 다시, 씨를 뿌린 꽃들만큼 싱싱하게 나타난다. 세월이 흐르면서 1914년부터 1918년 사이에 죽은 병사들도 이제 평화로운 잠을 자는 게 가능해진 듯하다. 하지만 아이가 오려낸 것처럼 단순한, 이 얇고 빨간 기억의 꽃은 여전히 위로를 거부하며 삶이 영원히 이어질 것처럼 보일 때조차 사실은 들꽃처럼 연약하다고 조용히 주장한다.

유령 난초

Ghost Orchids

유령 난초는 감춰진 숲을 떠돌며 사람의 눈을 피해 어둠의 덮개 아래에서 자란다. 영국의 야생화 가운데 가장 드문 이 꽃은 어쩌면 내일 나타날 수도, 어쩌면 영영 다시 나타나지 않을 수도 있다. 헌신적으로 난초를 찾아다니는 사람들은 유령 꽃의 출현을 참을성 있게 기다린다. 당신은 한 번도 본 적이 없고 아마 결코 보지 못할 무언가의 존재를 믿을 수 있는가? 못 믿을 이유는 무엇인가? 우리는 그들이 그곳에 왔다 갔다는 것을, 소중한 며칠간 그곳 공기에 머물다 흔적 없이 사라졌다는 것을 안다. 2005년 식물학자와 환경보호 활동가 들이 추적을 포기하자, 유령 난초는 멸종되었다고 발표되었다. 그리고 몇 년 뒤 다시 발견되었다. 빛의 아주 작은 기적이었다. 그들은 준비가 되면 다시 올 것이다.

감사의 글

이 책에 실린 '수선화'와 '블루벨' '데이지' '장미' '라벤더' '해바라기' '양귀비'의 일부는 원래 2016년 9월과 2017년 11월에 처음 방송된 BBC 라디오 3의 〈에세이〉를 위해 보나 브로드캐스팅이 제작한 '꽃의 의미'에 대한 두 시리즈에 들어 있었다. 영감 넘치는 통찰과 열정으로 프로그램을 만든 프로듀서 투란 알리에게, 보나 브로드캐스팅의 에마 호럴에게, 이 두 시리즈 제작을 의뢰한 BBC 라디오 3의 매슈 도드에게 감사하다.

존 머레이 출판팀의 전문적 도움을 받을 수 있었던 것이 내게는 행운이었다. 애비게일 스크러비, 캐럴라인 웨스트모어, 힐러리 해먼드, 세라 매러피니, 레이철 사우디, 줄리엣 브라이트모어, 그리고 내 편집자 마크 리처즈에게 고마움을 전한다. 관계자 모두 무척 감사하다. 특히 책을 쓰는 과정 내내 지원을 아끼지 않은 에이트켄 알렉산더 어소시에이츠의 클레어 알렉산더에게 특별한 감사를 전한다. 중요한 순간에 현실적인 도움을 준 소머빌 칼리지의 캐런 메이슨에게도 감사를 전하고 싶다.

남편 맬컴 스파크스는 우리 부부가 운 좋게도 함께 키우고 가꾸게 된 정원에서 열심히 일해주었다. 영어판의 마지막 장에 실린 '유령 난초'의 이미지뿐 아니라 각 장 머리에 실린 꽃 그림도 그려주었다. 우리 아이들 도미닉과 레이철은 우리 정원에, 그리고 나의 정원과 들판, 강둑, 숲, 산, 해안길에서의 크고 작은 경험에 꼭 필요한 존재들이었다.

야생으로 자라든, 재배되든 아름다운 꽃을 모든 사람이 볼 수 있도록 정원을 가꾸고 개방해준 수많은 사람들과 농부들, 삼림 관리인들, 사유지 관리자들, 자선단체들, 사유지 주인들에게 우리 모두 깊이 신세를 지고 있다. 나는 특히 자연의 아름다움에 눈 뜨도록 해준 모든 작가와 화가, 시인, 음악가, 이야기꾼, 조각가들에게도 고맙다. 뿐만 아니라 꽃에 대해 우리가 깊이 이해할 수 있도록 많은 일을 한 위대한 식물 수집가들, 식물학자들, 약초학자들, 식물 과학자들, 원예사들, 환경보호 활동가들, 큐레이터들, 의료사학자들, 사서들도 고맙다.

이 책을 쓰는 데 큰 도움을 준 책과 논문, 웹사이트는 '씨앗 목록'에 밝혀두었지만 내가 빚진 모든 정원과 특별한 장소를 모두 나열하는 일은 불가능하다. 물론 그중 몇은 특정 장에서 언급하긴 했지만 말이다. 이 책은 많은 친구와 동료들에게도 빚지고 있다. 특히 맷 라슨-도, 클레어 그린힐, 마크 그리피스, 닉 그룸, 주디스 해먼드, 게이브리얼 헤머리, 앤 롱리, 리처드 마그래프 털리, 앤드루 맥닐리, 버나드 오도너휴, 크리스티나 페인, 그리고 세상을 떠난 그웬 리드와 니컬러스 로, 에드워드 윌슨에게 감사를 전한다.

이 책의 씨앗은 내 어린 시절에 심겼다. 나는 운 좋게도 꽃을 무척 중요하게 여기던 사람들에 둘러싸여 자랐다. 조부모님은 1930년대 링컨셔에 브래들리 묘목장을 시작했다. 그곳은 할머니의 형제 해리의 크고 튼튼한 집을 지으려고 준비해둔 부지였다. 그 집은 결국 짓지 못했는데 내 종조부가 영국항공대로 참전했던 전쟁에서 살아 돌아온 뒤 1924년 오토바이 사고로 돌아가셨기 때문이다. 묘목장 옆에 있던 거트루드 지킬이 디자인한 정원은 화훼 산업과 더불어 계속 번성했다. 나는 어린 시절에 꽃과 정원의 축복을 누릴 수 있도록 해준 조부모님과 대가족 구성원들에게 큰 빚을 지고 있다. 성장기의 이런 경험은 형제들인 수, 조이, 제러미와 함께 했고, 훌륭한 부모님 덕이 크다. 이 책의 머리말에서 언급했듯 우리 엄마와 꽃의 관계는 특별했다. 이 책을 엄마에게 바친다.

참고문헌

Addison, Josephine, *The Illustrated Plant Lore* (London: Sidgwick & Jackson, 1985)

Andersen, Hans, *Fairy Tales,* illustrated by Arthur Rackham (London: George C. Harrap, 1932)

Anderson, E. B., Margery Fish, A. P. Balfour, Michael Wallis and Valerie Finnis, *The Oxford Book of Garden Flowers* (London: Oxford University Press, 1964)

Anon., *Emblems and Poetry of Flowers* (London, 1847)

—, *The Island of Montserrat: Its History and Development Chiefly as regards its Lime-Tree Plantations,* 3rd edn (Carlisle, 1882)

—, *The Language of Flowers: An Alphabet of Floral Emblems* (London, 1858)

—, 'The Naturalist's Diary', *Times Telescope for 1822: Or a Complete Guide to the Almanack* (London: Sherwood, Neely & Jones, 1822)

—, *The Primrose League Handbook* (London, c. 1884)

—, *The Primrose Magazine* (1887)

—, *The Primrose Picturebook* (London: Ward Lock, n.d., c. 1877)

Arnold, Matthew; *Poetical Works,* ed. C. B. Tinker and H. E Lowry (London: Oxford University Press, 1950)

Bacon, Francis, *Essays* (London: J. M. Dent, 1906)

Barker, Cicely M., *The Book of the Flower Fairies* (London and Edinburgh: Blackie, 1927)

Bate, Jonathan, *The Song of the Earth* (London: Picador, 2000)

Bates, H. E. and Agnes Miller Parker, *Through the Woods,* 2nd edn (London: Victor Gollancz, 1969)

Bean, W J., *Trees and Shrubs Hardy in the British Isles,* 6th edn, 3 vols (London: John Murray, 1936)

Beer, Gillian, *Darwin's Plots,* rev. edn (Cambridge: Cambridge University Press, 2009)

Belvoir Fruit Farms, Elderflower, https://www.belvoirfruit-farms.co.uk/elderflower/

Bisgrove, Richard, 'The Colour of Creation: Gertrude Jekyll and the Art of Flowers', *Journal of Experimental Botany,* 64, no. 18 (2007), pp. 5783-9

Bishop, Matt, Aaron Davis and John Grimshaw, *Snowdrops: A Monograph of Cultivated Galanthus* (Maidenhead: Griffin Press, 2001)

Blunt, Wilfrid, *The Art of Botanical Illustration* (London: Collins, 1950)

—, *The Compleat Naturalist: A Life of Linnaeus,* 3rd edn (London: Frances Lincoln, 2002)

Brickell, Christopher (ed.), *The Royal Horticultural Society A—Z Encyclopedia of Garden Plants* (London: Dorling Kindersley, 1996)

Brown, Terence, *The Life of W. B. Yeats* (Oxford: Blackwell, 1999)

Burnett, Frances Hodgson, *The Secret Garden,* illustrated by Charles Robinson (London: Heinemann, 1911)

Burns, Robert, *The Poems and Songs of Robert Burns,* ed. James Kinsley, 3 vols (Oxford: Clarendon Press, 1968)

Campbell-Culver, Maggie, *The Origin of Plants* (London: Headline, 2001)

—, *A Passion for Trees: The Legacy of John Evelyn* (London: Eden Project Books, 2006)

Carroll, Lewis, *Alice in Wonderland* (London: Macmillan, 1865)

Carson, Ciaran, *Fishing for Amber* (London: Granta, 2000)
Chambers, Robert, *Popular Rhymes of Scotland* (Edinburgh, 1843)
Chaucer, Geoffrey, *The Complete Works of Geoffrey Chaucer,* ed. F. N. Robinson, 2nd edn (London: Oxford University Press, 1966)
Clare, John, *The Natural History Prose Writings,* ed. Margaret Grainger (Oxford: Clarendon Press, 1983)
—, *By Himself,* ed. Eric Robinson and David Powell (Manchester: Carcanet, 1996)
—, *The Poems of the Middle Period 1822—1837,* ed. Eric Robinson, David Powell and P. M. S. Dawson, 5 vols (Oxford: Clarendon Press, 1996; 1998; 2003)
Clarke, Gillian, 'Miracle on St David's Day' http://www.gillianclarke.co.uk/gc2017/miracle-on-st-davids-day/
Clifford, Sue and Angela King, *England in Particular* (London: Hodder & Stoughton, 2006)
Coleridge, S. T., *The Complete Poetical Works,* ed. E. H. Coleridge, 2 vols (Oxford: Clarendon Press, 1912)
Common Ground, https://www.commonground.org.uk
Coombes, Allen J., *The Book of Leaves,* ed. Zsolt Debreczy (London, Sydney, Cape Town, Auckland: New Holland, 2011)
Cornish, Vaughan, *Historic Thorn Trees of the British Isles* (London: Country Life, 1941)
Cowper, William, *The Poems of William Cowper,* ed. John D. Baird and Charles Ryskamp, 3 vols (Oxford: Clarendon Press, 1980-95)
Crane, Walter, *Flora's Feast* (London: Cassell, 1889)
—, *Flowers from Shakespeare's Garden* (London: Cassell, 1906)
Crawford, J. H., *Wild Flowers of Scotland* (Edinburgh: John MacQueen, 1897)
Crichton Smith, Iain, *New Collected Poems,* rev. edn (Manchester: Carcanet, 2011)
Culpeper, Nicholas, *The Complete Herbal* (London, 1653)
—, *Culpeper's Complete Herbal and English Physician* (Manchester, 1826)
Daffseek - Daffodil Database, https://daffseek.org/

Daniels, Stephen, *Humphry Repton* (New Haven, CT and London: Yale University Press, 1999)

Darwin, Charles, *On the Origin of Species,* ed. J. W. Burrow (Harmondsworth: Penguin, 1968)

-—, *Autobiographies,* ed. M. Neve and S. Messenger (London: Penguin, 2002)

Darwin, Erasmus, *The Botanic Garden* (London, 1791)

David Austin Rose Nursery, https://www.davidaustinroses.co.uk/

Davidson, Alan, *The Oxford Companion to Food,* 2nd edn (Oxford: Oxford University Press, 2006)

De Almeida, Hermione, *Romantic Medicine and John Keats* (New York and Oxford: Oxford University Press, 1991)

De Navarre, Marguerite, *The Heptameron,* tr. P. A. Chilton (Harmondsworth: Penguin, 1984)

Devon Biodiversity and Action Plan, *Primrose* (Devon County Council, May 2009), http: //www.devon.gov.uk/dbap-plants-primrose.pdf

Dick, S. and Helen Allingham, *The Cottage Homes of England* (London: Edward Arnold, 1909)

Dickens, Charles, *Sketches by Boz,* ed. D. Walder (London: Penguin, 1995)

Drinkwater, John, *Inheritance* (London: Ernest Benn, 1931)

Dumas, Ann and William Robinson, *Painting the Modern Garden: Monet to Matisse* (London: BNY Mellon and Royal Academy of Arts, 2016)

Eco, Umberto, *The Name of the Rose,* tr. William Weaver, Richard Dixon, rev. edn (London: Vintage, 2014)

Edlin, H. L., *Collins Guide to Tree Planting and Cultivation* (London: Collins, 1970)

Eliot, T. S., *Four Quartets* (London: Faber, 1944)

Evelyn, John, *Sylva* (London, 1664)

—, *Silva,* edited with additional notes by A. Hunter (London, 1776)

Festing, Sally, *The Story of Lavender,* 3rd edn (London: Heritage House, 2009)

Frost, Robert, *The Collected Poems of Robert Frost,* ed. Edward Connery

Lathem (London: Vintage, 2001)
Galloway, Peter, *The Order of the Thistle* (London: Spink, 2009)
Gayford, Martin, *A Bigger Message: Conversations with David Hockney* (London: Thames & Hudson, 2011)
Gedge, G. C., *Sunflowers* (London: Religious Tract Society, 1884)
Gerard, John, *The Herball or Generali Historie of Plants* (London: 1597)
—, *Gerard's Herball,* ed. Thomas Johnson (London: 1633)
Gilpin, William, *Remarks on Forest Scenery,* 2 vols (London, 1791)
Goellnicht, Donald C., *The Poet-Physician: Keats and Medical Science* (Pittsburgh, PA: University of Pittsburgh Press, 1984)
Goody, Jack, *The Culture of Flowers* (Cambridge: Cambridge University Press, 1993)
Gordon, R. and S. Eddison, *Monet the Gardener* (New York: Universe, 2002)
Grahame, Kenneth, *The Wind in the Willows,* illustrated by E. H. Shepherd (London: Frederick Warne, 1931)
Graves, Robert, *The White Goddess* (London: Faber, 1948)
Greenaway, Kate, *Language of Flowers* (London: Routledge, 1884)
Grieve, M., *A Modern Herbal,* ed. C. F. Leyel, rev. edn (London: Jonathan Cape, 1973)
Griffiths, Mark and Edward Wilson, 'Sweet Musk Roses: Botany and Lexis in Shakespeare', *Notes & Queries,* 263, n.s. 65 (2018), pp. 53-67
Grigson, Geoffrey, *The Englishman's Flora* (London: Phoenix House, 1955)
Groom, Nick, *The Seasons* (London: Atlanta, 2013)
Hadfield, Miles, *British Trees* (London: J. M. Dent, 1957)
Hales, Gordon (ed.), *Narcissus and Daffodil, The Genus Narcissus* (London and New York: Taylor & Francis, 2002)
Hall, James, *Dictionary of Subjects and Symbols in Art* (London: John Murray, 1974)
Hamilton, Geoff, *Cottage Gardens* (London: BBC Books, 1995)
Harkness Roses, https://www.roses.co.uk/
Harland, Gail, *Snowdrop* (London: Reaktion, 2016)

Harrison, Lorraine, RHS *Latin for Gardeners* (London: Mitchell Beazley, 2012)
Harvey, John, 'Gilliflower and Carnation', *Garden History,* 6, no. I (1978), pp. 46-57
—, *Medieval Gardens* (London: Batsford, 1981)
Heaney, Seamus, *Death of a Naturalist* (London: Faber, 1969)
—, *Opened Ground: Poems 1966-1996* (London: Faber, 2000)
Hemery, Gabriel and Sarah Simblet, *The New Sylva* (London: Bloomsbury, 2014)
Herrick, Robert, *The Complete Poems,* ed. T. Cain and R.
Connolly, 2 vols (Oxford: Oxford University Press, 2013)
Hessayon, D. G., *The Flower Expert* (London: Expert, 1999)
Hockney, David, *A Bigger Picture* (London: Royal Academy of Arts, 2012)
Hopkins, G. M., *The Poems of Gerard Manley Hopkins,* ed. W H. Gardner and N. Mackenzie, 4th edn (Oxford: Oxford University Press, 1970)
—, *The Collected Works of Gerard Manley Hopkins,* vols I and II: *Correspondence,* ed. R. K. Thornton and Catherine
Phillips; vol. Ill, *Diaries, Journals and Notebooks,* ed. Lesley
Higgins (Oxford: Oxford University Press, 2006; 2015)
Housman, A. E., *The Collected Poems,* rev. edn (London: Jonathan Cape, 1960)
Howkins, Chris, *The Elder: Mother Tree of Folklore* (Addleston: privately printed, 1996)
Hughes, Ted, *Collected Poems* (London: Faber, 2003)
Impelluso, Lucia, *Nature and Its Symbols,* tr. Stephen Sartarelli (Los Angeles: J. Paul Getty Museum, 2004)
Ingram, David, *The Gardens at Brantwood* (London: Pallas Athene and Ruskin Foundation, 2014)
Ivybridge Heritage, Primroses from Devon, http://ivybridge-heritage.org/primroses-from-devon/
Jekyll, Gertrude and Lawrence Weaver, *Gardens for Small Country Houses,* 3rd edn (London: Country Life, 1914)
Jellicoe, G., S. Patrick Goode and Michael Lancaster, *The Oxford*

Companion to Gardens (Oxford: Oxford University Press, 1986)
Johnson, David K., *The Lavender Scare* (Chicago: University of Chicago Press, 2004)
Johnson, Hugh, *Trees,* rev. edn (London: Mitchell Beazley, 2010)
Jumbalaya, Johnny, *The Essential Nettle, Dandelion, Chickweed and Thistle Cookbook* (London: J. Jumbalaya, 2003)
Keats, John, *The Poems of John Keats,* ed. Jack Stillinger (London: Heinemann, 1978)
—, *The Complete Poems,* 3rd edn (Harmondsworth: Penguin, 1988)
Kelly, Theresa M., *Clandestine Marriage* (Baltimore. MD: Johns Hopkins University Press, 2012)
Kiftsgate Court, Kiftsgate Rose, http://www.kiftsgate.co.uk
Kilvert, Francis, *Kilvert's Diary 1870-1879,* ed. William Plomer (London: Jonathan Cape, 1944)
Krikler, Dennis M., 'The Foxglove, "The Old Woman from Shropshire" and William Withering', *Journal of the American College of Cardiology,* 5, no. 5 (1985), pp. 3A—9A
Lewis-Stempel, John, *Where Poppies Blow* (London: Weidenfeld & Nicolson, 2016)
Linné, Carl von (Linnaeus), *Elements of Botany . . . being a translation of Philosophia Botanica* (London, 1775)
Lis-Balchin, Maria (ed.), *Lavender: The Genus* Lavandula (New York: Taylor & Francis, 2002)
London Medical and Physical Journal, 35 (1816)
Longley, Michael, *Collected Poems* (London: Jonathan Cape, 2006)
Loudon, J. C., *Observations on the Formation and Management of Useful and Ornamental Plantations* (Edinburgh, 1804)
—, *Arboretum et fruticetum britannicum,* 8 vols (London, 1838)
—, *In Search of English Gardens: The Travels of John Claudius Loudon and his Wife, Jane,* ed. Priscilla Boniface (London: Lennard Books, 1988)
—, Loudon, Jane, *The Ladies' Flower-Garden of Ornamental Annuals* (London: William Smith, 1840)

Mabey, Richard, *Plants with a Purpose* (London: Collins, 1977)
—, *Gilbert White* (London: Century Hutchinson, 1986)
—, *Flora Britannica* (London: Sinclair-Stevenson, 1996)
—, *Nature Cure* (London: Pimlico, 2006)
—, *Weeds* (London: Profile, 2010)
—, *The Cabaret of Plants* (London: Profile, 2015)
McCarthy, Michael, *The Moth Snowstorm* (London: John Murray, 2015)
McCracken, David, *Wordsworth and the Lake District* (Oxford: Oxford University Press, 1985)
McNeill, F. Marian, *The Silver Bough* (Edinburgh: Canongate, 1989)
McNeillie, Andrew, *Now, Then* (Manchester: Carcanet, 2002)
Mahood, Molly, *The Poet as Botanist* (Cambridge: Cambridge University Press, 2008)
Mancoff, Debra, *Sunflowers* (London and New York: Thames & Hudson, 2001)
Marder, Michael, *Plant Thinking* (New York: Columbia University Press, 2013)
—, *The Philosopher's Plant: An Intellectual Herbarium* (New York: Columbia University Press, 2014)
Martin, Martin, *A Description of the Western Islands of Scotland,* 2nd edn (London, 1716)
Martin, W. Keble and G. T. D. Fraser, *Flora of Devon* (Arbroath: Association for the Advancement of Science, Literature and Art, 1939)
Marvell, Andrew, *The Poems of Andrew Marvell,* ed. Nigel Smith (London: Routledge, 2006)
Massie, Allan, *The Thistle and the Rose* (London: John Murray, 2005)
Miles, Archie, *A Walk in the Woods* (London: Frances Lincoln, 2009)
Miller, Andrew, *Snowdrops* (London: Atlantic, 2011)
Mills, A. D., *A Dictionary of British Place Names,* rev. edn (Oxford: Oxford University Press, 2011)
Mills, Christopher, *The Botanical Treasury* (London: André Deutsch, 2016)

Milton, John, *The Complete Poems*, ed. J. Carey and A. Fowler, 2nd edn (London: Longman, 1998)
Mitford, Mary Russell, *Our Village* (London: Macmillan, 1893)
Moore, Anne Carroll, *The Art of Beatrix Potter*, rev. edn (London and New York: Frederick Warne, 1972)
Morris, Janine, *Primula Scotica Survey 2007—8* (Caithness: Scottish National Heritage Report no. 312)
Morris, William, *The Collected Works of William Morris*, 24 vols (Cambridge: Cambridge University Press, 2012)
—, *The Defence of Guenevere, and Other Poems*, William Morris Archive, http://morrisedition.lib.uiowa.edu/Poetry/Defence_of_Guenevere/defencenotes.html
National Rose Society, *The Rose Annual* (1960)
Newlyn, Lucy, *William & Dorothy Wordsworth: All in Each Other* (Oxford: Oxford University Press, 2013)
Opie, Iona and Peter (eds), *The Oxford Dictionary of Nursery Rhymes* (London: Oxford University Press, 1951)
O'Reilly, Shelley, 'Identifying William Morris's "The Gilliflower of Gold"', *Victorian Poetry*, 29, no. 3 (1991), pp. 24—6
Otten, Charlotte, 'Primrose and Pink in "Lycidas"', *Notes & Queries*, n.s. 31, no. 3 (1984), pp. 317—19
Ovid, *Metamorphoses*, tr. Mary M. Innes (Harmondsworth: Penguin, 1955)
Parker, Dorothy, *Complete Poems* (London: Penguin, 1999)
Partridge, S. C., *Snowdrops: Life from the Dead* (London: S. C. Partridge, 1877)
Peacock, Molly, *The Paper Garden* (New York: Bloomsbury, 2010)
Phillips, Henry, *Flora Historica*, 3 vols (London: 1824)
Plaitakis, A. and R. C. Duvosin, 'Homer's Moly Identified as *Galanthus nivalis L.*: Physiologic Antidote to Stramonium Poisoning', *Clinical Neuropharmacology*, 6, no. 1 (March 1983), pp. 1-5
Plantlife, *Bluebells for Britain: Report on the 2003 Bluebells in Britain Survey*, https://www.plantlife.org.uk/application/

files/6o14/8155/5822/Bluebells_for_Britain.pdf
Potter, Beatrix, *The Tale of Jemima Puddle-duck* (London: Frederick Warne, 1908)
Potter, Jennifer, *The Rose* (London: Atlantic, 2010)
—, *Seven Flowers and How they Shaped the World* (London: Atlantic, 2013)
Preston, C. D., 'The Distribution of the Oxlip *Primula elatior* (L.) Hill in Cambridgeshire', *Nature in Cambridgeshire,* 35 (1993), PP. 29-60
Primula, About Primula, http://primula.co.uk/about-primula/
Proust, Marcel, *Remembrance of Time Past,* tr. C. Scott Moncrieff and Stephen Hudson, 12 vols (London: Chatto & Windus, 1941)
Rackham, Oliver, *Trees and Woodland in the British Landscape,* rev. edn (London: J. M. Dent, 1990)
Raven, Sarah, *Wild Flowers* (London: Bloomsbury, 2012)
Reeve, Glynis, *A Sacred Place of Elder Trees: A History of Tresco in the Isles of Scilly* (London: Historic Occasions, 1995)
Remarque, Erich Maria, *All Quiet on the Western Front,* new edn (London: Penguin, 1996)
Robertson, Pamela, *Charles Rennie Mackintosh: The Art is the Flower* (London: Pavilion, 1995)
Robinson, Phil, *Under the Punkah* (London: Sampson Low, 1881)
Roebuck, P. and B. S. Rushton, *The Millennium Arboretum* (Coleraine: University of Ulster, 2002)
Rose, Francis, *The Wild Flower Key,* rev. Clare O'Reilly (London: Frederick Warne, 2006)
Rosenberg, Isaac, *The Poems and Plays of Isaac Rosenberg,* ed. Vivien Noakes (Oxford: Oxford University Press, 2004)
RosesUK, https://www.rosesuk.com
Royal Horticultural Society, https://www.rhs.org.uk/plants
Ruskin, John, *The Library Edition of the Works of John Ruskin,* ed. E. T. Cook and A. Wedderburn (London: George Allen, 1903—12)
Russell, Myrtle, *Lavender and Old Lace* (New York: Grosset & Dunlap, 1902)

Sacks, Peter, *The English Elegy* (Baltimore, MD: Johns Hopkins University Press, 1985)

Shelley, P. B., *Shelley's Poetry and Prose,* ed. D. Reiman and S. Powers (New York: W. W. Norton, 1977)

Sherwood, Shirley and Martyn Ryx, *Treasures of Botanical Art* (London: Kew Publishing, 2008)

Shteir, Ann B., *Cultivating Women, Cultivating Science* (Baltimore, MD: Johns Hopkins University Press, 1996)

Spry, Constance, *Flowers in House and Garden* (London: J. M. Dent, 1937)

—, *Winter and Spring Flowers* (London: J. M. Dent, 1951)

—, *A Constance Spry Anthology* (London: J. M. Dent, 1953)

—, *How to do the Flowers* (London: J. M. Dent, 1953)

—, *Party Flowers* (London: J. M. Dent, 1955)

—, *Simple Flowers* (London: J. M. Dent, 1957)

Stedman, Edmund Clarence (ed.), *A Victorian Anthology, 1837-1895* (Boston, MA: Houghton Mifflin, 1895)

Stewart, Katharine, *A Carden in the Hills* (Edinburgh: Mercat, 1995)

Strong, Roy, *The Cult of Elizabeth: Elizabethan Portraiture and Pageantry,* 3rd rev. edn (London: Pimlico, 1999)

Strutt, Jacob, *Sylva Britannica: Or Portraits of Forest Trees* (1822), enlarged edn (London, 1830)

Swarb.co.uk, Taittinger and Others v. Allbev Ltd and Another: CA 30 JUN 1993, https://swarb.co.uk/taittmger-and-others-v-allbev-ltd-and-another-ca-30-jun-i993/

Taylor, G. C., *The Modern Garden* (London: Country Life, 1936)

Tennyson, Alfred, *The Poems,* ed. Christopher Ricks, 2nd edn (London: Longman, 1969)

Thistle, The Order of the, *The Thistle Chapel* (Edinburgh: Order of the Thistle, 2009)

Thomas, Edward, *Collected Poems* (London: Faber, 1920)

Thomas, Keith, *Man and the Natural World* (London: Allen Lane, 1983)

Thornton, Robert John, *A New Family Herbal* (London: B. and R. Crosby,

1810)
—, *The Temple of Flora,* ed. Werner Dressendörfer (Cologne: Taschen, 2008)
Transnational Institute, *Poppies, Opium and Heroin Production in Colombia and Mexico,* https://www.tni.org/en/publication/poppies-opium-and-heroin-production-in-colombia-
Turner, Roger, *Capability Brown and the Eighteenth-Century English Landscape,* 2nd edn (Chichester: Phillimore, 1999)
Tusser, Thomas, *Five Hundred Points of Good Husbandry* (1573); with introduction by Geoffrey Grigson (Oxford: Oxford University Press, 1954)
United Nations, World Drugs Report for 2017, https://www.unodc.org/wdr2017/index.html
Van Gogh, Vincent, *The Letters of Vincent Van Gogh,* ed. Ronald de Leeuw, tr. Arnold Pomerans (London: Penguin, 1997)
Vickery, Roy *A Dictionary of Plant-lore* (Oxford: Oxford University Press, 1995)
Virgil, *Eclogues, Georgics, The Aeneid,* tr. H. R. Fairclough, 2 vols, rev. edn (Cambridge, MA and London: Harvard University Press, 1923)
Walter, George (ed.), *The Penguin Book of First World War Poetry* (London: Penguin, 2004)
Warren, Piers, *British Native Trees: Their Past and Present Uses* (Norwich: Wildeye, 2006)
Waugh, Evelyn, *Brideshead Revisited,* rev. edn (London: Chapman & Hall, 1960)
Westwood, Jennifer and Jacqueline Simpson, *The Lore of the Land* (London: Penguin, 2005)
White, Gilbert, *The Natural History of Selborne,* ed. Anne Secord (Oxford: Oxford University Press, 2013)
Whitfield, B. G., 'Virgil and the Bees', *Greece and Rome,* 3, no. 2 (October 1956), pp. 99-117
Wiesenthal, Simon, *The Sunflower,* new edn (New York: Schocken, 1978)
Willis, David, *Yellow Fever* (2012), http://dafflibrary.org/wp-content/

uploads/Yellow-Fever.pdf

Withering, William, *Arrangement of British Plants,* 3rd edn, 4 vols (London, 1796)

Wood Database, http://www.wood-database.com/

Woodland Trust, *Broadleaf,* 2005-18, The Big Bluebell Watch, https://www.woodlandtrust.org.uk/visiting-woods/bluebell-watch/

Wordsworth, Dorothy, *The Grasmere Journals,* ed. Pamela Woof (Oxford: Clarendon Press, 1991)

Wordsworth, William, *Guide to the Lakes,* ed. Ernest de Selincourt (London: Frances Lincoln, 2004)

—, *William Wordsworth: Twenty-First Century Oxford Authors,* ed. Stephen Gill (Oxford: Oxford University Press, 2011)

Wordsworth, William and S. T. Coleridge, *Lyrical Ballads,* ed. Fiona Stafford (Oxford: Oxford University Press, 2013)

Yeats, W B., *The Poems,* ed. Daniel Albright, rev. edn (London: J. M. Dent, 1994)

Young, John, *Robert Burns: A Man for All Seasons* (Aberdeen: Scottish Cultural Press, 1996)

덧없는 꽃의 삶

문학, 신화, 예술로 읽는 꽃 이야기

1판1쇄 펴냄 2020년 9월 15일
1판2쇄 펴냄 2020년 11월 2일

지은이 피오나 스태퍼드
옮긴이 강경이
일러스트 장선영

펴낸이 김경태 편집 홍경화 성준근 남슬기 디자인 박정영 김재현 마케팅 곽근호 전민영
펴낸곳 (주)출판사 클
출판등록 2012년 1월 5일 제311-2012-02호
주소 03385 서울시 은평구 연서로26길 25-6
전화 070-4176-4680 팩스 02-354-4680 이메일 bookkl@bookkl.com

ISBN 979-11-90555-25-8 03900

이 도서의 국립중앙도서관 출판예정도서목록(CIP)은 서지정보유통지원시스템 홈페이지 (http://seoji.nl.go.kr)와 국가자료공동목록시스템(http://www.nl.go.kr/kolisnet)에서 이용하실 수 있습니다.(CIP제어번호: CIP2020033663)